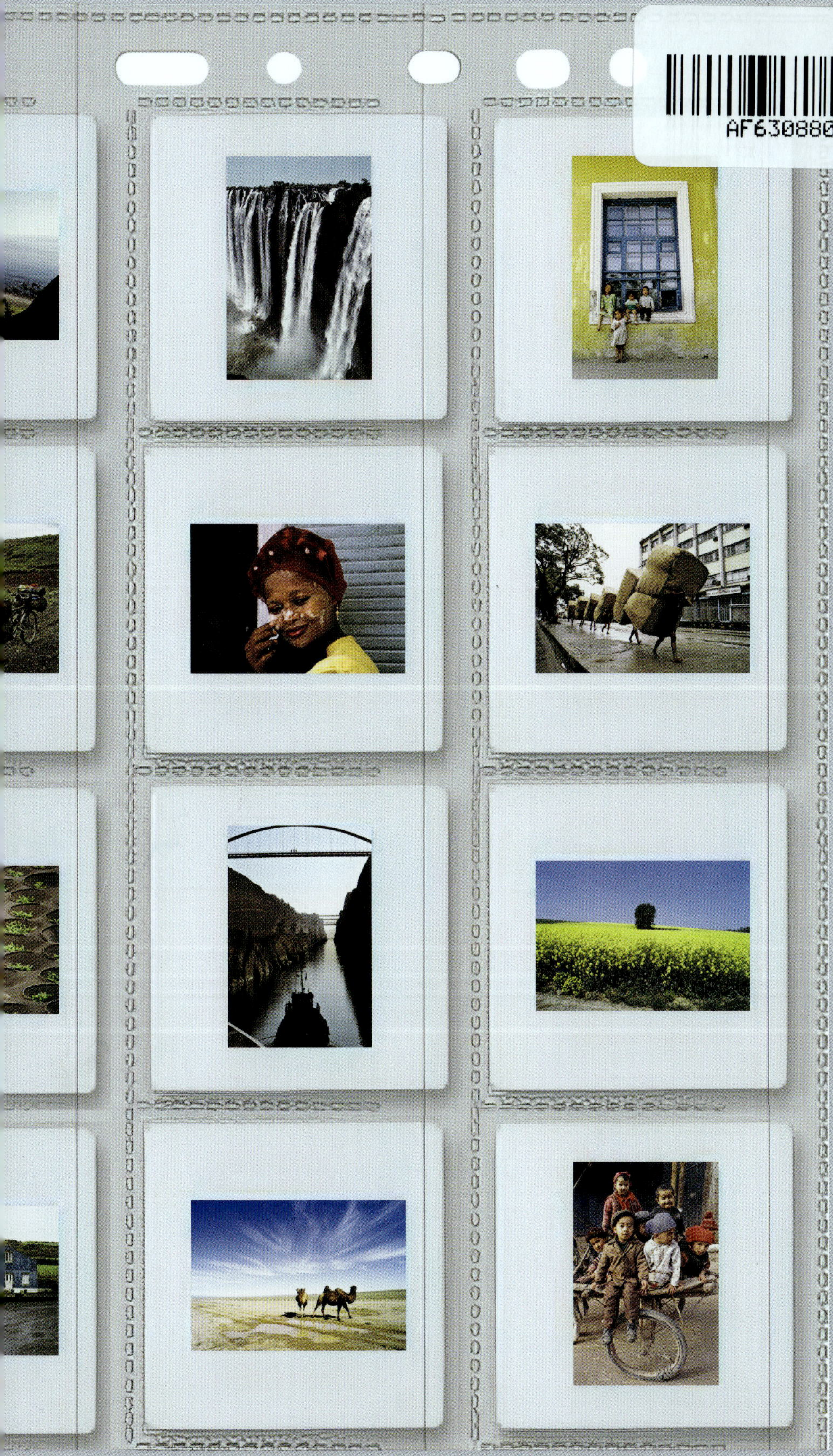

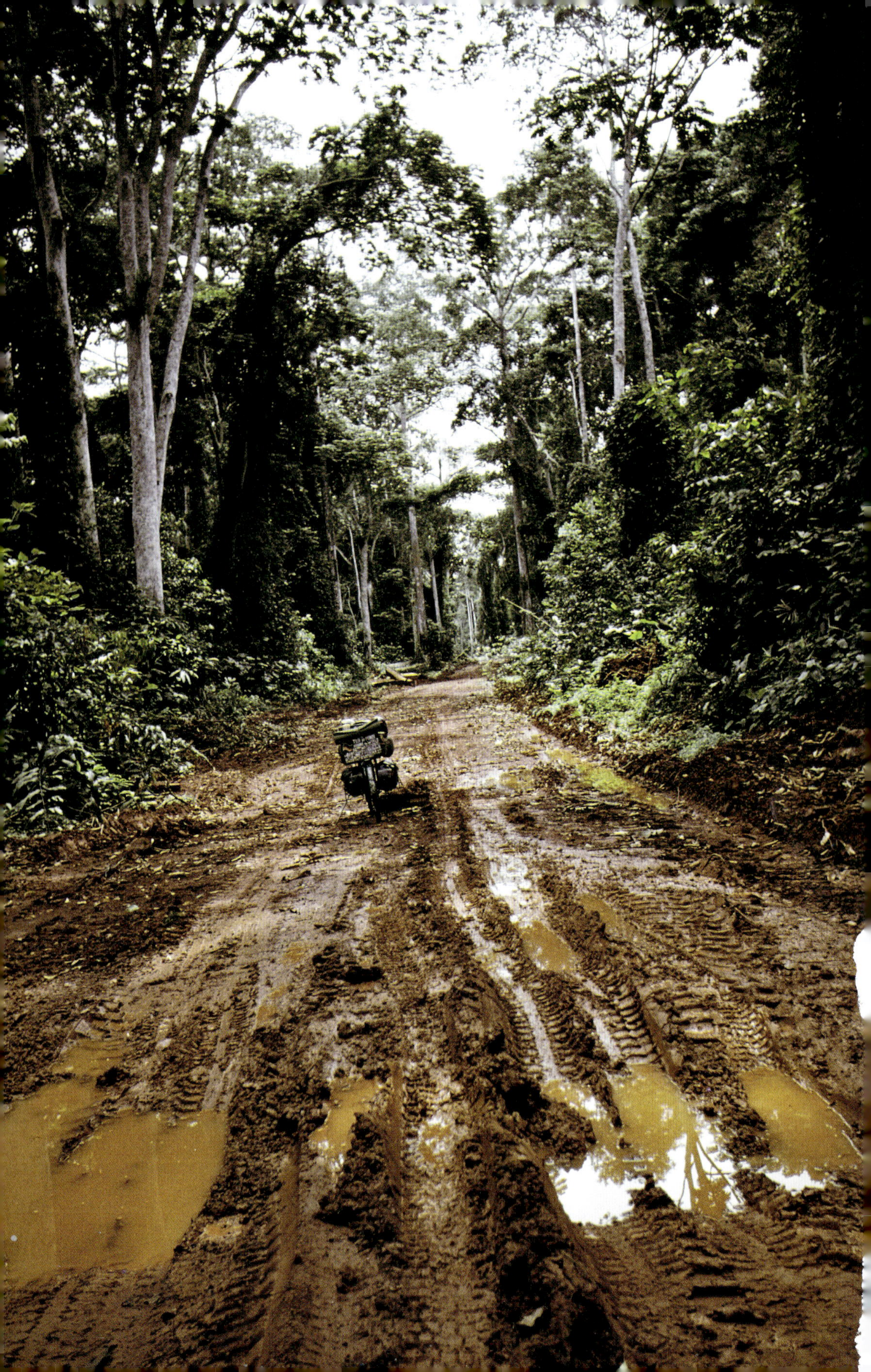

DELIUS KLASING

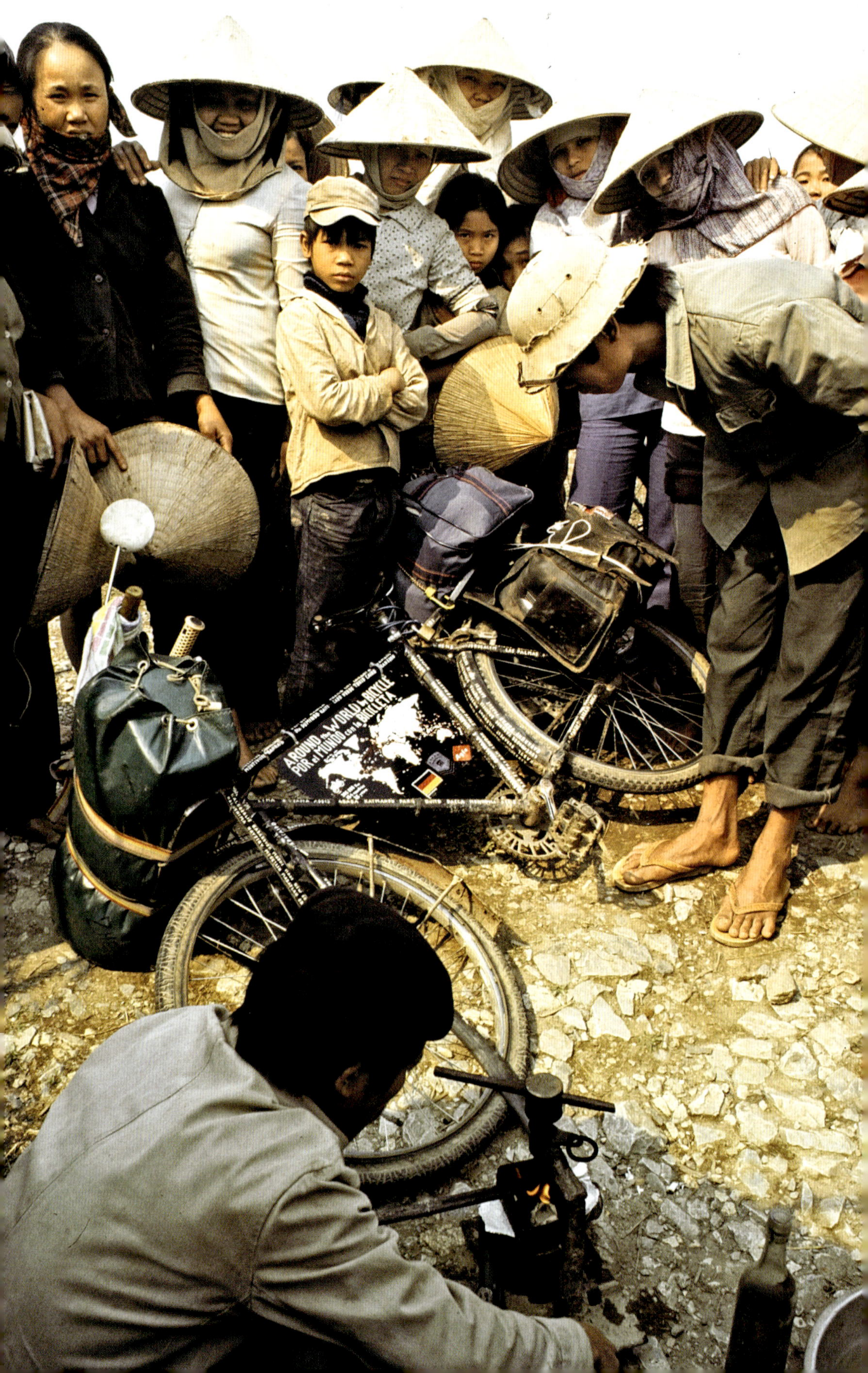
AROUND the WORLD by BICYCLE
POR el MUNDO con la BICICLETA

Carina Wolfram

Nur noch kurz die Welt sehen

[

**Heinz Stücke.
51 Jahre nonstop mit
dem Fahrrad unterwegs.
648.000 Kilometer.
196 Länder.**

Delius Klasing Verlag

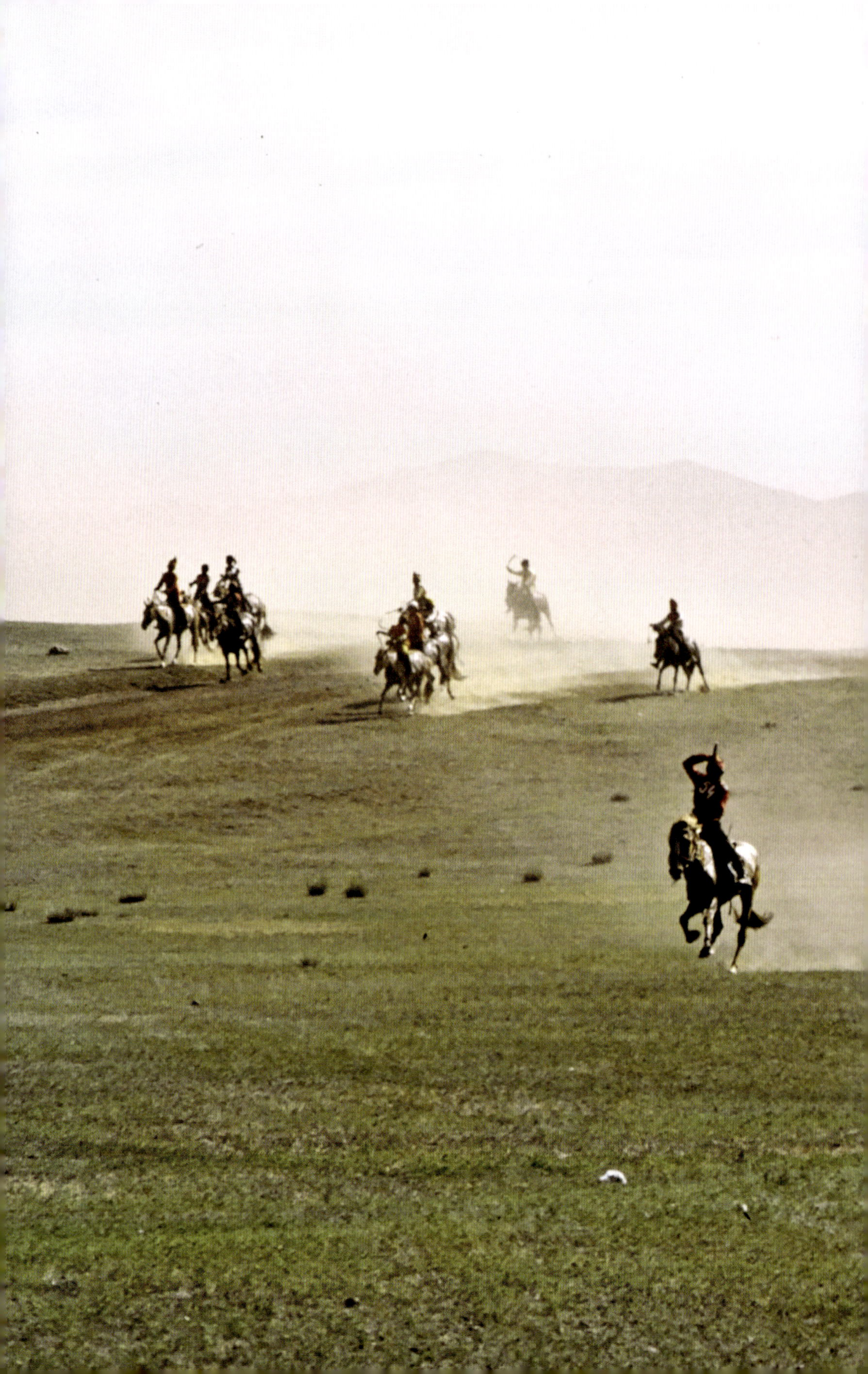

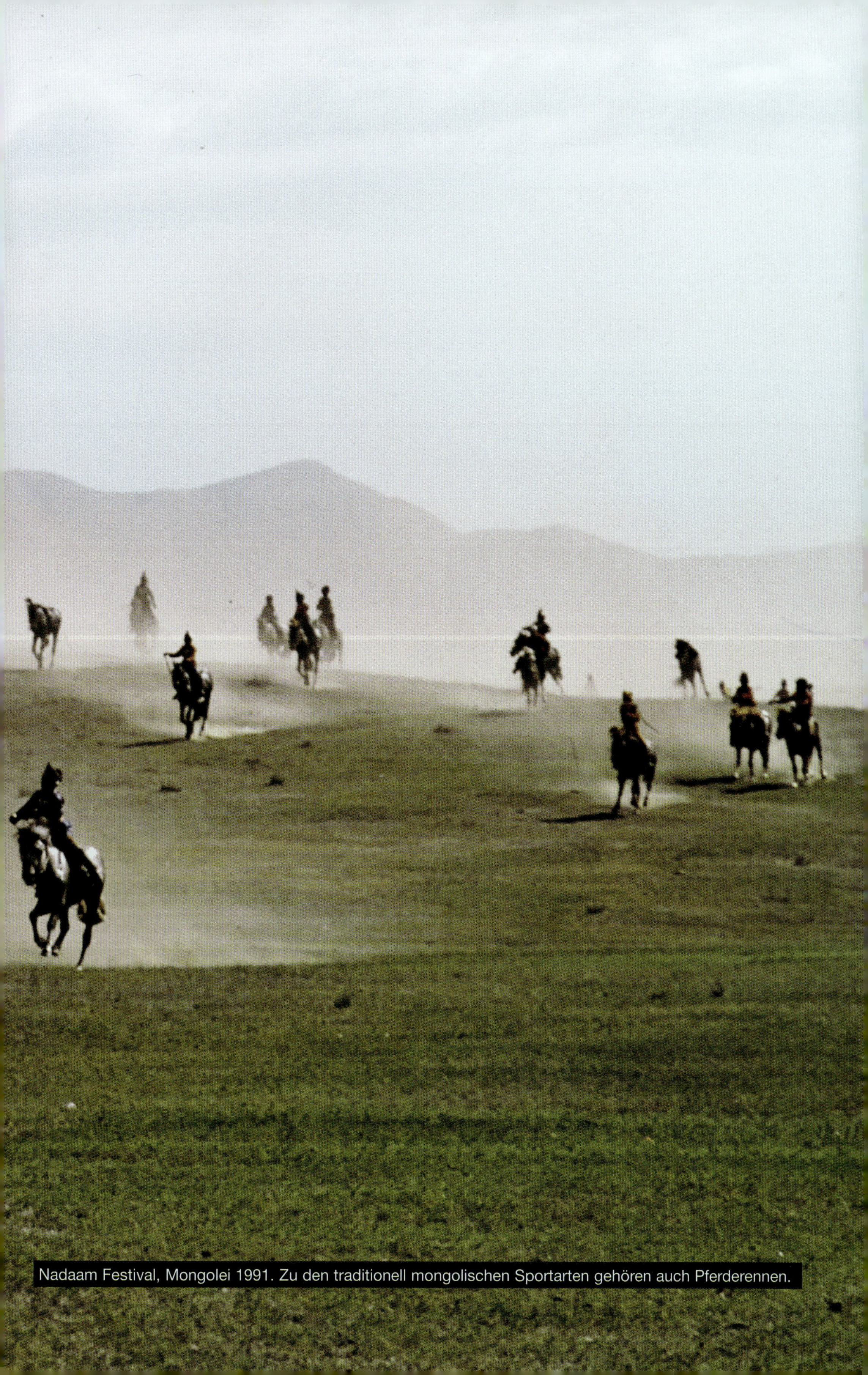

Nadaam Festival, Mongolei 1991. Zu den traditionell mongolischen Sportarten gehören auch Pferderennen.

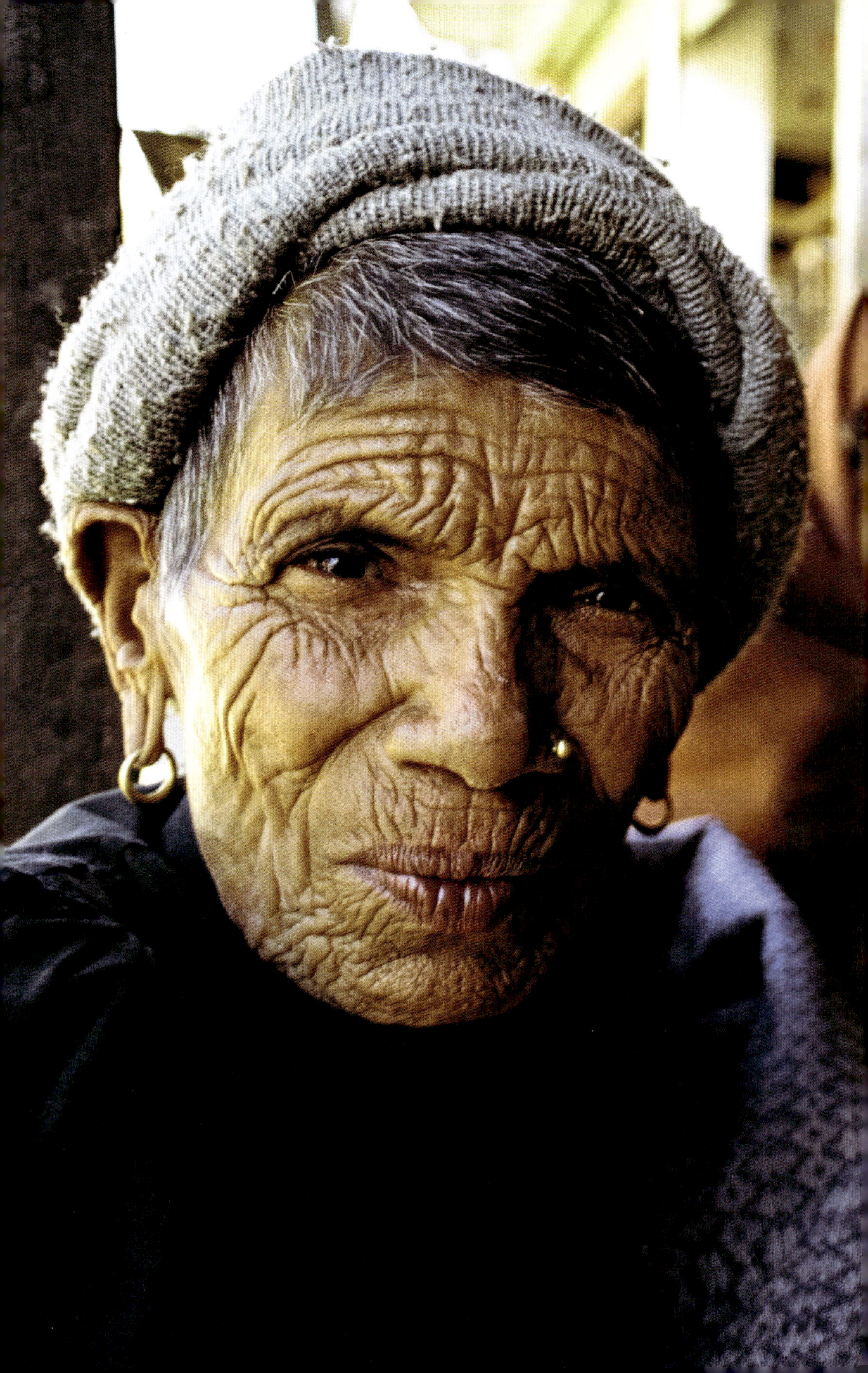

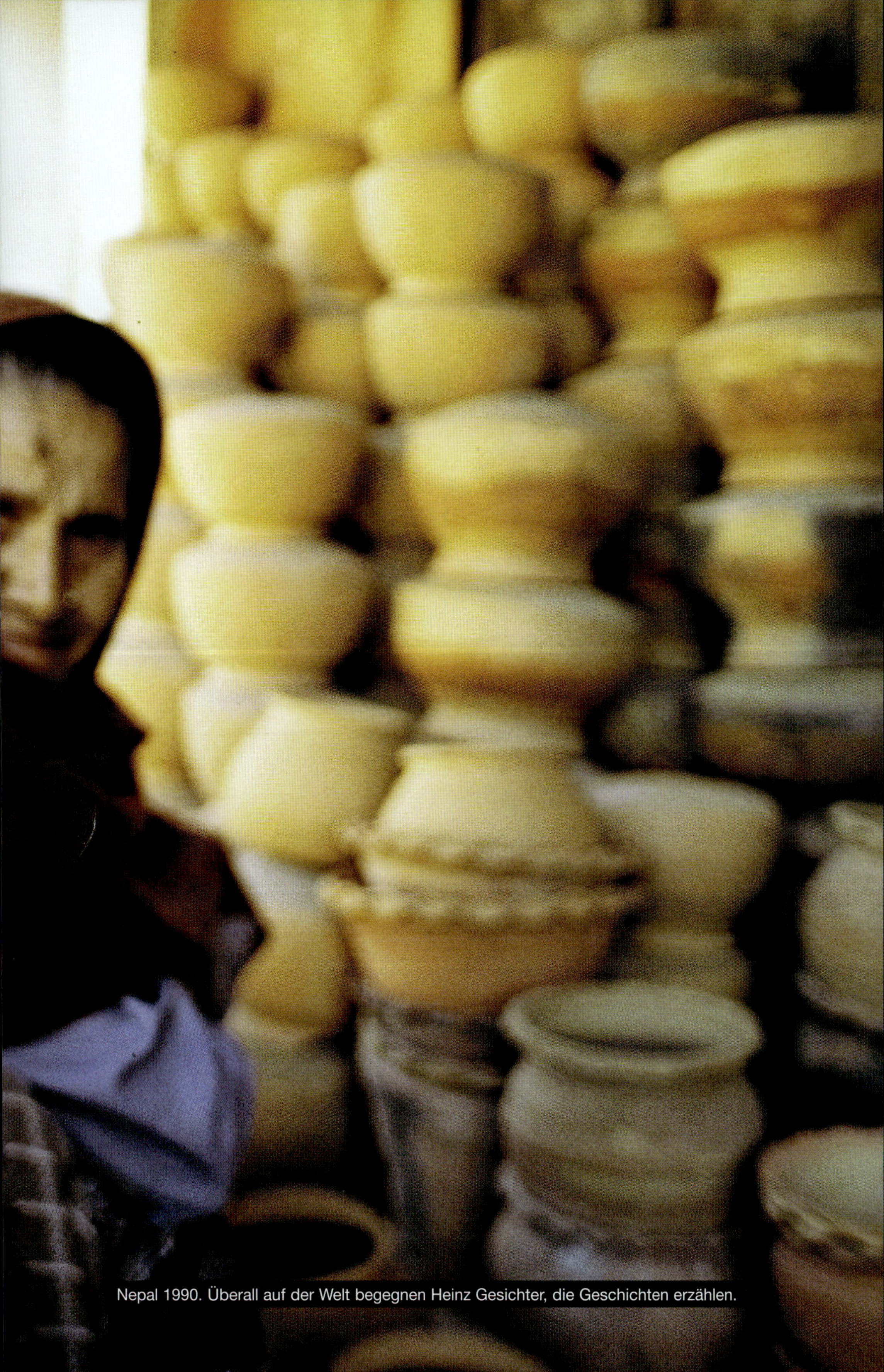

Nepal 1990. Überall auf der Welt begegnen Heinz Gesichter, die Geschichten erzählen.

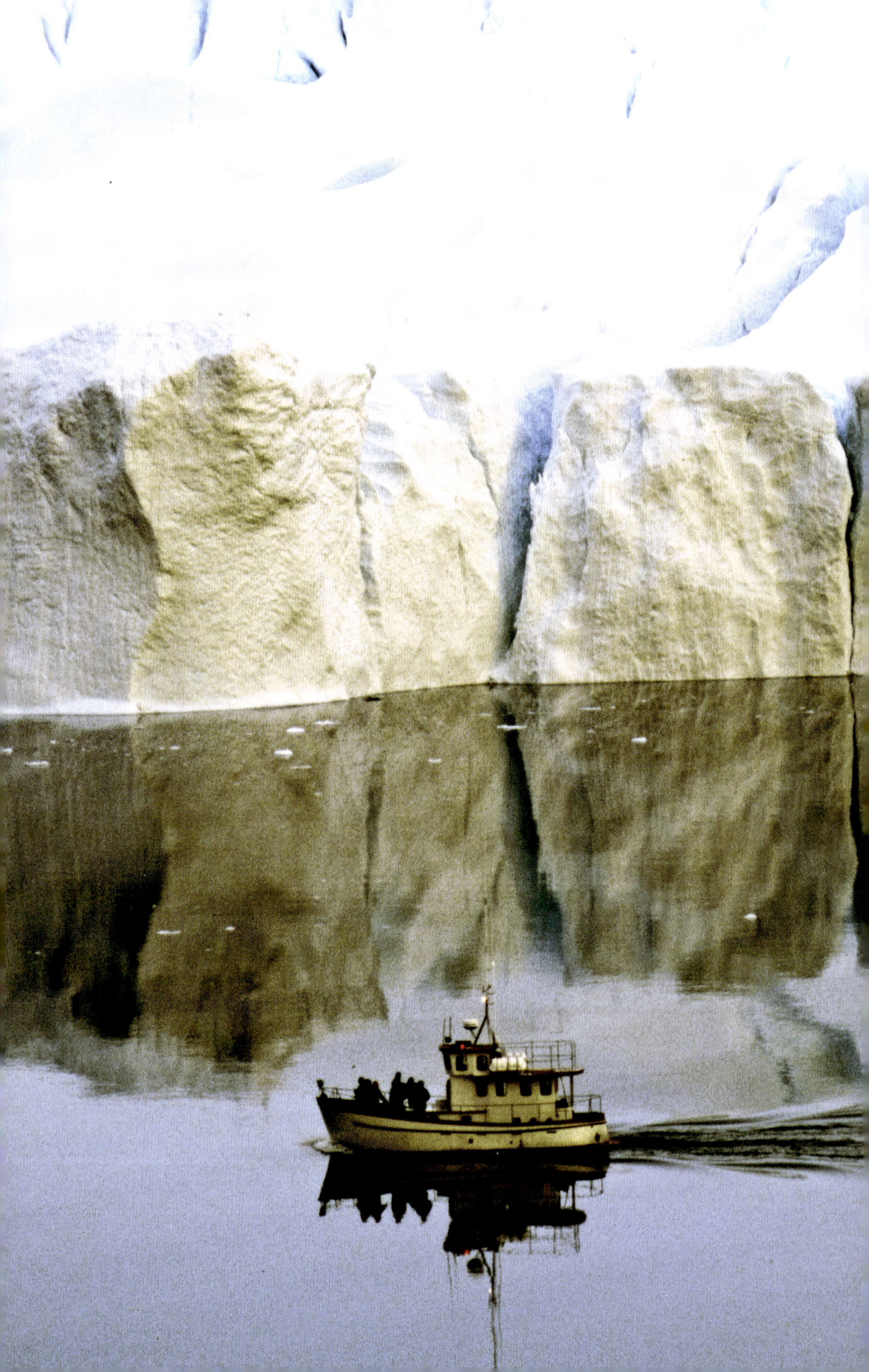

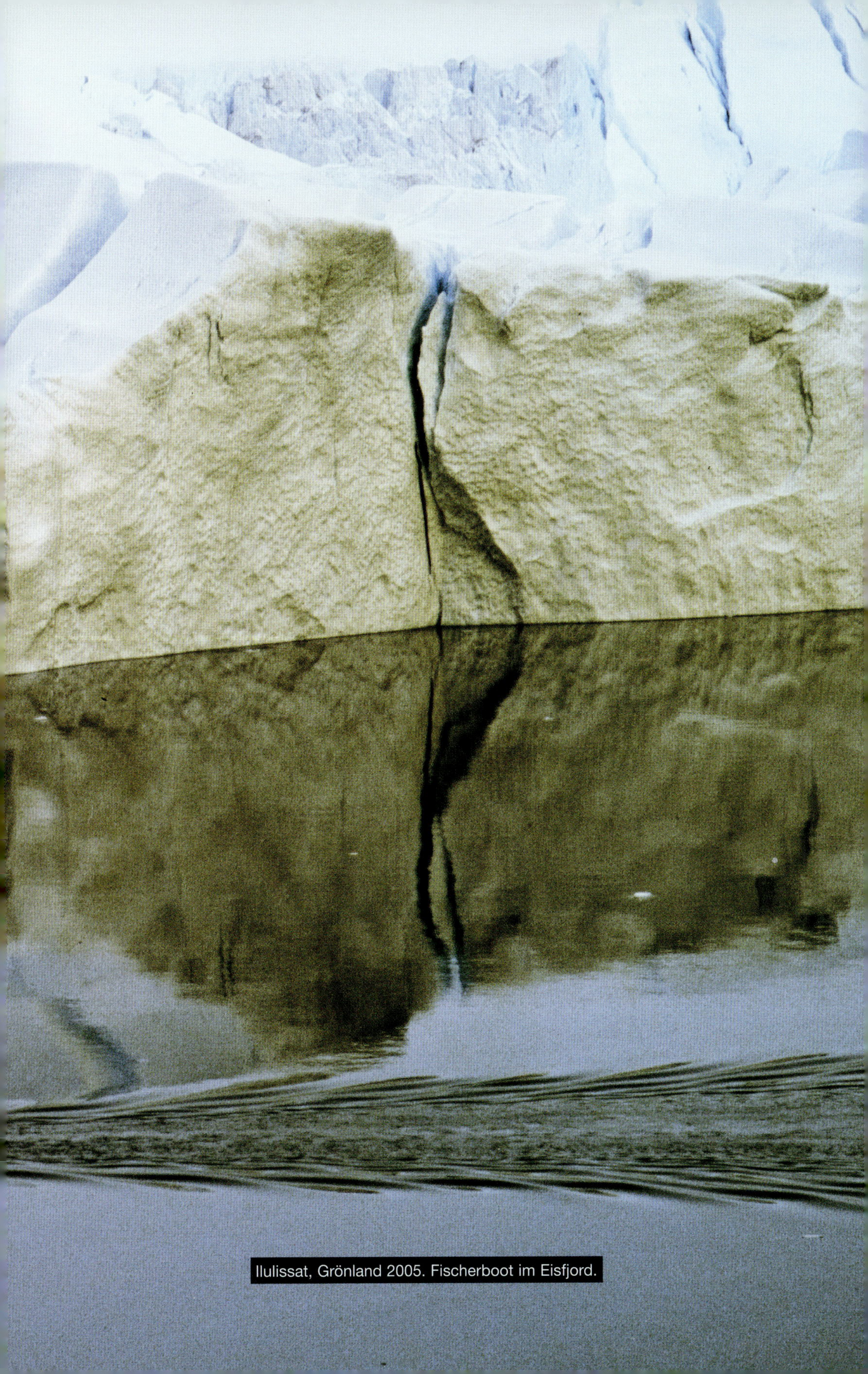

Ilulissat, Grönland 2005. Fischerboot im Eisfjord.

[Inhalt]

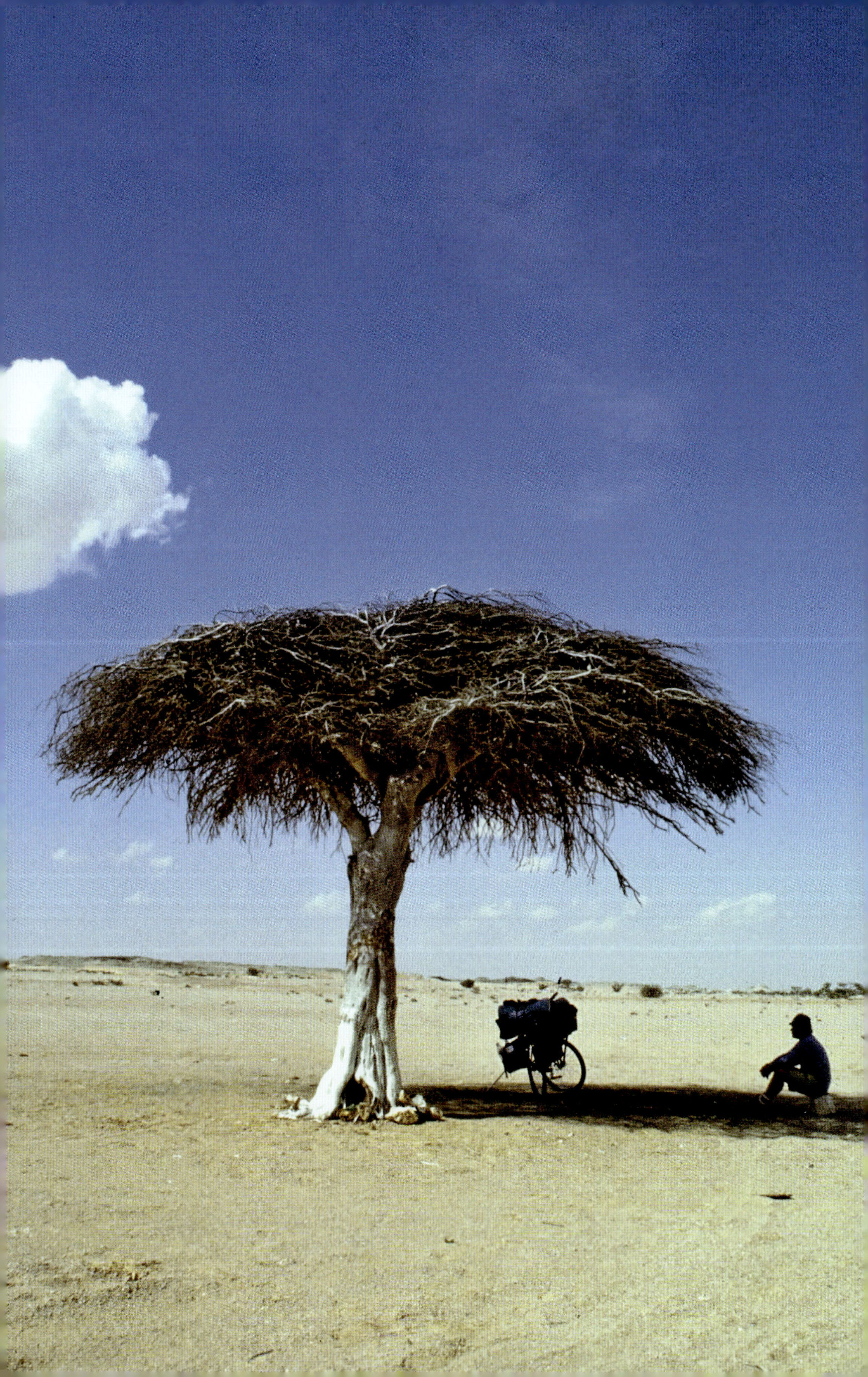

Warum gibt es dieses Buch – 51 Jahre Reisen ohne Urlaub

Das Reisefieber hat mich in meinem Leben schon ein paar Mal gepackt. Auto verkauft, Wohnung gekündigt oder untervermietet, meine Klamotten und das Geschirr in Kartons verstaut und nur einige wenige Dinge in einen Rucksack. Alle praktisch und so minimalistisch wie möglich. Trotzdem schleppte ich meistens recht viel Gewicht in Form von Büchern auf meinem Rücken durch Australien, Kanada oder Bolivien, denn ohne Bücher konnte ich nicht.

Bücher waren für mich ein Ort der Geborgenheit, während täglich neue Erlebnisse und Eindrücke auf mich warteten, und einen Kindle gab es damals noch nicht. Lesen tat mir gut und gab mir die benötigten Pausen, denn eine lange Reise ist kein Urlaub, auch wenn viele Menschen das annehmen. Auf einer Reise muss man ständig planen und sich orientieren, man muss Entscheidungen treffen und Ängste überwinden, Menschen vertrauen und dabei nicht leichtsinnig sein.

Eine Radreise wie die von Heinz, die 51 Jahre lang gedauert hat, ist für mich daher eine faszinierende Leistung und nicht wirklich in Worte zu fassen. Unmöglich nachvollziehbar für alle, die vielleicht einmal einige Monate oder Jahre oder nie getourt sind. Genauso ist ein Lebenslauf, wie ihn die meisten von uns vorweisen können, sicher unvorstellbar für Heinz. Und weil ich nicht nur eine Liebe für Bücher habe, sondern auch für das Schreiben, möchte ich in diesem Buch auf Spurensuche gehen, um in Texten und Bildern einen Teil von Heinz Stückes außergewöhnlicher Reise, die gleichzeitig sein außergewöhnliches Leben darstellt, zu erzählen.

Ich bin Journalistin und lebe mit meiner Familie in Hamburg. Jedoch kenne ich auch Heinz' Heimat. Denn von Hövelhof bis zu meinem Elternhaus sind es nur knappe zehn Kilometer, und beide Orte teilen sich das Quellgebiet der Ems. Das Ganze fing damit an, dass ich, durch den Film *The Man Who Wanted to See It All* auf ihn aufmerksam geworden, ein Porträt über Heinz für das Fahrradmagazin *fahrstil* geschrieben habe. Parallel dazu habe ich Heinz besucht, mit ihm telefoniert und dann dieses Buch geplant. Mein Wunsch war es, diese so unglaubliche Geschichte eines Lebens als Reise festzuhalten, denn niemand wird sie auf diese Weise wiederholen. Ich sprach mit Dennis Kailing, einem Radreisenden der Generation Y, und wir verabredeten uns in Heinz' Bungalow in Hövelhof. Der Anfang war also gemacht.

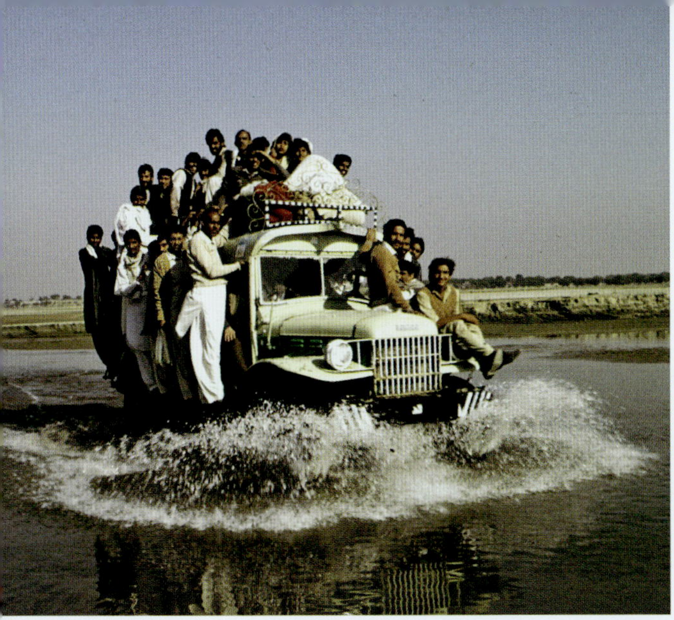

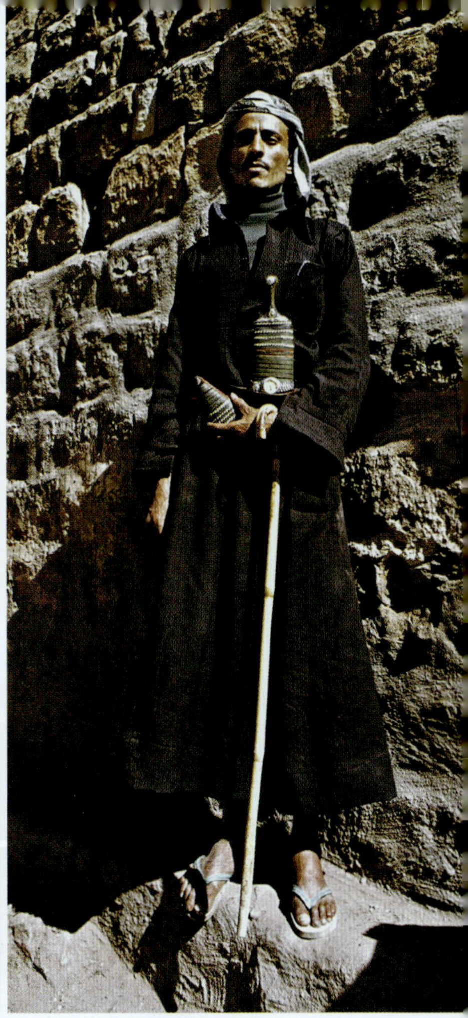

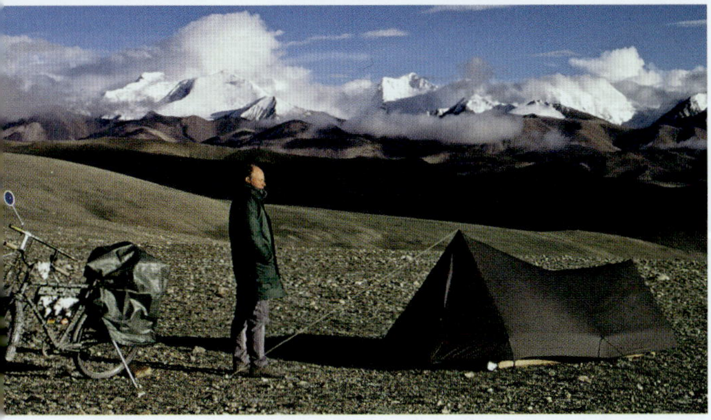

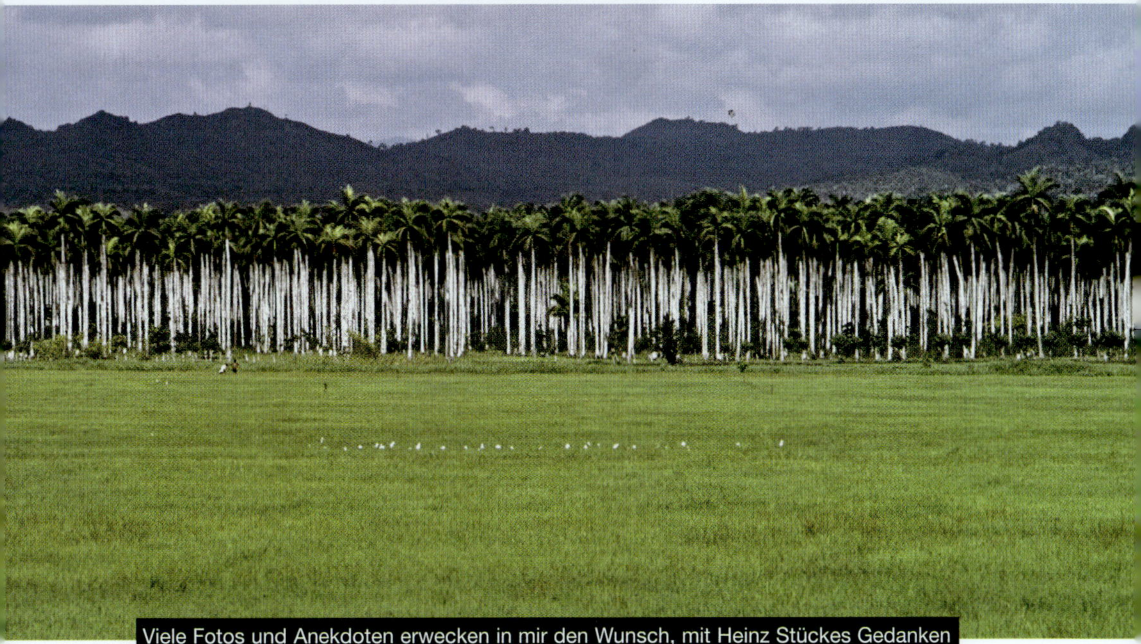

Viele Fotos und Anekdoten erwecken in mir den Wunsch, mit Heinz Stückes Gedanken in die Vergangenheit zu reisen und Abschnitte seiner Reise miterleben zu können.

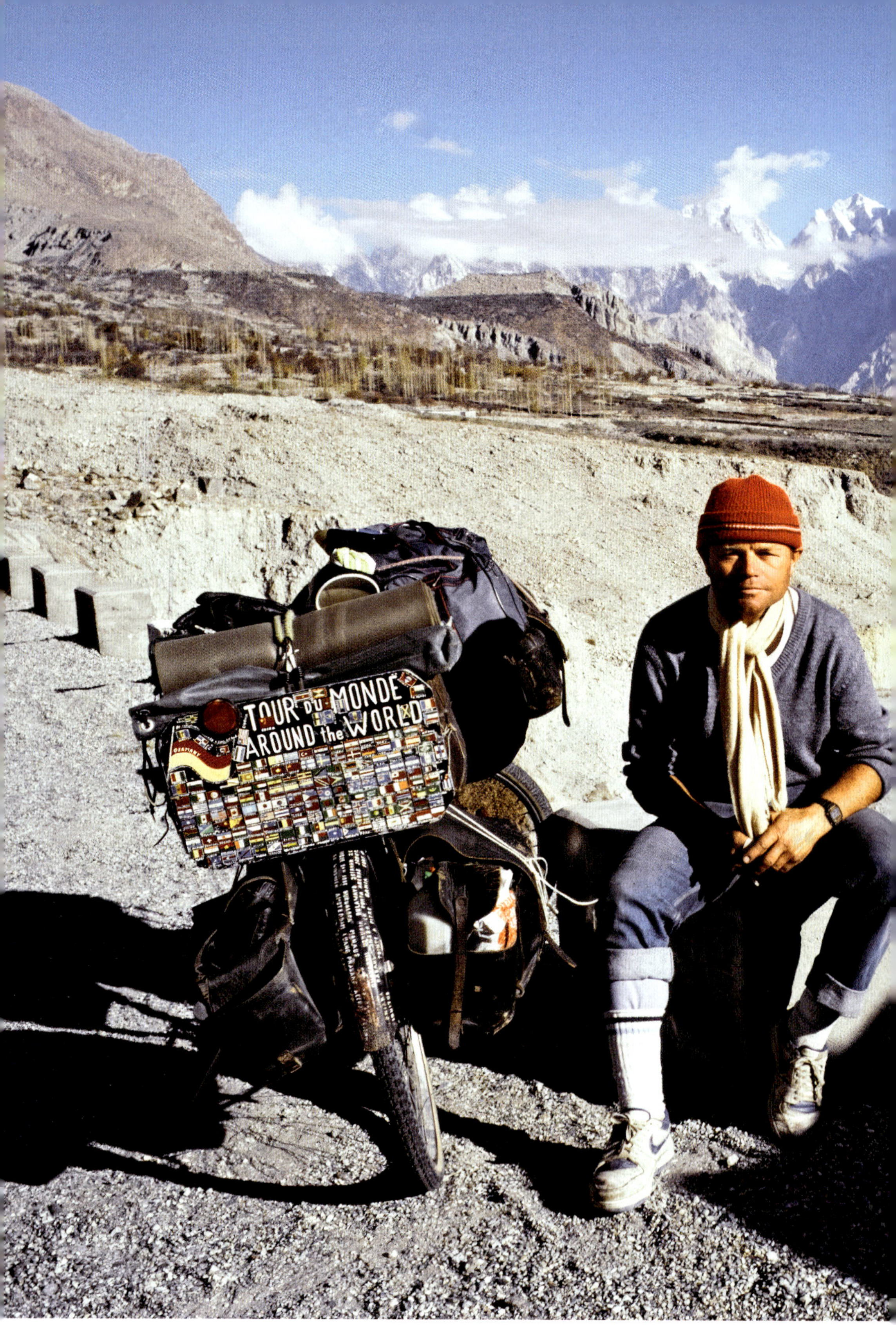
TOUR DU MONDE
AROUND the WORLD

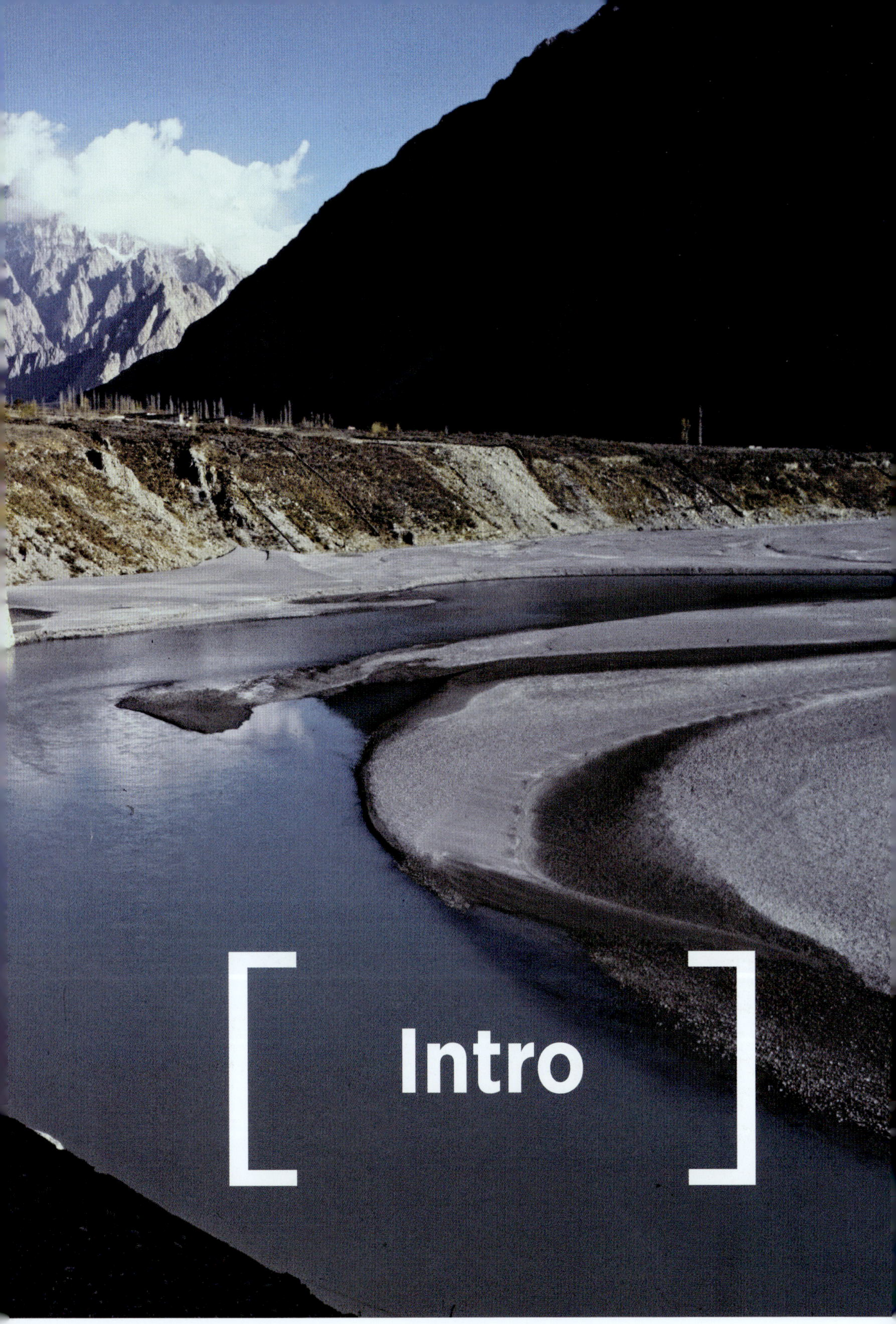

Intro

»Reisen ist das Ein und Alles meines Lebens.«

Heinz ist jetzt seit einem Jahrzehnt zurück in Hövelhof. Meistens sitzt er an seinem großen Tisch im Arbeitszimmer, der voller Unterlagen, Bilder, Bücher und Briefe ist. An den Regalbrettern darüber hängen Zettel mit Telefonnummern, die wichtigsten mit Textmarker hervorgehoben, Postkarten und Zeitungsausschnitte. Auch die Wände sind voll. Ihr unterer Teil wird von Aktenschränken verdeckt, in denen rund 100.000 Dias, unzählige Landkarten, Flugtickets und Erinnerungen lagern. In den offenen Regalen stehen sauber sortiert und beschriftet Dutzende Kartons. Auf einem der Schränke finden sich vier Globen, einer davon mit feinen Linien in Gelb, Blau, Pink, Orange und Grün überzogen. Der Rest der Wände ist von großformatigen Bildern bedeckt – ein raues Männergesicht neben einem Flugzeug, das dicht über Hochhäuser startet, ein kleiner Affe in einem Verschlag, nur Gesicht, Hände und Füße sind sichtbar.

Ein Buch über einen Menschen wie Heinz Stücke zu schreiben, das ist keine Kleinigkeit, und die Arbeit daran verläuft genauso wenig geradlinig und planbar wie Heinz' schier endlose Reise um die Welt. In den vergangenen Monaten bin ich tief in das Stücke-Universum eingetaucht, habe mich aber nicht von der Masse seiner Erinnerungsstücke, Dokumente und Bilder einschüchtern lassen und bei Gesprächen und Besuchen in Hövelhof so vielen Berichten gelauscht, dass mir in fast jeder Alltagssituation eine der zahlreichen Anekdote aus Heinz' Leben in den Kopf kommt.

Heinz kennenzulernen, das bedeutete für mich, mitzuerleben, mit welchem Interesse und welcher Gastfreundschaft er die vielen Besucher empfängt, die zu ihm in seinen kleinen Hausmeisterbungalow neben dem Hövelhofer Hallenbad kommen. Bei meinem ersten Besuch im Januar 2023, kurz nach seinem 83. Geburtstag, war ich überrascht, dass bereits ein Paar aus Berlin in seinem Arbeitszimmer saß. Die beiden waren mit einem Kuchen nur für einen Nachmittag angereist. Immerhin über 400 Kilometer mit Bahn und Fahrrädern, und das nur, weil sie auf Netflix den Film über Heinz gesehen hatten. Auch mein Interesse an Heinz' Geschichte fing, wie bereits erwähnt, mit *The Man Who Wanted to See It All* an. Der Film des spanischen Filmproduzenten Albert Albacete wurde mir irgendwann Ende 2022 von Netflix

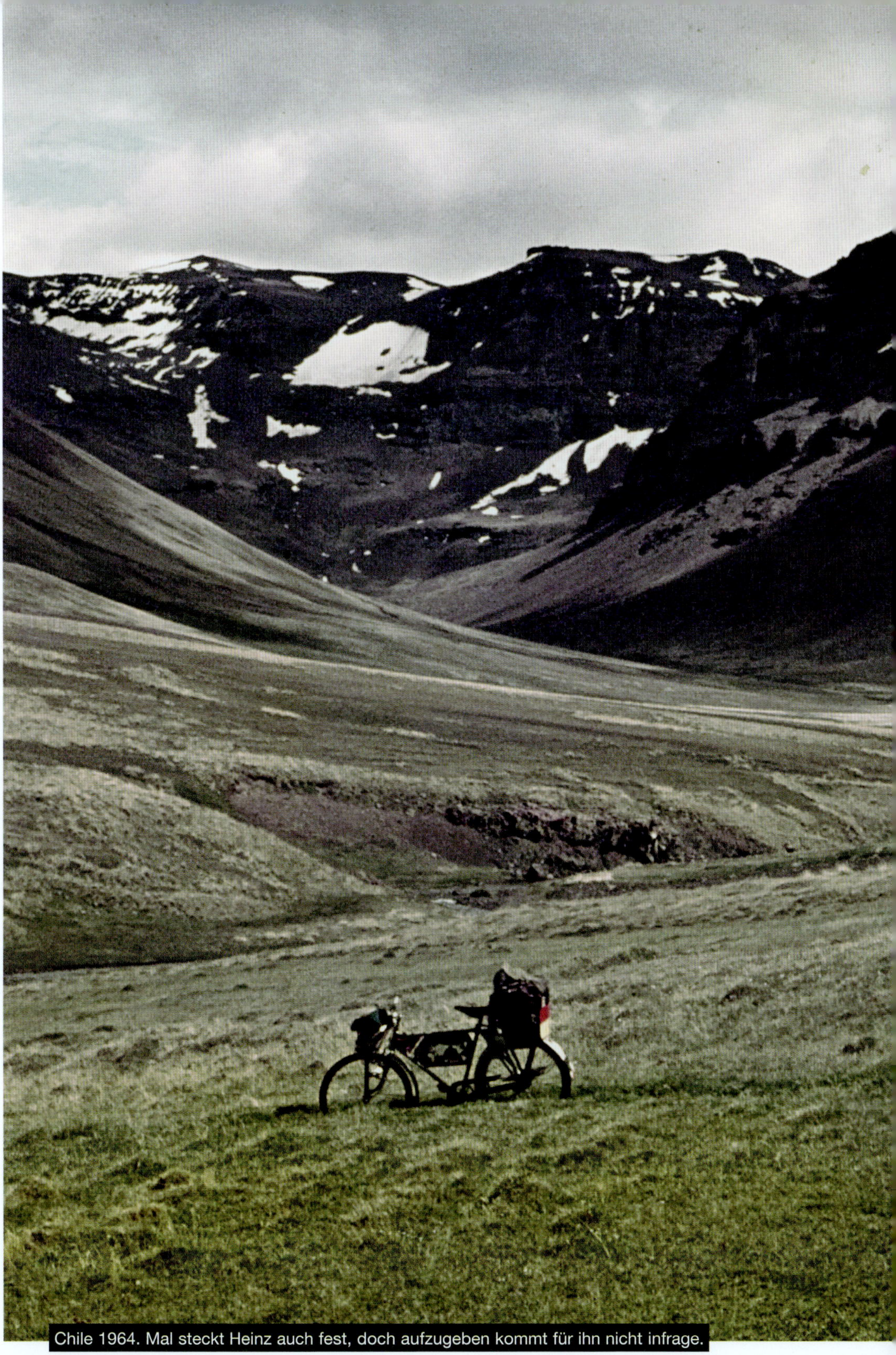

Chile 1964. Mal steckt Heinz auch fest, doch aufzugeben kommt für ihn nicht infrage.

vorgeschlagen, denn so funktioniert das Empfehlungssystem: Du guckst viel über Fahrradthemen, also ist hier ein Fahrradthema. Aber die Geschichte vom Globetrotter Heinz Stücke ging mir unter die Haut. Der Mann aus dem Film und sein Nomadenleben berührten etwas in mir. War es meine eigene Sehnsucht nach dem Reisen? In den anschließenden Tagen kamen mir immer wieder Fragen in den Sinn. Wie lebt man ohne einen festen Wohnsitz, wenn man nicht wenigsten hin und wieder einmal das Elternhaus besucht? Sogar beim Staubsaugen dachte ich ganz banal: »Krass, der Mann hat bis zu seinem 73. Lebensjahr nie eine Wohnung gehabt, also auch nie einen Staubsauger besessen.«

Natürlich habe ich mich wie viele andere Menschen gefragt, wie sich Heinz über so lange Zeit finanziell über Wasser gehalten hat. Wie er es geschafft hat, neben den normalen Alltagskosten wie Essen und günstige Übernachtungen auch Schiffspassagen und Flüge zu bezahlen.

Wie gesagt, ich war selbst schon viel unterwegs. Sei es privat oder beruflich, Wochen oder Monate: Meine Touren waren im Unterschied zu Heinz immer endlich. Auch ich weiß, wie es ist, fern von zu Hause eine Art Sucht zu spüren. Die bisherigen Erlebnisse gepaart mit Empfehlungen anderer Reisende können dazu führen, dass man auch das oder das noch sehen möchte, während man eh schon in dem Land oder auf dem Kontinent ist. Und das und das und das. Aber irgendwann wurde ich der Anstrengung des ewigen Packens, des Neuorientierens, des Small Talks mit neuen Bekannten müde. Ich sehnte mich nach den Menschen, die mir zu Hause wichtig waren. Hatte Heinz Stücke dieses Gefühl, diesen inneren Ruf nach Geborgenheit nie gehabt oder ist er einfach so lange gereist, bis dieser immer leiser wurde und irgendwann ganz in ihm verstummte?

Ich habe mich auch gedanklich viel mit dem Thema Reisen beschäftigt. Ohne darüber zu urteilen, ob es ein Richtig oder Falsch beim Reisen gibt, habe ich für mich verschiedene Arten des Reisens ausgemacht. Das eine Extrem ist das Sammeln von Ländern und Orten, die man sozusagen abhakt. Schnell und meistens mit einem hohen Verbrauch von Geld und anderen Ressourcen über den Globus zu springen, begreife ich als eine Art von Konsum. Auf der anderen Seite steht das Reisen, bei dem man sich an verschiedene Orte treiben lässt. Das bedarf enorm viel Offenheit und Flexibilität. Man muss aushalten können, dass sich nicht alles planen lässt, dass es auch in der nahen Zukunft allerhand Ungewissheiten gibt. Wahrscheinlich gehört sogar ein gewisses Maß an Naivität zu dieser Art von Weltreise. Heinz Stücke ist nicht der einzige Mensch, der losgeradelt ist und seine Pläne dann immer wieder über den Haufen geworfen und sich neu sortiert hat. Die Ausdauer jedoch, mit der er auf diese Weise über fünf Jahrzehnte durchgehalten hat, ist aber wohl einzigartig.

Das bringt mich zum nächsten Aspekt, der mich fasziniert hat. Die gesamte Reise verlief offline. Heinz hatte kein Handy oder Navi mit GPS und hat für seine Reiseplanungen nie das Internet benutzt. Um ehrlich zu sein, hat er es bis heute mit dem World Wide Web nicht so richtig gut drauf und arbeitet auch jetzt in Hövelhof noch immer so analog wie möglich. Mit einem Festnetztelefon, Papierlisten und der guten alten Post. So manche Strecke hätte er aber vielleicht doch einfacher gefunden, wenn

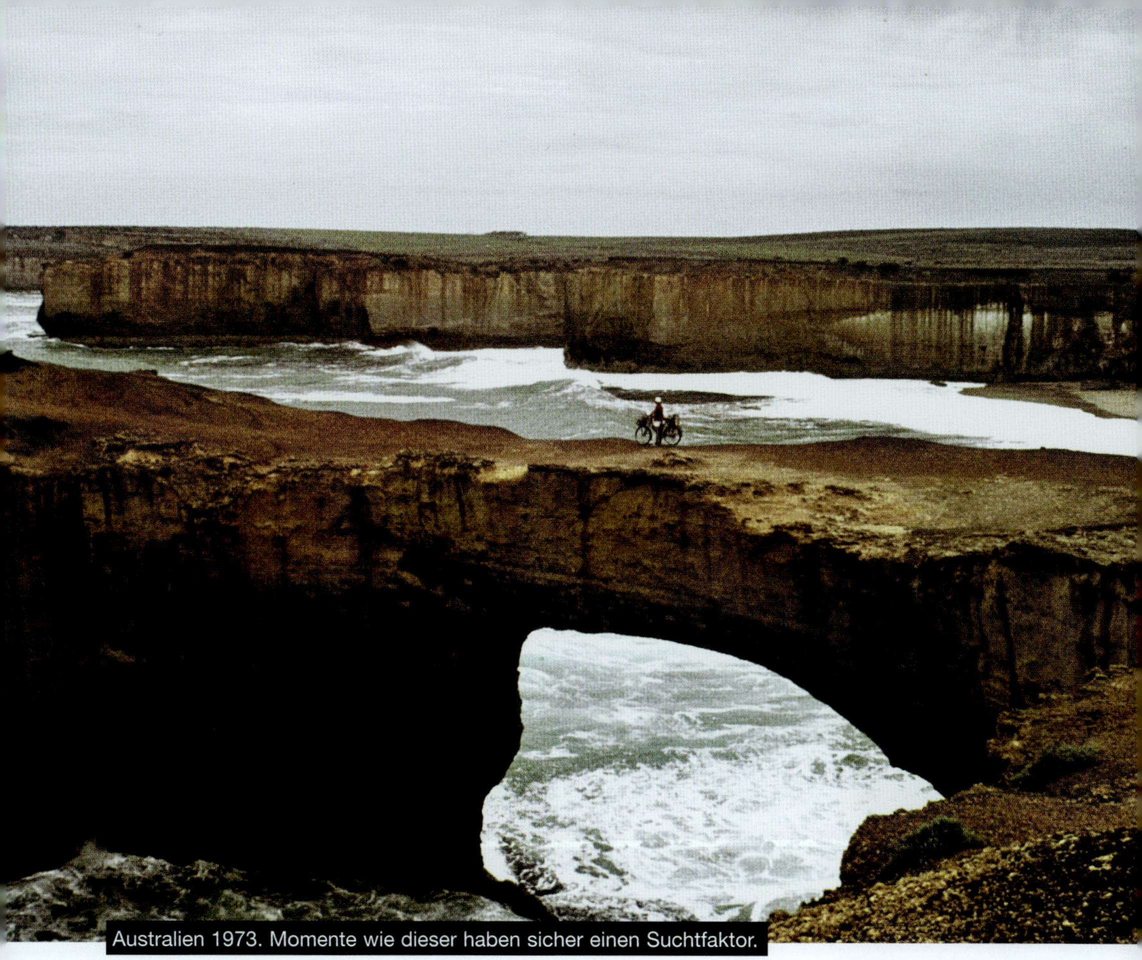

Australien 1973. Momente wie dieser haben sicher einen Suchtfaktor.

er per GPS navigiert hätte. Aber es war ja niemals sein Plan, es sich so einfach wie möglich zu machen. Modern mag es Heinz Stücke also nicht, so viel ist schon klar geworden, aber wie sieht es mit seinem Fahrrad aus? War es anfangs wohl eher eine Vernunftehe, die ihn mit seinem Herrenrad verband, so blieb er ihm doch über den Großteil der Jahrzehnte treu.

Was Heinz Stücke an der modernen Welt am meisten stört, sind nicht die Erfindungen, die vielen Menschen das Leben leichter machen. Es ist die Zerstörung der Natur, die er fünf Jahrzehnte lang aus nächster Nähe beobachten konnte. Es macht ihn traurig und vor allem wütend. Autos, Monokulturen und Wegwerfprodukte gehören in seinen Augen zu den Übeln des 21. Jahrhunderts.

Natürlich ist er auf so einer ausgiebigen Tour auch durch Krisengebiete gefahren, hat Bürgerkriege und Brutalitäten miterlebt, bei denen sich seine Nackenhaare aufgestellt haben. Aber eingemischt hat sich Heinz nie. Denn er hat sich immer als Besucher gesehen, der sich nicht hinstellt, um andere eines Besseren zu belehren. Das bedeutet nicht, dass er nicht unfreiwillig in Konflikte geraten ist. Und es bedeutet auch nicht, dass Heinz alles, was er gesehen hat, als richtig empfunden hat. Abgestumpft ist er in den fünf Jahrzehnten nicht und wünscht sich auch heute noch, dass jeder »Mensch das hat, was zum Leben notwendig ist«.

Auch Dennis Kailing ist mit dem Fahrrad um die Welt gefahren. Aber wo Heinz eine Papierkarte hatte, nutzte er GPS. Statt Briefe

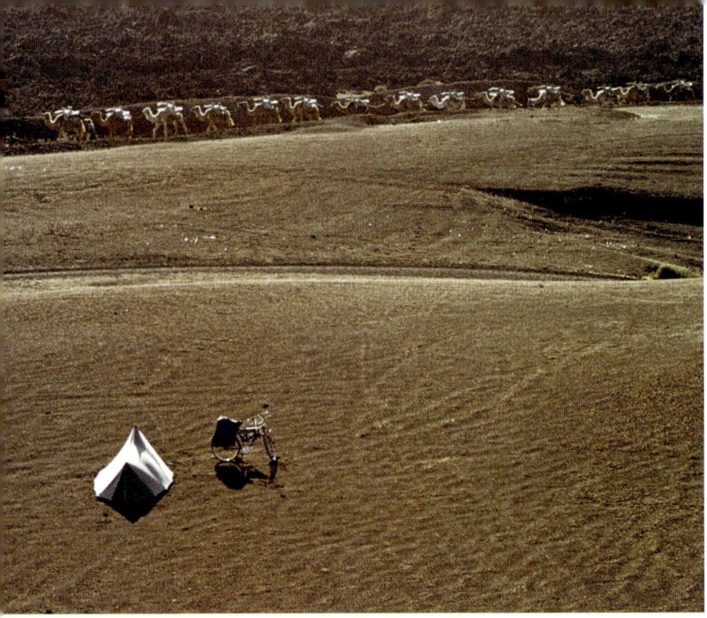

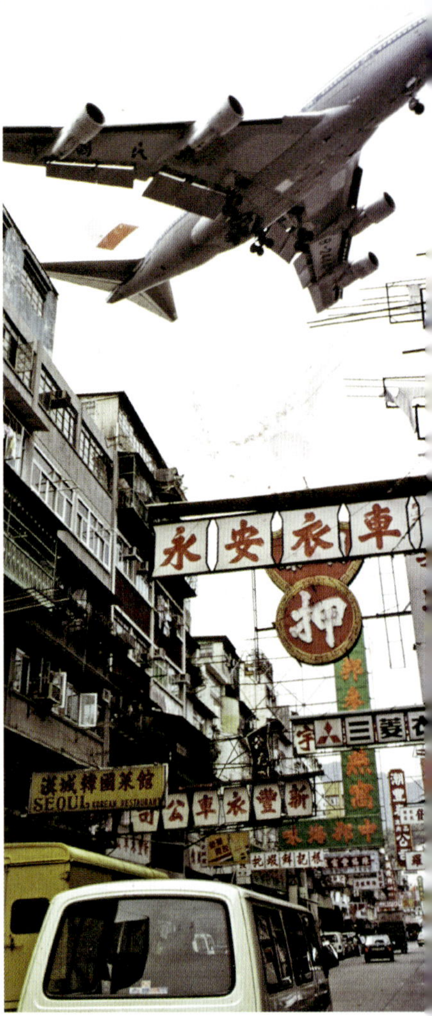

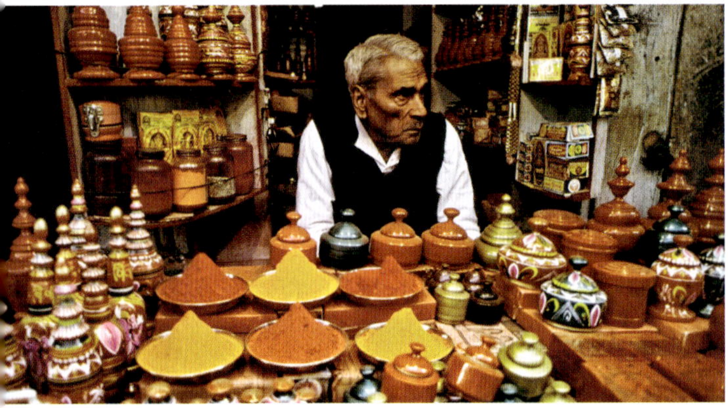

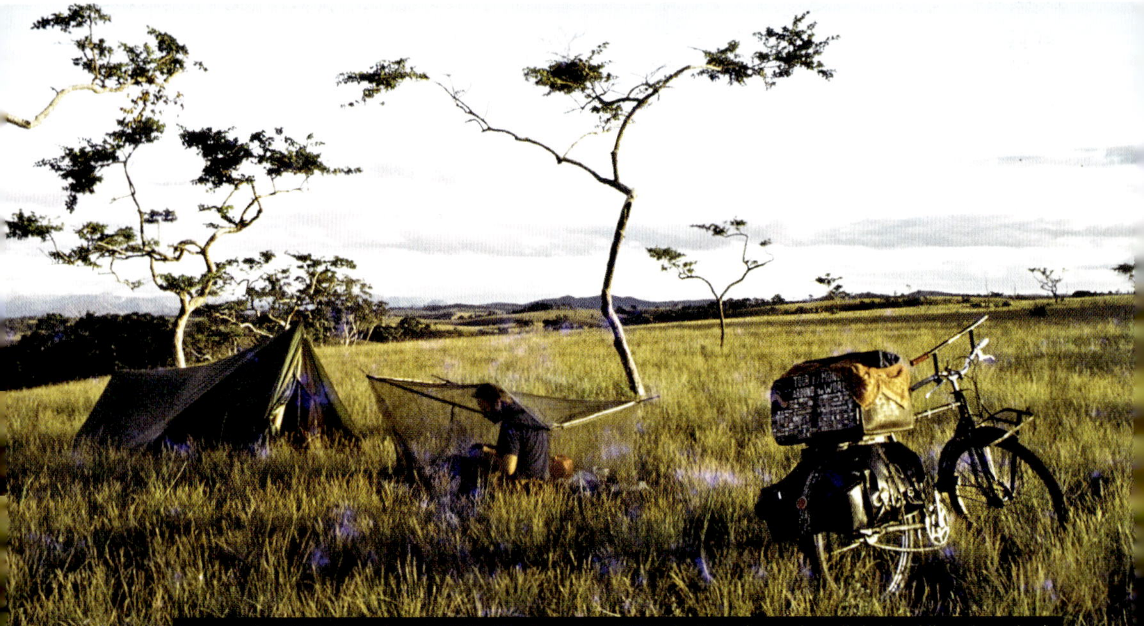

Lanzarote 1984, Hongkong 1988, Madagaskar 1981, Indien (von oben links im Uhrzeigersinn).

zu schreiben, konnte Dennis einen Videocall starten, und statt Dias zu sammeln, filmte er mit einer Drohne. Zwei Generationen, und doch gibt es viele Gemeinsamkeiten. Einige Monate, bevor ich *The Man Who Wanted to See It All* gesehen habe, hatte ich den Film *Besser Welt als Nie* gesehen, in dem Dennis den Zuschauer mit auf seine Fahrradreise nimmt. Unter anderem lässt er sein Publikum daran teilhaben, wie er sich mit einer ernst zu nehmenden Lebensmittelvergiftung die Seele aus dem Leib kotzt. Das warf weitere Fragen in mir auf: Hatte Heinz Stücke einfach immer Glück und kam nicht in lebensgefährliche Situationen? Was wäre denn passiert, wenn er sein Zelt irgendwo weit abseits im Wald aufgeschlagen und lebensbedrohlich erkrankt wäre? Er hatte ja nie ein Handy dabei und war in solchen Situationen vollkommen von der Zivilisation abgeschnitten.

Das Unterwegssein und das hautnahe Erleben vieler Länder hat den Blick des Mannes, »der alles sehen wollte«, verändert. Immer wieder. Mehrere Monate in einem Land zu verbringen, eröffnet immer wieder neue Perspektiven auf die Dinge. Es scheint unmöglich, sich auf die Berichterstattung der Medien verlassen zu können, wenn man selbst so viel in einer Region erlebt hat. Den Alltag der Menschen, Gastfreundschaft und Vergnügtheit. Oder aber Leid und Armut, Feindseligkeit oder radikales Gedankengut. Seine Reiseerlebnisse wurden regelmäßig in der lokalen Tageszeitung, der *Westfalenpost*, veröffentlicht. Viele der Zitate in diesem Buch stammen aus Beiträgen, die dort zwischen 1959 und 1964 erschienen sind. Andere habe ich in Heinz' Broschüre und dem Buch *Home is Elsewhere: Heinz Stücke: 50 Years Around the World by Bike* von Eric Van den Berg gefunden.

Wie oft hat sich Heinz wohl als Fremder gefühlt? Oder sollte die Frage lauten: Wie lange? Hat sich Heinz sozusagen wie ein Chamäleon in eine Welt eingefunden und sich zu einem Teil von ihr gemacht? Vielleicht hat er in einem neuen Land oder auf einem neuen Kontinent eine gewisse Zeit (Tage oder Wochen) gebraucht, um dort einzutauchen und sich zu integrieren, um auf diese Weise das Gefühl der Fremde abzuschütteln? Vielleicht hat sich Heinz aber auch im Unbekannten weniger fremd gefühlt als in der Heimat. Vielleicht machte ihm das Vertraute schon immer mehr Angst als das Neue.

Eine Reise, die mit 51 Jahren sozusagen der Länge eines Erwachsenenlebens entspricht, kann mit Fug und Recht als ganz schöner Brocken bezeichnet werden, wenn man als Autorin versucht, darüber ein Buch zu schreiben. Es sind zu viele Elemente, um alle in einem fortlaufenden Text aufzuarbeiten und interessant darüber zu berichten. Aus diesem Grund ist das Buch in 17 Essays gegliedert. Jedes Kapitel soll Antworten auf einige der Fragen geben, die man sich zu Heinz Stückes unfassbarer Reise stellen kann. Jedes enthält Antworten, die direkt von Heinz stammen, sowie Erzählungen ausgewählter Reiseerlebnisse. Egal, wie dick dieses Buch wäre: Ein komplettes Porträt dieses gewöhnlichen Mannes, der sein Leben so außergewöhnlich gelebt hat, ist einfach nicht möglich. Schließlich ist Heinz der einzige Augenzeuge dieser langen Geschichte. Doch möchte ich wie bei einem Mosaik Ausschnitte und Fragmente zu einem Bild zusammensetzen, das dem Weltenbummler Heinz Stücke gerecht wird.

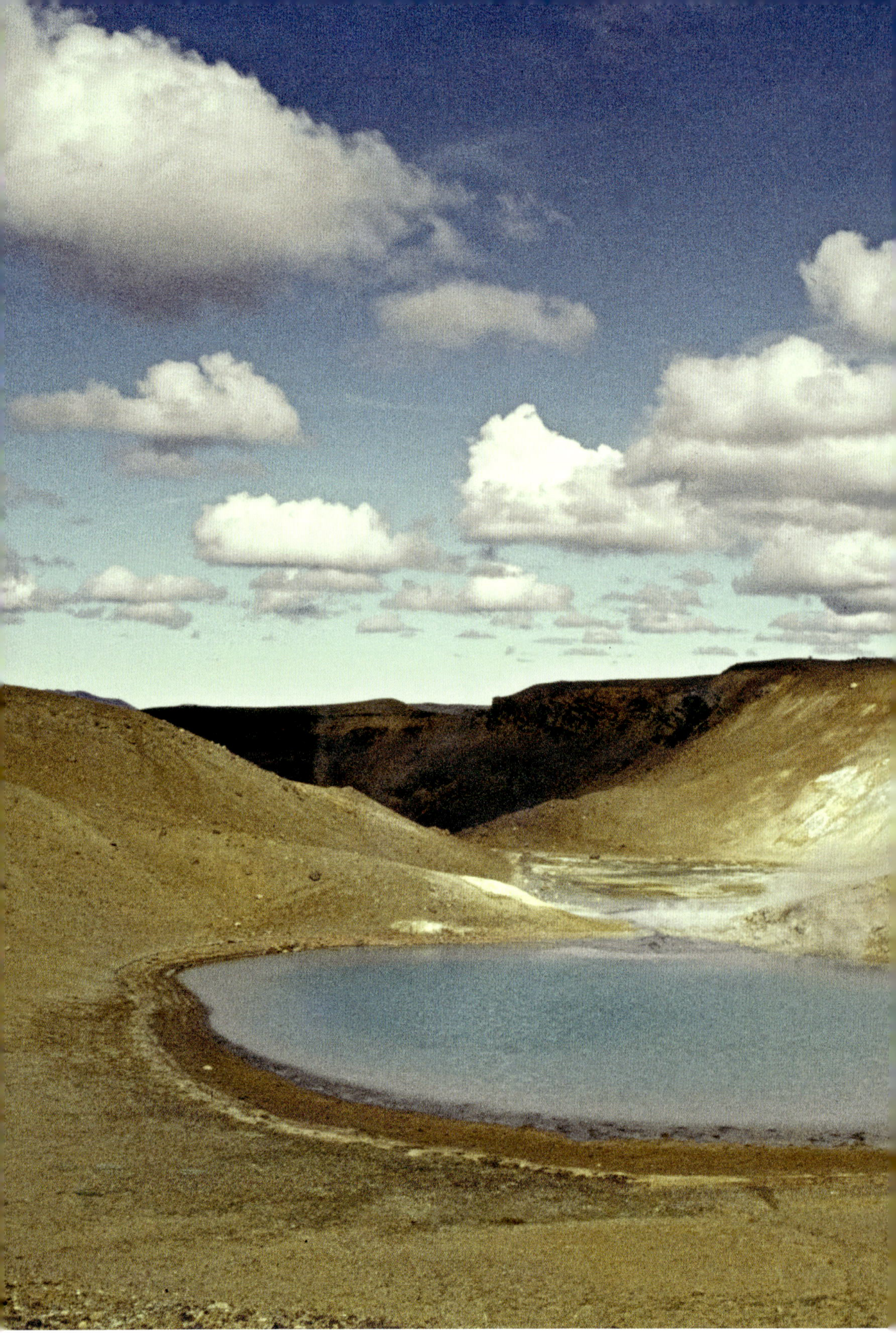

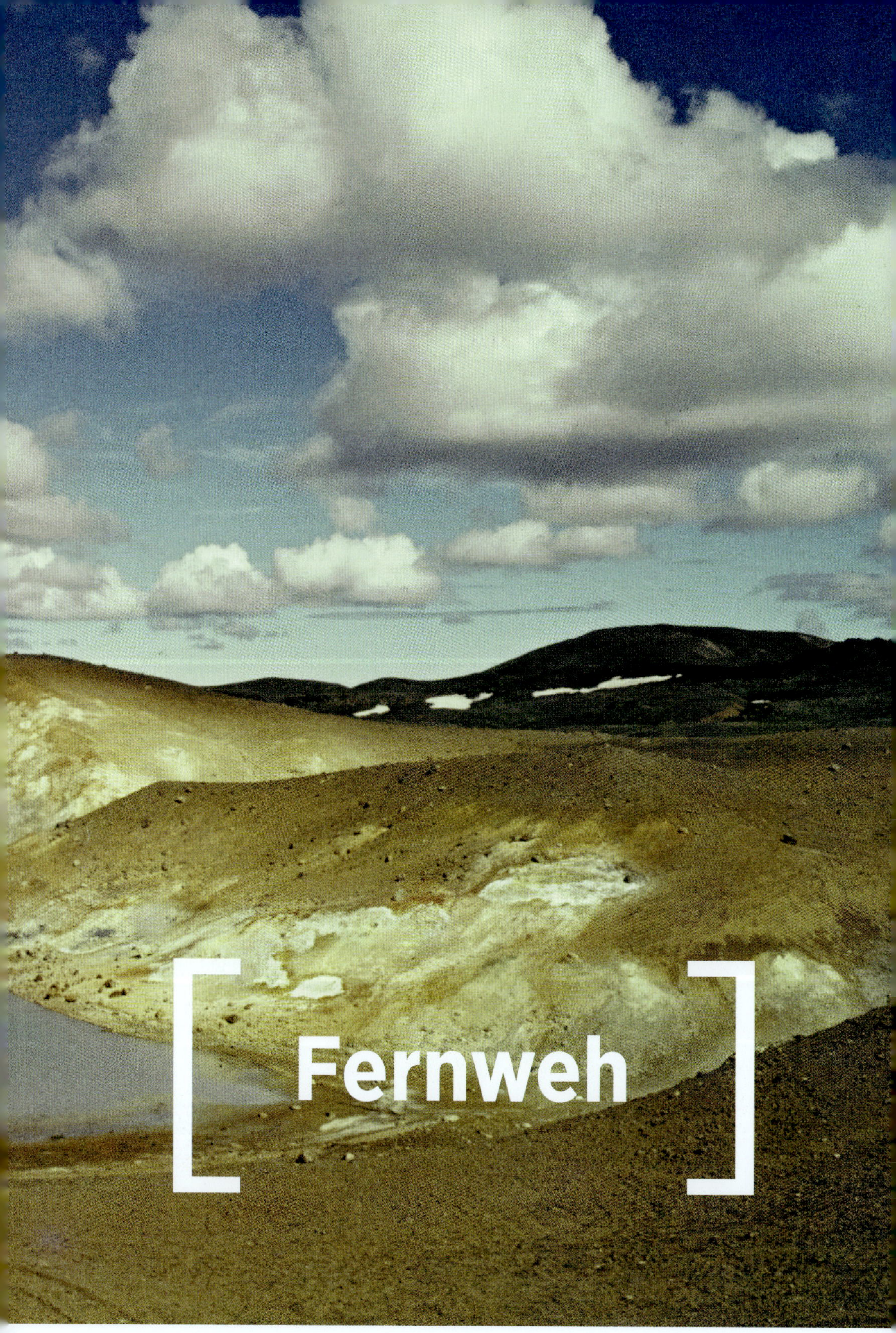

[Fernweh]

»Ich kann niemandem empfehlen zu tun, was ich seit Jahren tue, obwohl es eigentlich jeder könnte. Es liegt ganz am Einzelnen. Der Wille, die Vorstellungskraft und das Durchhaltevermögen sind wichtiger als große körperliche Kraft. Man muss ohne Komfort leben können und auch ohne Familie. Man muss früh anfangen, bevor man Verantwortung hat und bevor man ein Sklave seiner Umgebung geworden ist.«

Im Sommer 1954, der Zeit des Wunders von Bern, schlägt ein Fußballspieler, für den deutschen Fußball weniger bedeutend als Fritz Walter, einen neuen Weg ein. Heinrich Stücke, genannt Heinz, bekannter Stürmer beim HSV, dem Hövelhofer Sportverein, startet mit seinen Freunden auf den Rädern in eine Sommerferientour ins etwa 100 Kilometer entfernte Sauerland.

Rechts, links, rechts, links. Treten, treten, treten. Anstrengend ist es, aber ihm gefällt das. Mit seinen 14 Jahren ist er so jung und voller Energie, dass es locker für noch einen wie ihn reichen würde. Die Tauben im Korb auf dem Gepäckträger seines Fahrrads sind ruhiger geworden und er bemerkt sie nur noch, wenn sie bei einem Stein oder anderem Rumpeln des Rads erschreckte Klackerlaute von sich geben. Er hat sie kurz hinter Hövelhof übernommen. Gerade hatten seine Freunde und er das Heimatdorf auf den Fahrrädern verlassen, da wurden sie schon von Bruno Meiers Bruder eingeholt. Der Befehl der Mutter lautete, Bruno solle sofort nach Hause kommen, so einen Quatsch erlaube sie nicht. Also hatte er dessen Brieftauben auf sein Rad geladen und versprochen, sie am Ziel fliegen zu lassen, um ihre Tauglichkeit zu testen, und dem Freund, der nun nicht mitkommen konnte, auf diese Weise zu helfen, wenigstens diesen Teil seines Plans zu verwirklichen.

Treten. Weit ist es nicht mehr bis zum Ziel und ein kleines Gefühl des Triumphes und

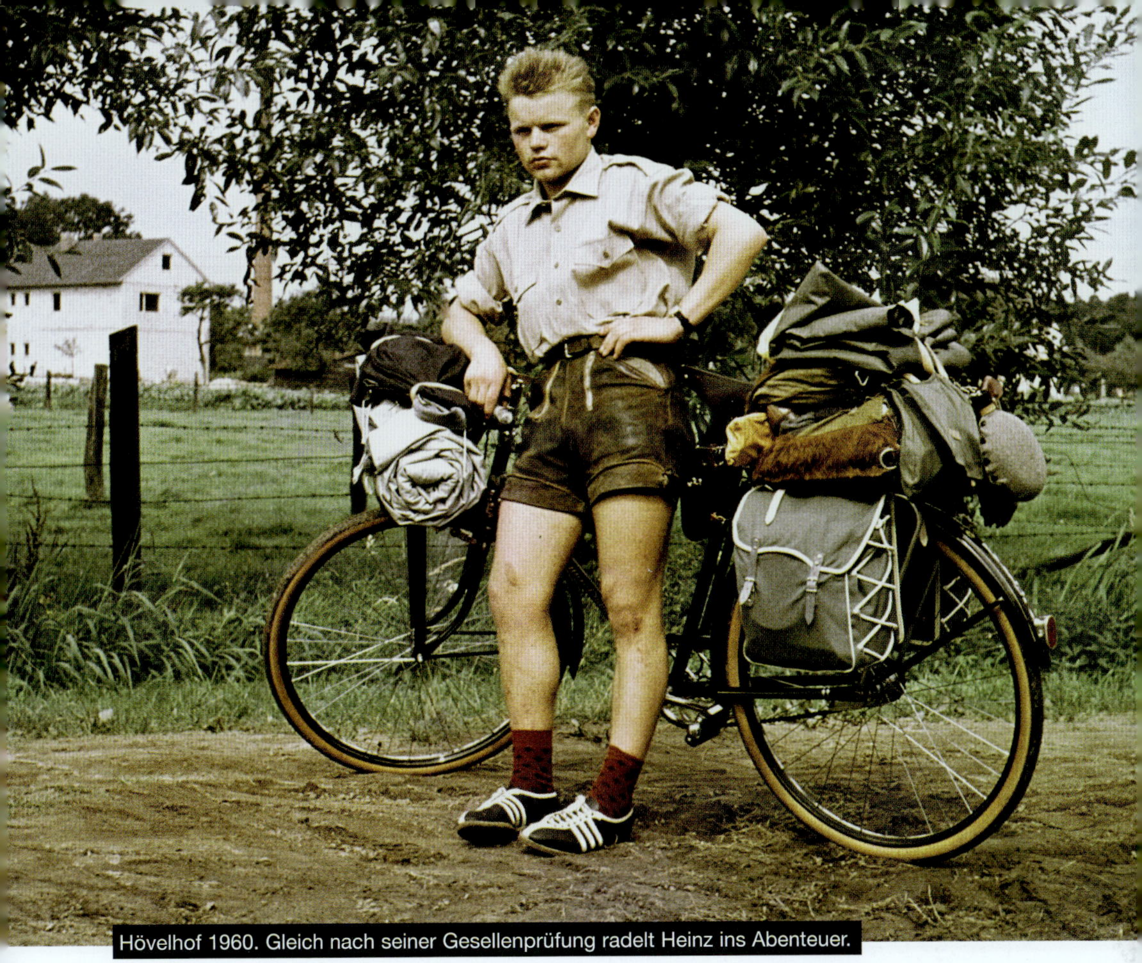

Hövelhof 1960. Gleich nach seiner Gesellenprüfung radelt Heinz ins Abenteuer.

der Freiheit breitet sich in seiner Brust aus. Er ist aus eigener Kraft hierhergekommen und damit dem Elternhaus, zumindest für einige Tage, entflohen. Kein Vater, dem er beim Bauen neuer Geflügelvolieren zur Hand gehen muss. Keine hustende Mutter, die jeden Tag von morgens bis abends auf den Beinen ist und schuftet und deren Kurzatmigkeit allen eine Menge Sorge bereitet. Am Ende dieses Sommers, das weiß er, wartet eine Ausbildung als Werkzeugmacher auf ihn. Eine Ausbildung, vor der ihm graut und die er nur aus Mangel an attraktiveren Alternativen gewählt hat. Zimmermann hätte er auch werden können, aber das haben ihm die vielen Stunden des Assistierens beim Vater verleidet, in denen er lieber kicken gegangen wäre. Und ein weiterer Schulbesuch im 16 Kilometer entfernten Paderborn ist in den Augen seines Vaters reine Zeit- und Geldverschwendung.

Während er so die letzten Meter in die Pedale tritt, denkt er über die Möglichkeit nach, mit dem Rad zu reisen. Es eignet sich bestens dafür, denn es ist günstig und man bleibt unabhängig. Wie weit könnte er in einem zweiwöchigen Sommerurlaub kommen? Was könnte er sehen? Was erleben?

Fünf Jahre später, im Sommer 1959, ist er im gesamten Dorf, und auch über dessen Grenzen hinaus, als der »Hövelhofer Weltenbummler« bekannt. Als er von seiner ersten sogenannten Weltreise zurückkehrt, die ihn durch Österreich,

Jugoslawien, die Türkei, Syrien, Libyen, Tunesien, Frankreich, Spanien und natürlich Deutschland geführt hat, ist er 19 Jahre alt und schon einige Tausend Kilometer mit dem Fahrrad unterwegs gewesen. Für dieses Abenteuer hat er knappe fünf Monate kräftig in die Pedale getreten und sich dabei mal von Rückenwind treiben und mal von Gegenwind piesacken lassen. Doch seine Stimmung war dem Wind und Wetter überlegen, denn schließlich hatte er keine Verpflichtungen und musste nicht zur Arbeit. Seine Lehre hatte er erfolgreich abgeschlossen und während ihm in den vergangenen Jahren immer nur zweiwöchige Radreisen möglich gewesen waren, die ihn immerhin über die Alpen bis nach Neapel oder auch nach Frankreich geführt haben, so hielt ihn nach der Vollendung des Gesellenstücks nichts mehr auf. Er packte seine Sachen, schwang sich in den Sattel und radelte, was das Zeug hielt.

Wieder zurück in Hövelhof veröffentlicht er Ausschnitte seines Tagebuches in der *Westfalenpost*. »Man staunt besonders über meine blonden Haare. Später wird mir erzählt, man hätte mich erst für ein Mädchen gehalten.« oder »In der Kombüse treffe ich einen Mann, der sehr gut Deutsch spricht. Diese Freundschaft ist mir sehr nützlich, denn ich kann nun so viel essen, wie ich will.« Heinz beeindruckt die ostwestfälische Gemeinde samt Umgebung bei Veranstaltungen mit Diashows, bei denen er seine Reisefotografien mit Erzählungen der Erlebnisse spickt.

Doch das Gefühl der Freiheit und Unabhängigkeit, das während einer Reise Besitz von ihm ergreift, hallt auch nach der Rückkehr noch in ihm nach und lässt sich durch nichts so richtig ersticken. Nicht durch Erfolge als Stürmer beim Hövelhofer Sportverein, nicht durch Fahrten mit seinem silbergrauen VW-Käfer und nicht durch die Aufmerksamkeit der Gemeinde. Und so ist auch diese Radreise am Ende nur eine von vielen und wirkt im Nachhinein betrachtet wie die Vorbereitung auf das nächste Abenteuer. Dem Sauerland folgte Frankreich, folgte Italien, folgte die Reise bis nach Libyen und Syrien. Und so muss auch diesem Abenteuer das nächste folgen.

> »Kaum sind wir in der guten Stube, da scheint das ganze Dorf zusammenzulaufen. Es kamen sehr viele Mädchen.«

Es heißt: Indien. Und Nordkorea und Sri Lanka und Russland plus 16 weitere Länder. Am 22. August 1960 verlässt Heinz Hövelhof und kehrt ein Jahr später mit über 18.000 Kilometern auf dem Tacho zurück. Auch bei dieser Reise verbessert er seine Reisekasse mit Berichten für die heimatliche Lokalpresse. »Ein Teehaus unterscheidet sich grundsätzlich von einem Gasthaus in Deutschland. Durch einen niedrigen, schmalen Eingang kommt man in einen großen Raum. Tische und Stühle sucht man vergebens.« Die Zeitung ihrerseits weiß wiederum mit Titeln wie »Die Reifen des Dauerradlers Stücke verlieren allmählich das Profil« und »Mit Typhusanfall ins Krankenhaus« das Interesse der Leser zu bewahren.

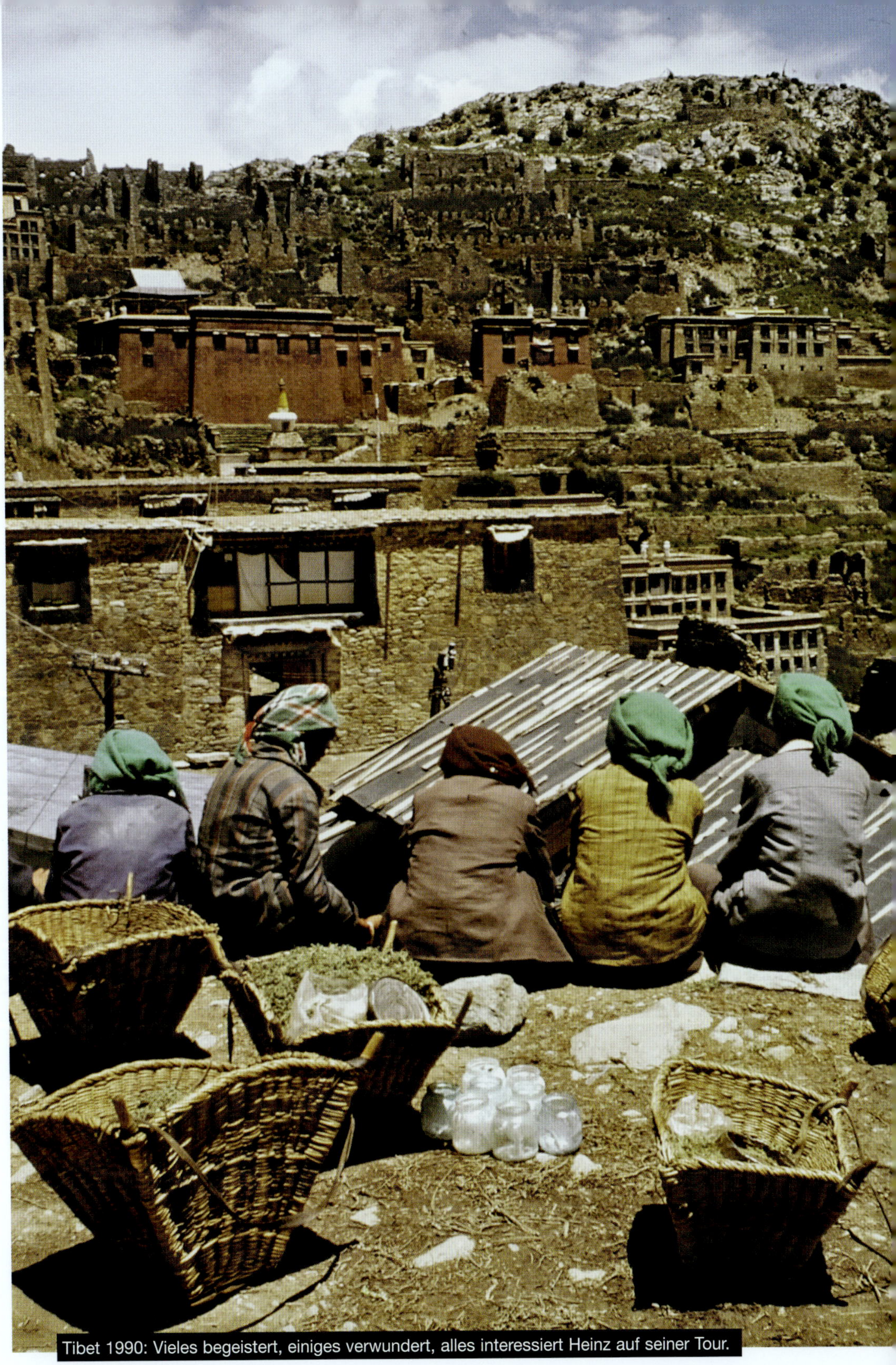

Tibet 1990: Vieles begeistert, einiges verwundert, alles interessiert Heinz auf seiner Tour.

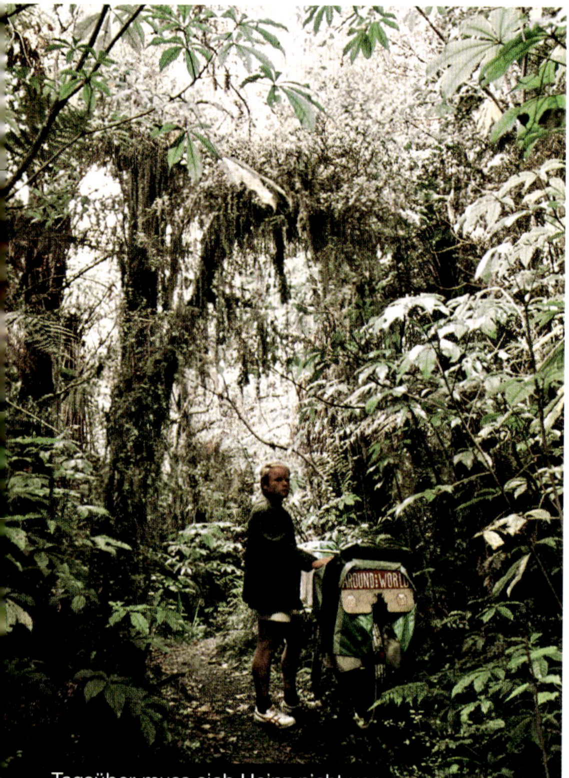
Tagsüber muss sich Heinz nicht vor menschenfressenden Tigern hüten.

Besonders beeindrucken den jungen Mann aus der Region Ostwestfalen-Lippe die »fremdartigen und interessanten Bauwerke und auch die Natur mit immer neuen, andersartigen Tieren und Landschaften«, so beschreibt er es in einem Bericht aus Nepal. Immer wieder hebt er die enorme Gastfreundschaft hervor, mit der er so oft empfangen wird. Er beschreibt Reisschnapsgelage und wie er von allen Passagieren eines Zuges, der parallel zu ihm fährt, mit Zurufen angefeuert wird, bis ihm einer einen langen Schal zuwirft, sodass er sich fast 20 Kilometer weit ziehen lassen kann. Aber auch eines seiner »schrecklichsten und unvergesslichsten Bilder in Benares«, Indien, als »ein altes Mütterlein mitten auf der Straße lag. Zuerst dachte ich, sie sei tot, weil eine dicke Traube von Fliegen um Augen und Mund saßen. Beim Näherhinsehen sah man jedoch, dass noch etwas Leben drin war, denn ab und zu hob und senkte sich die Brust vom Atem. Die Hand lag, symbolisch für die Armut, kraftlos in einem Bettlernapf.«

Die Tage in Indien sind heiß und gnadenlos, und um der Tortur durch die Sonne zu entgehen, radelt der junge Heinz oft erst am späten Abend los und durch die Nacht. Bei einer seiner Mondscheinfahrten nahe Bengaluru im Südwesten des Kontinents wartet eine vierstündige Fahrt durch den nächtlichen Dschungel auf ihn. Nach den zahlreichen Beschreibungen der gefährlichen, bedrohlichen Fauna, schließlich gibt es hier Tiger, Elefanten und Panther, rast er mit Riesenangst über die stockfinstere Straße. Die Berichte, es solle hier einen sogenannten maneater, einen menschenfressenden Tiger, geben, versucht er, aus seinen Gedanken zu verdrängen, schreckt aber, wer kann es ihm verübeln, trotzdem beim kleinsten Geräusch zusammen. Immer schneller jagt er durchs Dunkel und dabei fast in einen Wasserbüffel hinein, der reglos in der Nähe eines Dorfes mitten auf der dunklen Straße steht. Vollkommen erschöpft und mit seinen Nerven am Ende legt Heinz eine Rast auf einem steinernen Brückengeländer des Dorfes ein, um für einen Moment die Augen zu schließen, und erwacht erst wieder, als die Sonne schon hoch am Himmel steht. Knapp 600 Kilometer später steht ein erleichterter Heinz Stücke im Sonnenuntergang auf der Fähre nach Sri Lanka und lässt das indische Festland hinter sich.

Von Sri Lanka aus möchte er nach acht Monaten seiner Reise per Passagierschiff nach Südafrika fahren. Die notwendigen Visa hat

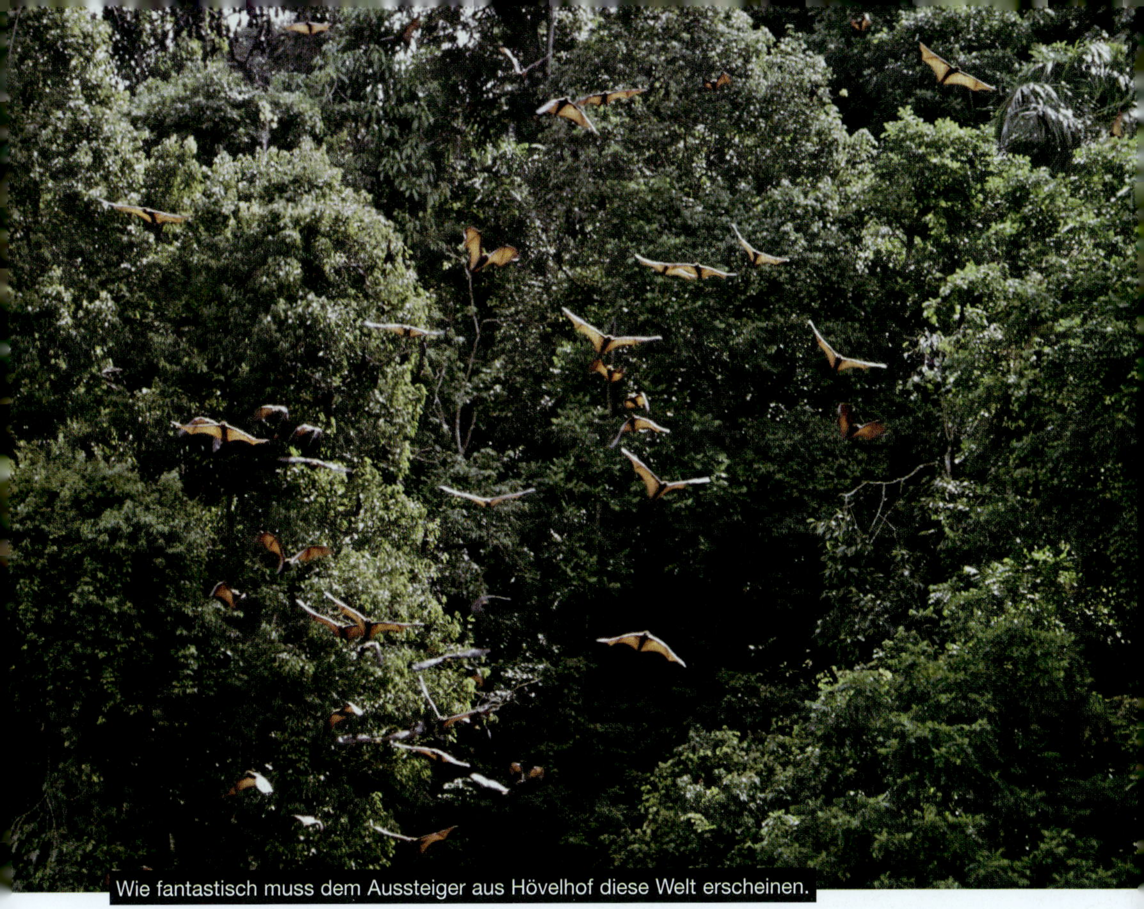

Wie fantastisch muss dem Aussteiger aus Hövelhof diese Welt erscheinen.

er schon in der Tasche, als er diesen Plan in letzter Sekunde noch einmal über den Haufen wirft. Der Kapitän der norwegischen *MS herborg* bietet ihm Arbeit als Stewarthilfe an. Das Frachtschiff fährt über Nordvietnam, von wo es Bananen ins russische Nachodka und Wladiwostok liefern soll, »und wie es weiter geht, weiß noch niemand.« Recht hektisch werden noch die notwendigen Formalitäten wie ein Besuch beim Arzt und bei der vermittelnden Agentur erledigt, dann geht es los. Kein Wunder, dass sich Heinz die erste Nacht von ungeklärten Fragen geplagt in seiner Koje hin und her wälzt.

Nachdem er Singapur vom Schiffsdeck aus und das nordvietnamesische Haiphong zu Fuß und mit dem Fahrrad erkundet hat, formt sich auf den letzten Seemeilen vor Nachodka ein neuer Plan in Heinz' Kopf. Wenn er schon nicht durch Afrika radelt, dann will er bald von Bord gehen und sich mit seinem Rad auf den Weg durch Sibirien nach Moskau, Leningrad und Skandinavien machen. Im Seemannsklub von Nachodka findet Heinz einen freundlichen Russen, der ihm Hilfe bei der Beschaffung des Visums verspricht und ihn zu diesem Zweck am nächsten Tag zum Stadtkomitee begleitet. Doch so einfach ist es nicht. Heinz muss sich

»Die Würfel sind gefallen. Das Schiff fährt nach Haiphong und dann nach Nachodka.«

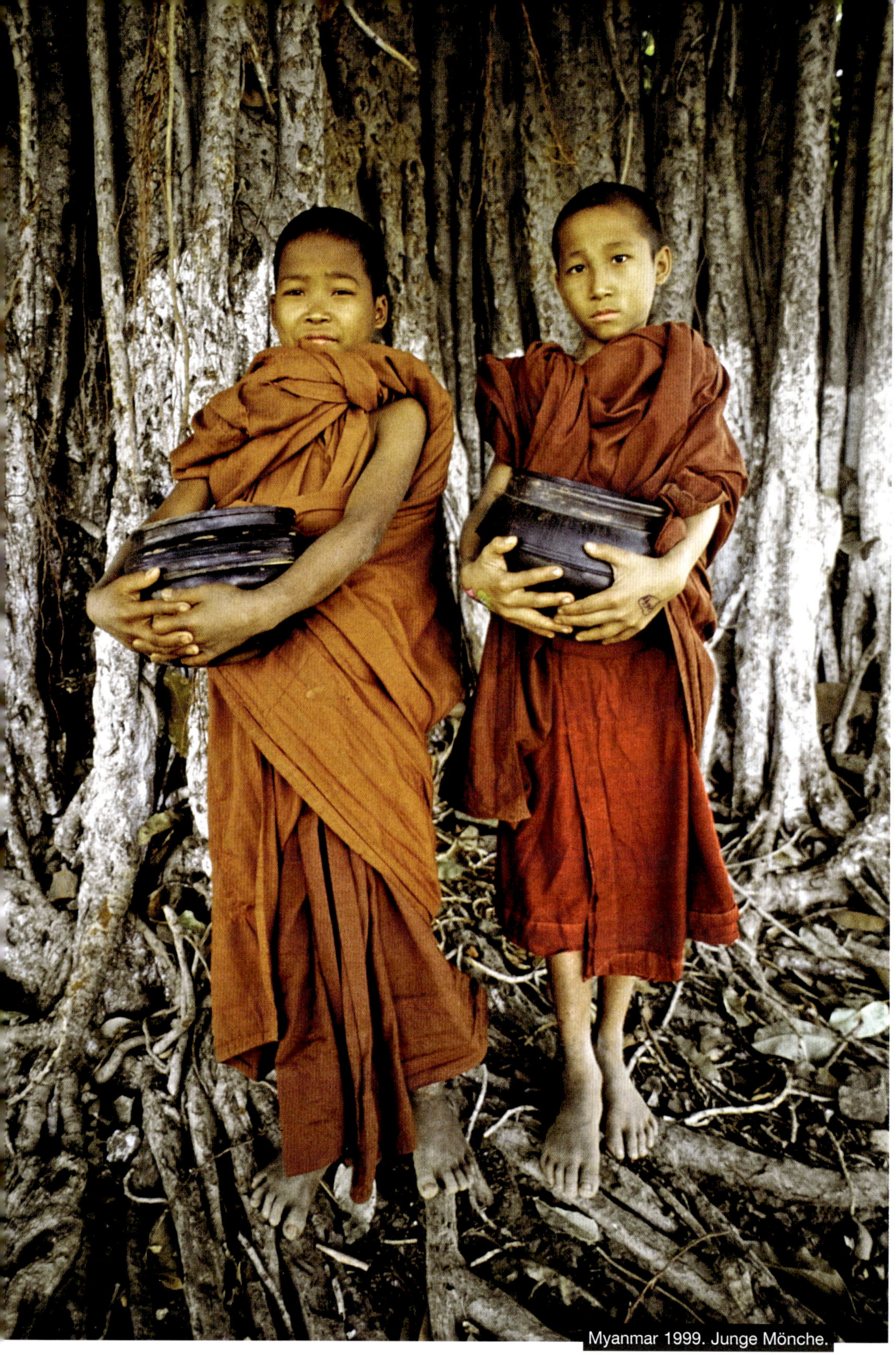
Myanmar 1999. Junge Mönche.

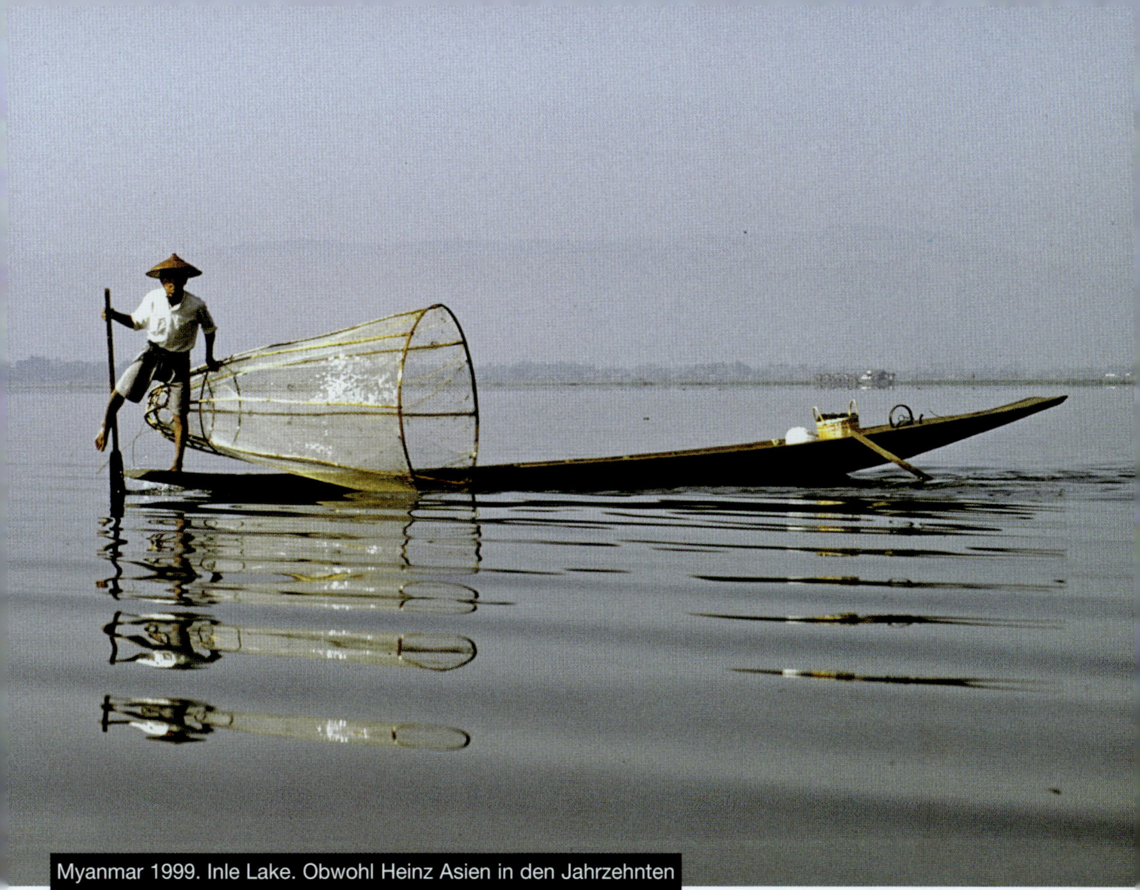

Myanmar 1999. Inle Lake. Obwohl Heinz Asien in den Jahrzehnten sehr verändert erlebt, bleibt es in einigen Aspekten ursprünglich.

in Geduld üben und dabei hartnäckig bleiben. Erst bei der dritten Lieferung vietnamesischer Bananen erhält er die Erlaubnis, mit einem Durchreisevisum per Zug durch die Sowjetunion zu fahren. Mit dem Fahrrad, so erfährt er, ist das vollkommen ausgeschlossen. Das Visum ist fertig, doch es bedarf »noch einer harten Auseinandersetzung«, bis der Kapitän ihm seinen Lohn in Rubel auszahlt und ihn mit den Worten »Gute Fahrt« von Bord gehen lässt.

»Völlig fremd und ohne Führer in der Sowjetunion«, das ist seinerzeit schon eine regelrechte Sensation. Immer wieder verlässt Heinz den Zug und radelt einfach los, anstatt sich beim Ansprechpartner für alle Besucher des Landes, dem Intertourist-Büro, zu melden. Immer wieder wird er von der Miliz aufgegriffen und verhört. Ein Radreisender aus dem Westen steht hier und zu dieser Zeit unter Generalverdacht der Spionage. In Moskau haben die Behörden dann endgültig genug von dem selbstbewussten Deutschen und ordnen an, dass er sich für den gleichen Tag ein Ticket nach Helsinki kaufen muss.

Als er am 29. August 1961 wieder über die Straßen von Hövelhof rollt, heißt ihn eine begeisterte Menschenmenge willkommen. Zwölf Monate und sieben Tage sind seit seiner Abreise vergangen und er fühlt sich regelrecht heldenhaft, wie er da vor dem Mikrofon steht und seine Freunde, Familie und Nachbarn mit den Worten begrüßt: »In zwei Jahren möchte ich noch einmal aufbrechen. Afrika, Nord- und Südamerika, Ferner Osten …«

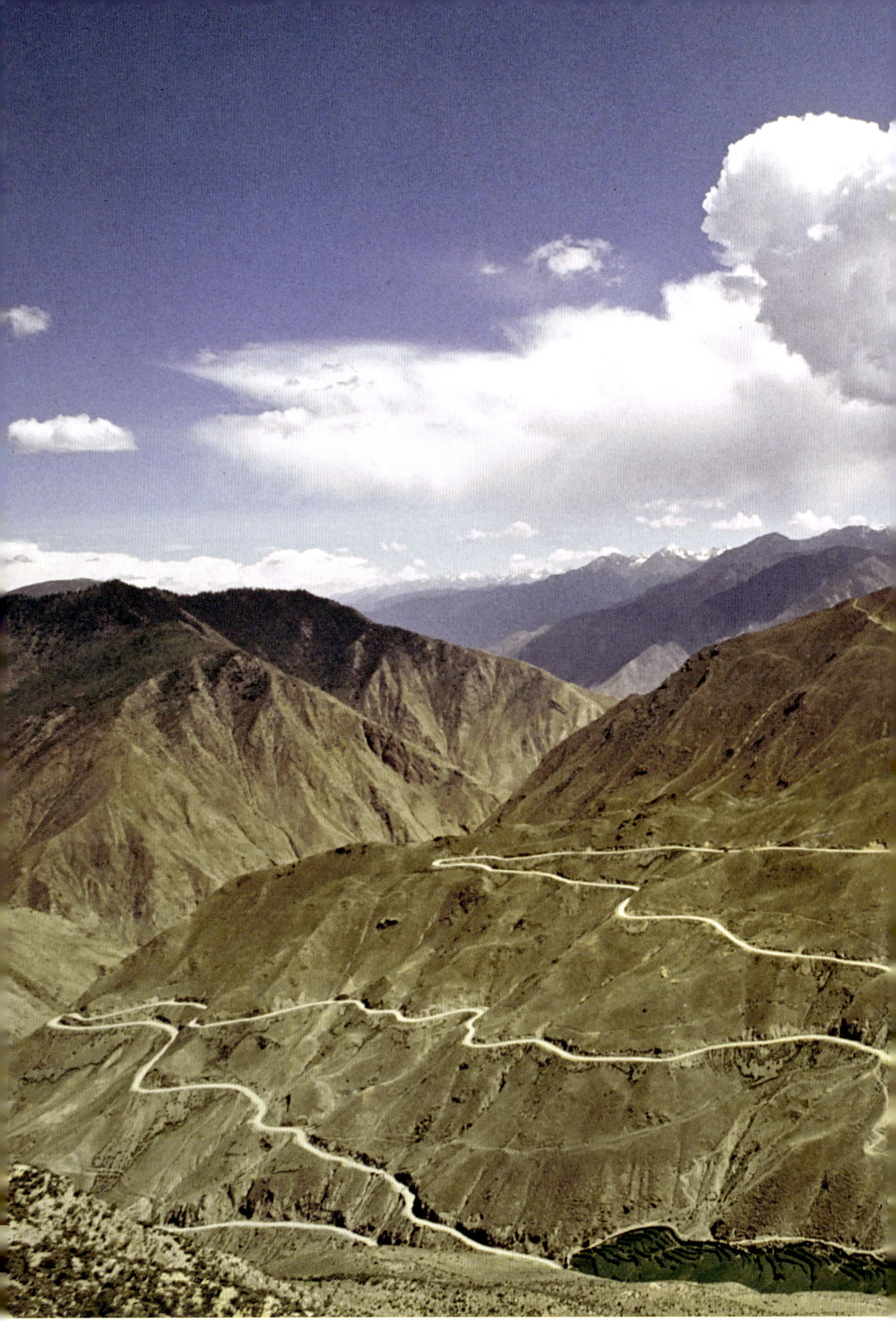

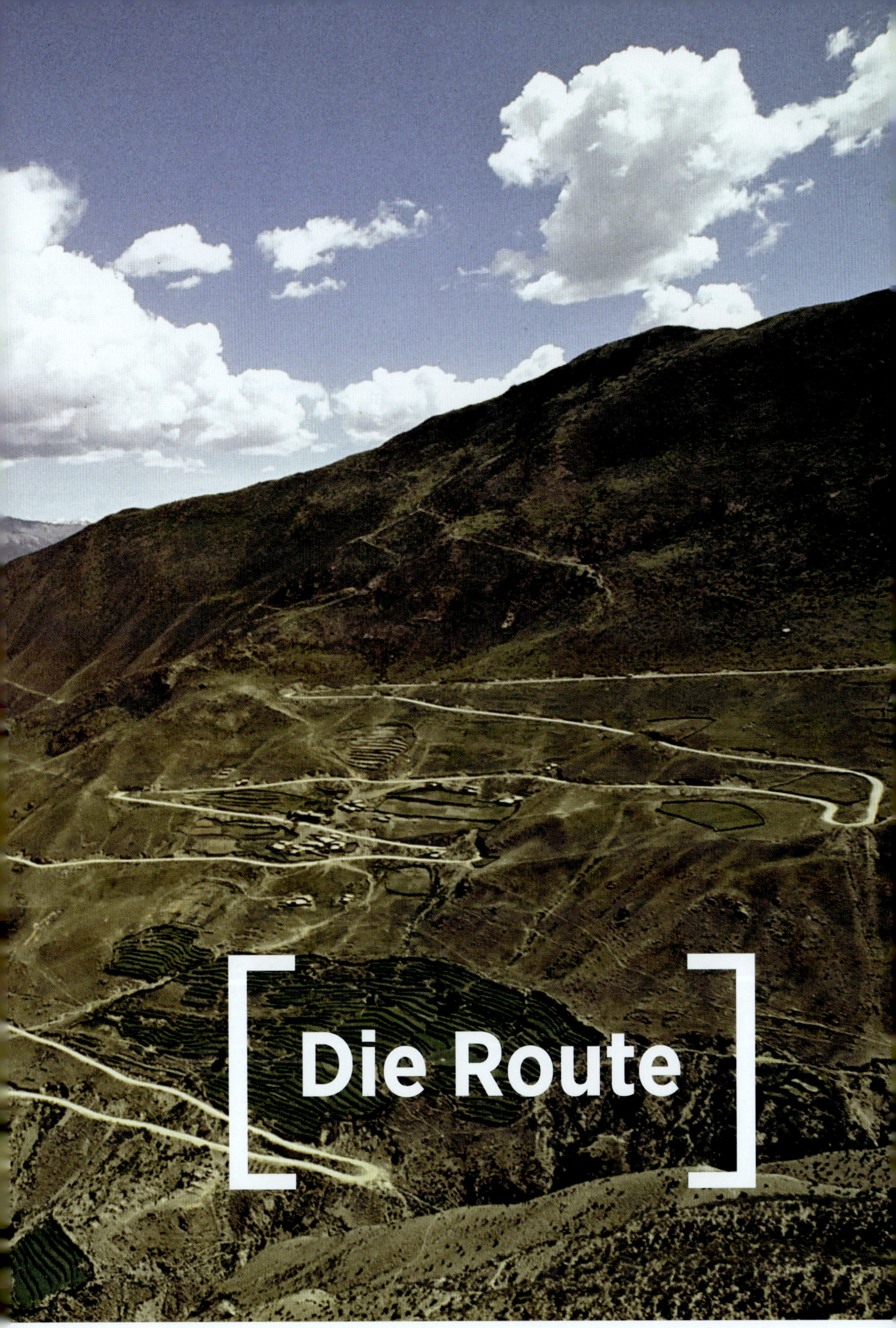

[Die Route]

»Es ist nichts Extremes an mir. Ich fahre einfach nur Fahrrad.«

»Wenn man für lange Zeit wegfährt, gibt es vorher viel zu tun. Natürlich hatte ich durch meine Fahrten viel Erfahrung gesammelt. Dennoch benötigte ich volle 14 Tage, nachdem ich meine Arbeitsstelle aufgegeben hatte, um die ganze Ausrüstung zusammenzubekommen. Es handelte sich größtenteils um Spezialanfertigungen. Das Gepäck verteilte sich gleichmäßig über das ganze Fahrrad. Vorne wurde auf einem Gepäckträger das Zelt mit dem Schlafsack festgeschnallt. Der hintere Gepäckträger war ebenfalls verstärkt worden. In der einen Seitentasche verpackte ich Filme und Fotoausrüstung, in der anderen Kochausrüstung, Waschzeug, Schuhzeug.«

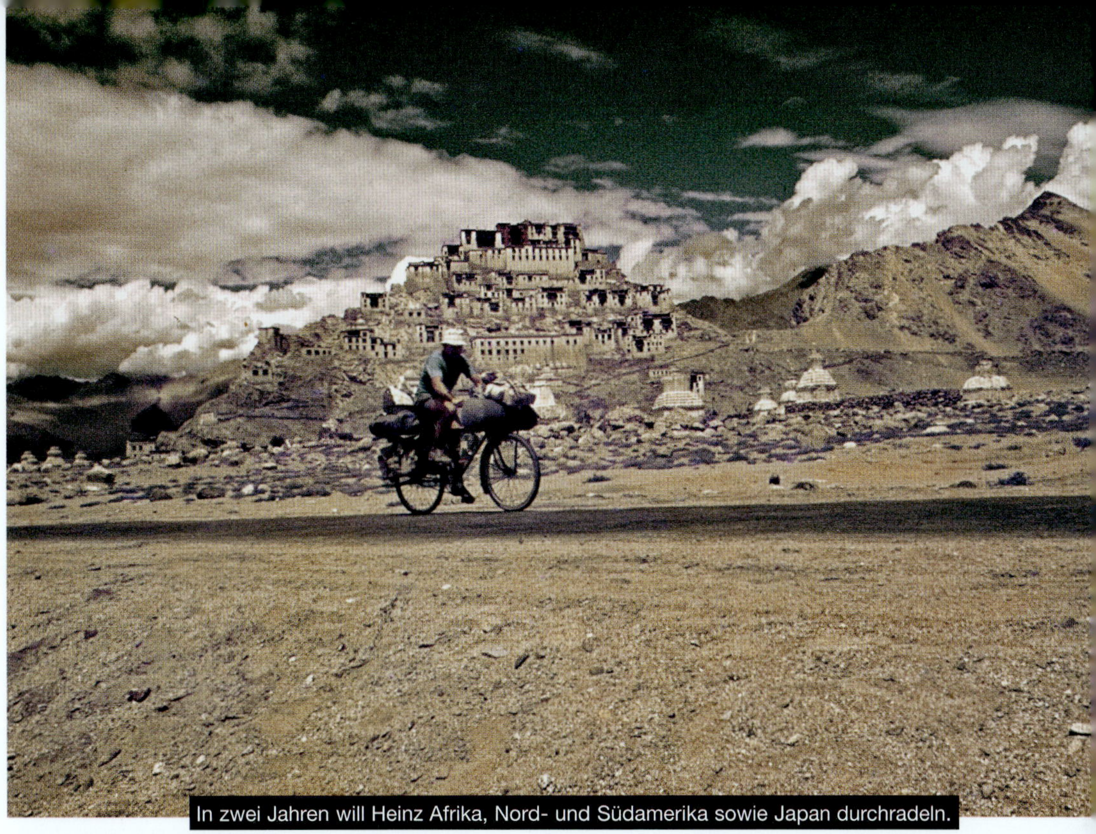

In zwei Jahren will Heinz Afrika, Nord- und Südamerika sowie Japan durchradeln.

Ende 1962. Die angekündigten zwei Jahre braucht es am Ende nicht, bis Heinz' Reisekasse mit 1.400 Mark gefüllt ist. In seinen Augen ausreichend Geld, um das nächste Abenteuer zu beginnen. Das Rad stellt ihm die Paderborner Firma Tripad zur Verfügung, für ein solches Vorhaben sogar mit verstärktem Rahmen und stärkeren Speichen. Einen Radreisekoffer und Taschen für die Seiten baut sich der junge Handwerker selbst. Bis es so weit ist, arbeitet er in seinem Beruf als Werkzeugmacher bei der Ruhrstahl AG im nahe gelegenen Brackwede. In seiner Freizeit hält er unzählige Diavorträge über seine vergangenen Touren und erzählt von den Vorbereitungen seiner bevorstehenden Weltreise. Ein besonders interessiertes und begeistertes Publikum findet er bei den Jugendklubs der katholischen Kirche und dem zugehörigen Kolpingwerk. Eine Reise durch die Welt, die allen und auch mit wenig Geld möglich ist, zieht viele junge Menschen in den Bann – auch wenn die meisten eher in der Region bleiben und ein Urlaub im Ausland der Höhepunkt der Abenteuerlust darstellen wird.

Heinz jedoch möchte nicht bleiben. Mit dem Vorhaben, über Afrika, Süd- und dann Nordamerika in zwei Jahren bis nach Tokio zu radeln, um dort als »Zaungast« bei den Olympischen Spielen 1964 zu sein, schwingt er sich im spätherbstlichen Hövelhof auf sein neues Fahrrad und tritt in die Pedale. Es ist der 5. November 1962, ein Montag. Eine Spardose der Volksbank Hövelhof ist am Gepäckträger befestigt. Sie soll unterwegs Menschen zum Spenden animieren und auf diese Weise zu seinem Unterhalt beitragen.

Um seine Dankbarkeit gegenüber seinem einzigen Sponsor auszudrücken, fährt Heinz am ersten Tag zunächst zur Tripad-Werkstatt in Paderborn. Dort wünscht ihm der Konstrukteur seines Rads, »Jupp« Haneke, eine gute Reise. Heinz radelt weiter und findet in der

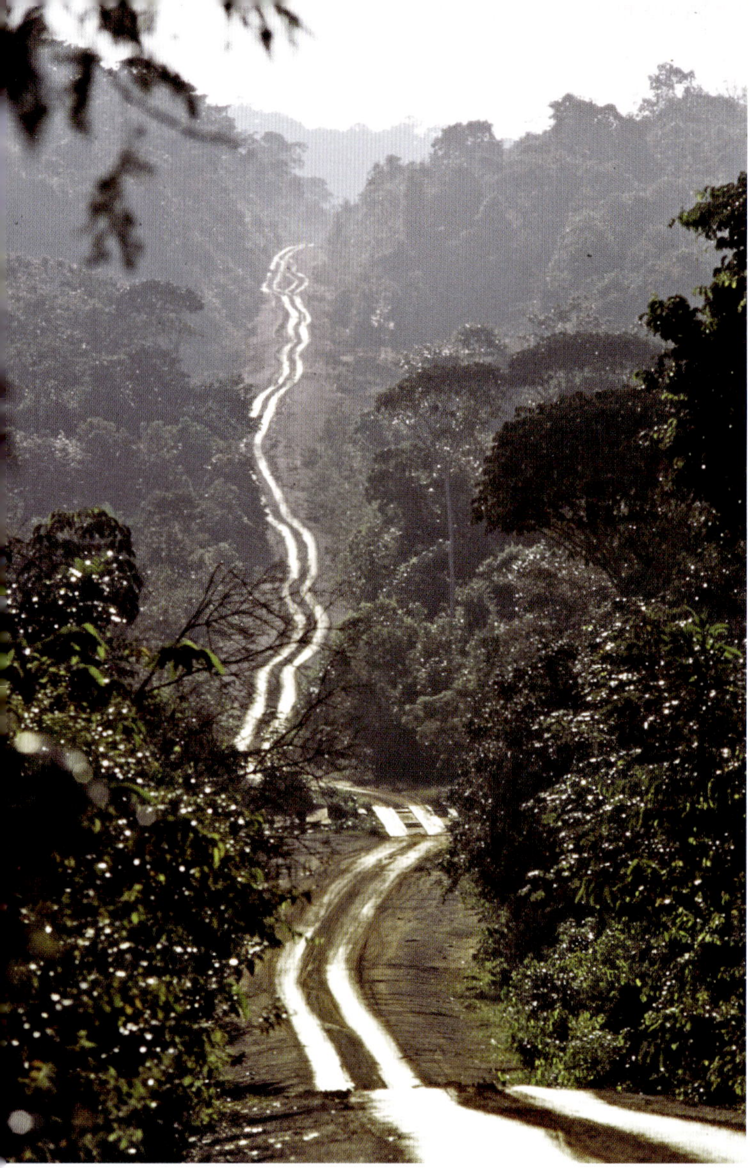

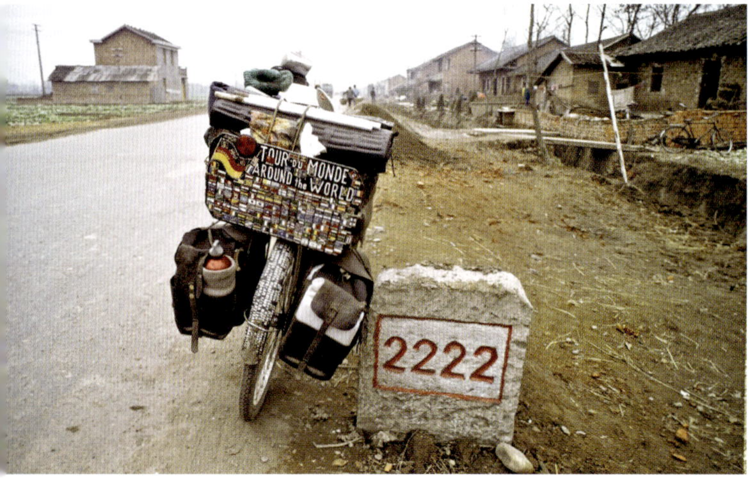
TOUR DU MONDE
AROUND the WORLD
2222

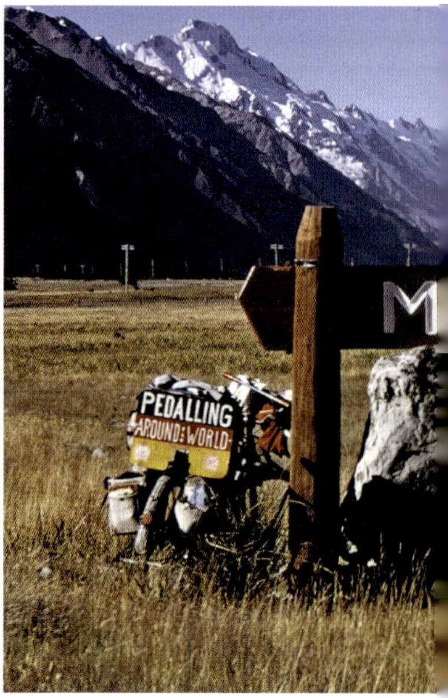
M
PEDALLING
AROUND the WORLD

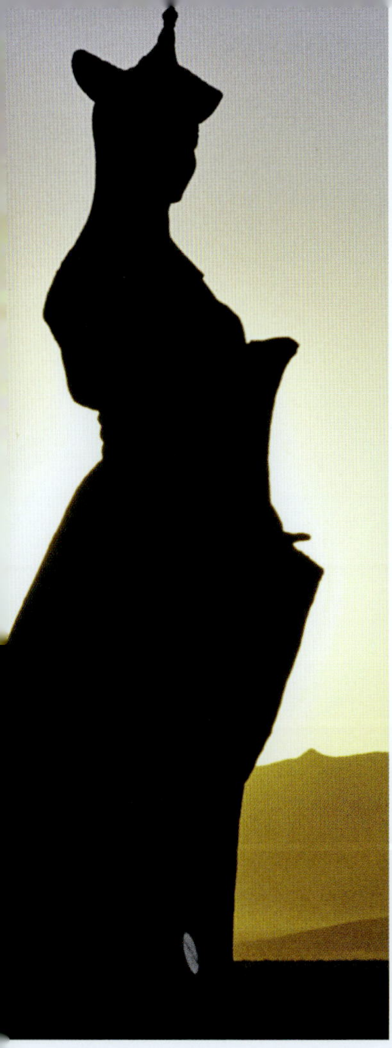

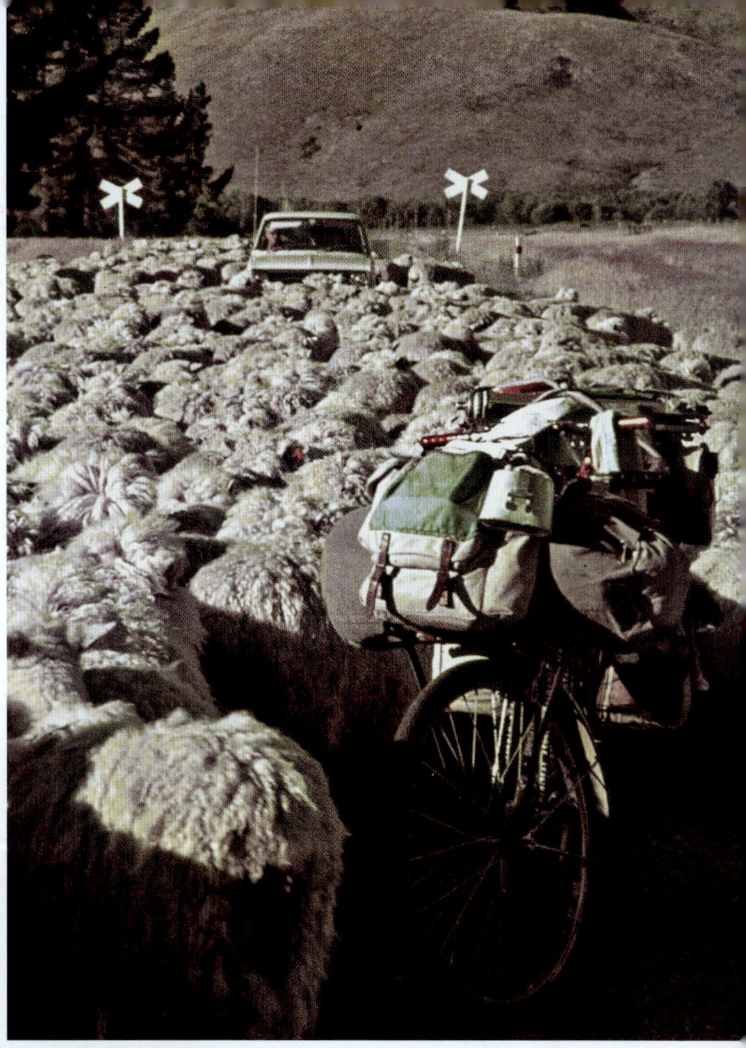

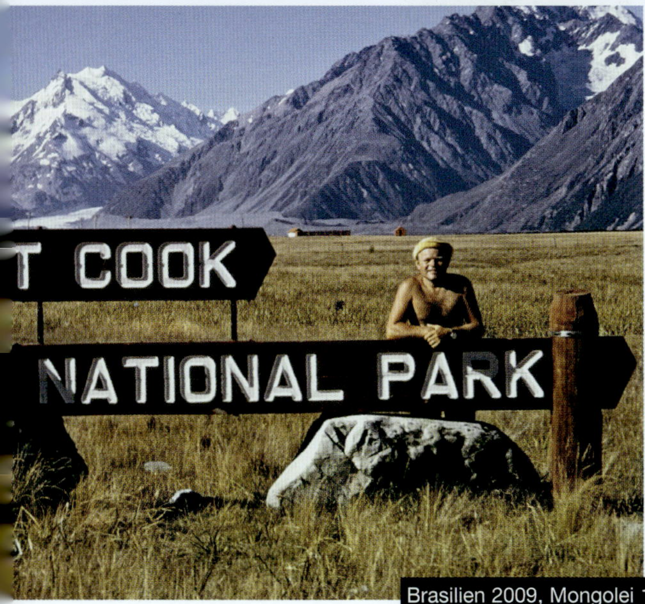

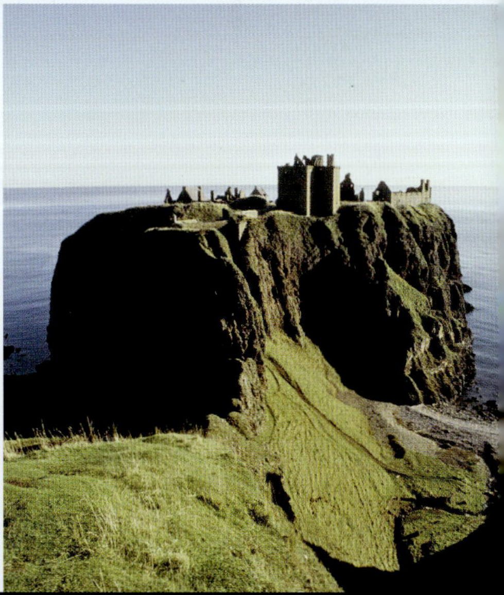

Brasilien 2009, Mongolei 1991, Neuseeland 1974, Schottland 2000, Neuseeland 1974, China (von oben links im Uhrzeigersinn).

ersten Nacht im Schlafsaal der Jugendherberge Soest eine Unterkunft. Als er dem Jugendherbergsvater beim Einchecken auf dessen Frage, wo er denn in dieser Jahreszeit noch hinwolle, wahrheitsgemäß »nach Tokio« antwortet, fühlt sich dieser offensichtlich auf den Arm genommen. Mit dem vermeintlich frechen Radfahrer wechselt er daher bis zu dessen Abreise am kommenden Morgen kein einziges Wort mehr. Davon unbeirrt macht sich der 22-Jährige mit seinem fast 60 Kilogramm schweren Fahrrad – er selbst wiegt nur drei Kilo mehr – auf den Weg nach Düsseldorf, wo er sich um die ersten notwendigen Visa kümmert und einige Interviews gibt.

Erst einmal soll es Richtung Spanien und Portugal gehen, dann auf den afrikanischen Kontinent, dann Süd- und Nordamerika und irgendwann im Jahr 1964 nach Japan, so kann man den Plan in etwa zusammenfassen. Natürlich bleibt es nicht dabei, und für die kommenden 51 Jahre wird das Heinz' bevorzugte Art der Routenplanung.

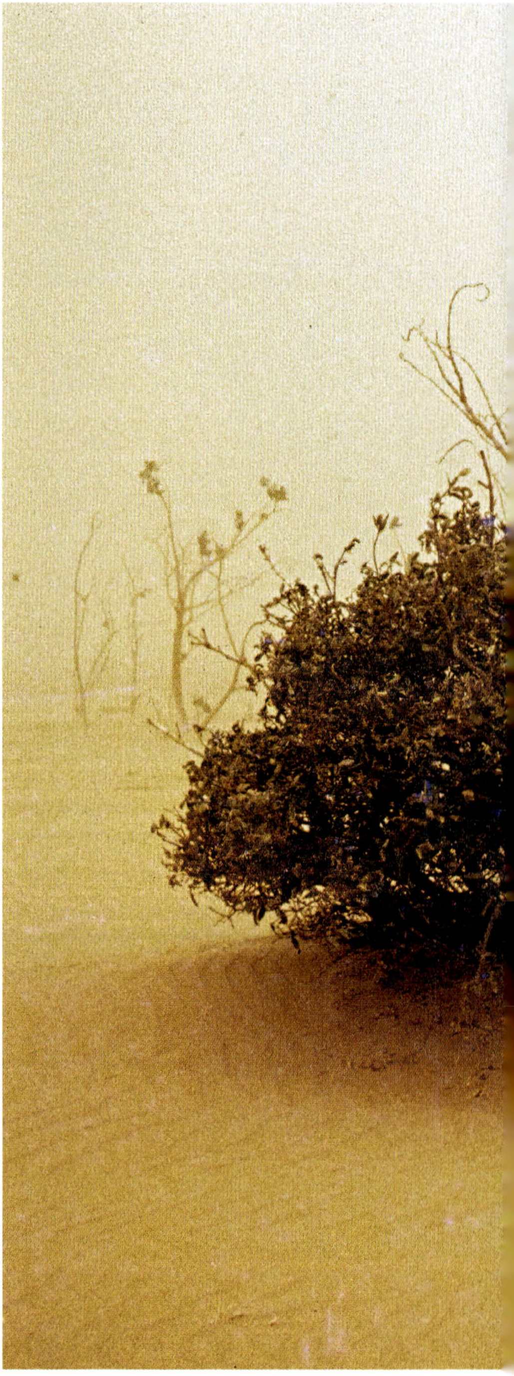

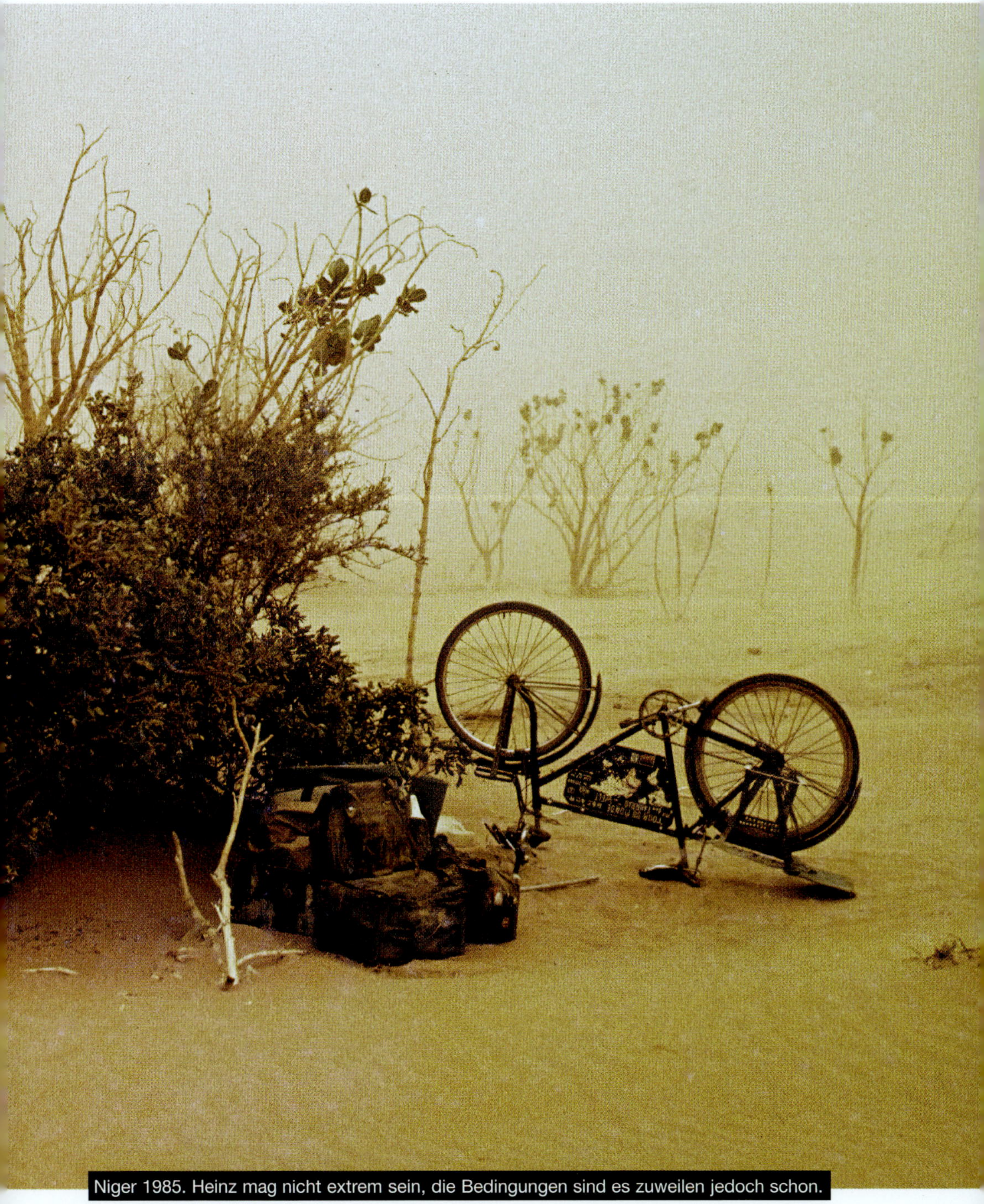

Niger 1985. Heinz mag nicht extrem sein, die Bedingungen sind es zuweilen jedoch schon.

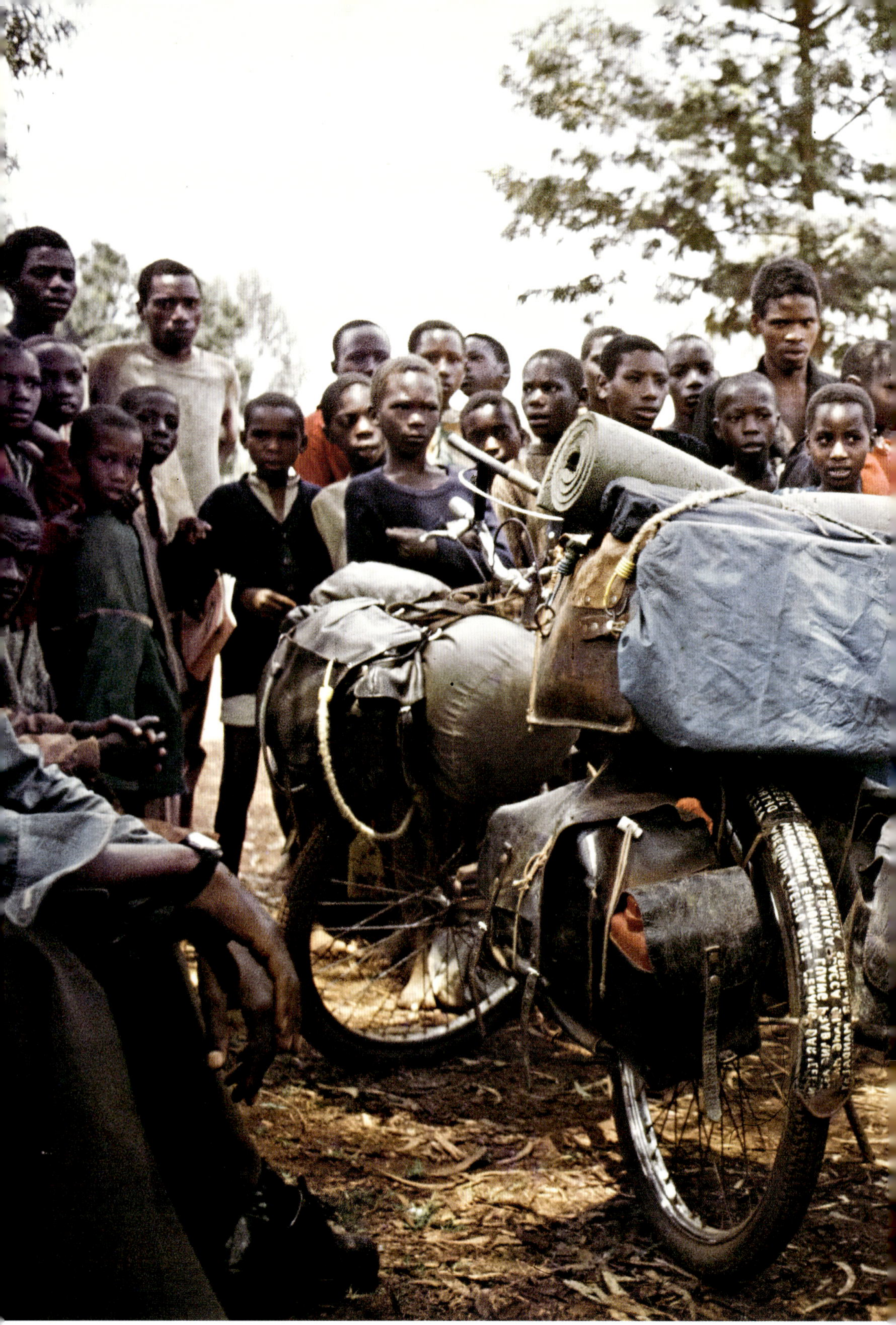

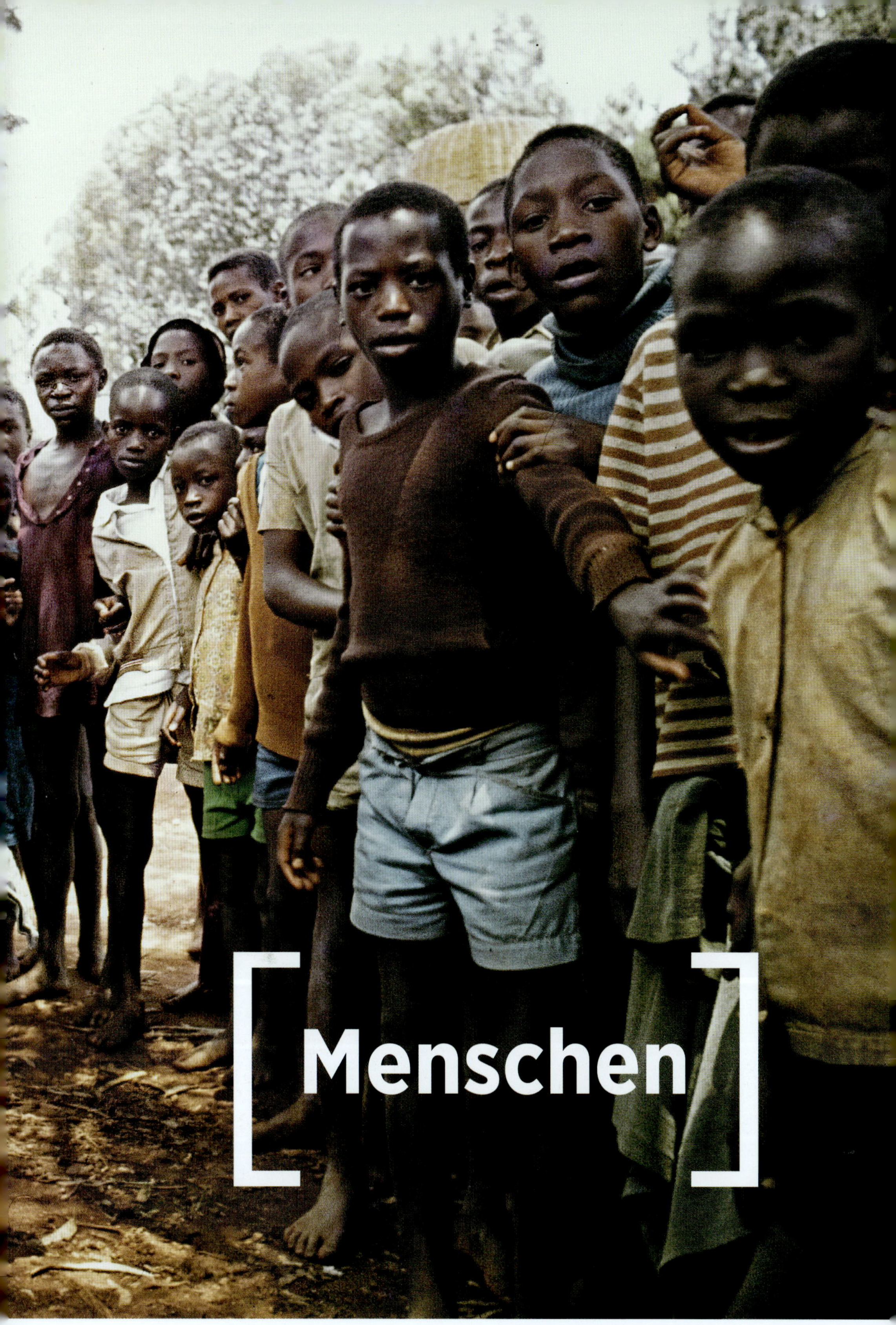

Menschen

»Ich fahre durch ein Land mit gutem Willen und positiver Einstellung und erwarte das Gleiche von der Bevölkerung mir gegenüber.«

Natürlich sind nicht alle Menschen in Hövelhof gleich, aber alte Werte und Tradition haben hier noch immer eine große Bedeutung. So ist beispielsweise der Schützenverein der mitgliederstärkste Verein in der 17.000-Seelen-Gemeinde. Vielleicht verwundert es daher nicht, dass sich einer wie Heinz, der eine Neugier für Menschen und andere Lebensentwürfe in sich trägt, auf den Weg macht, um Neues kennenzulernen. Reisen, das bedeutet für ihn das Lernen voneinander und übereinander, Menschen zu treffen und zu respektieren. Allein zu reisen und dann auch noch mit dem Fahrrad, ermöglicht ihm mehr und intensivere Begegnungen als jedes andere Fortbewegungsmittel. Das Fahrrad macht die Menschen neugierig und lädt zu Fragen und Unterhaltungen ein. Außerdem wirkt ein einzelner Mensch mit Rad harmlos. Einladungen werden schneller ausgesprochen und bieten die Möglichkeit langer Abende mit gegenseitigem Austausch.

Die Menschen sind für Heinz das Wichtigste, sagt er. Dabei hat er auch Regionen erlebt, in denen er es überwiegend schwierig fand, auch nur einen kleinsten gemeinsamen Nenner mit den Menschen zu finden. Vielleicht gibt es kulturelle Unterschiede, die man auch mit aller Weltoffenheit nicht innerhalb von einigen Monaten überwinden kann? Vielleicht sogar nie? Besonders in Kulturen, in denen Aberglaube und Mystizismus eine große Rolle spielen, bleibt Heinz skeptisch, behält seine Meinung aber für sich.

Er ist davon überzeugt, dass er sich nicht in politische oder religiöse Angelegenheiten seines jeweiligen Gastgeberlandes einmischen sollte. Was immer die Situation ist, er akzeptiert sie und zeigt den Menschen gegenüber Respekt. Gewöhnlich mit der Folge, dass auch er respektvoll behandelt wird. Doch es gibt auch Gegenden, in denen ein Weltreisender auf seinem Fahrrad eine solche Attraktion ist, dass die Einheimischen jeglichen Anstand verlieren. Besonders eine Fahrt durchs Niltal prägt sich ihm besonders qualvoll ein. Zwei Wochen lang wird er fast nonstop bedrängt, beschaut, angestupst, wird auf ihn eingeredet. Die Menschen erwarten von einem so außergewöhnlichen Reisenden, noch dazu auf einem bunt bemalten und mit Schrift versehenen Fahrrad,

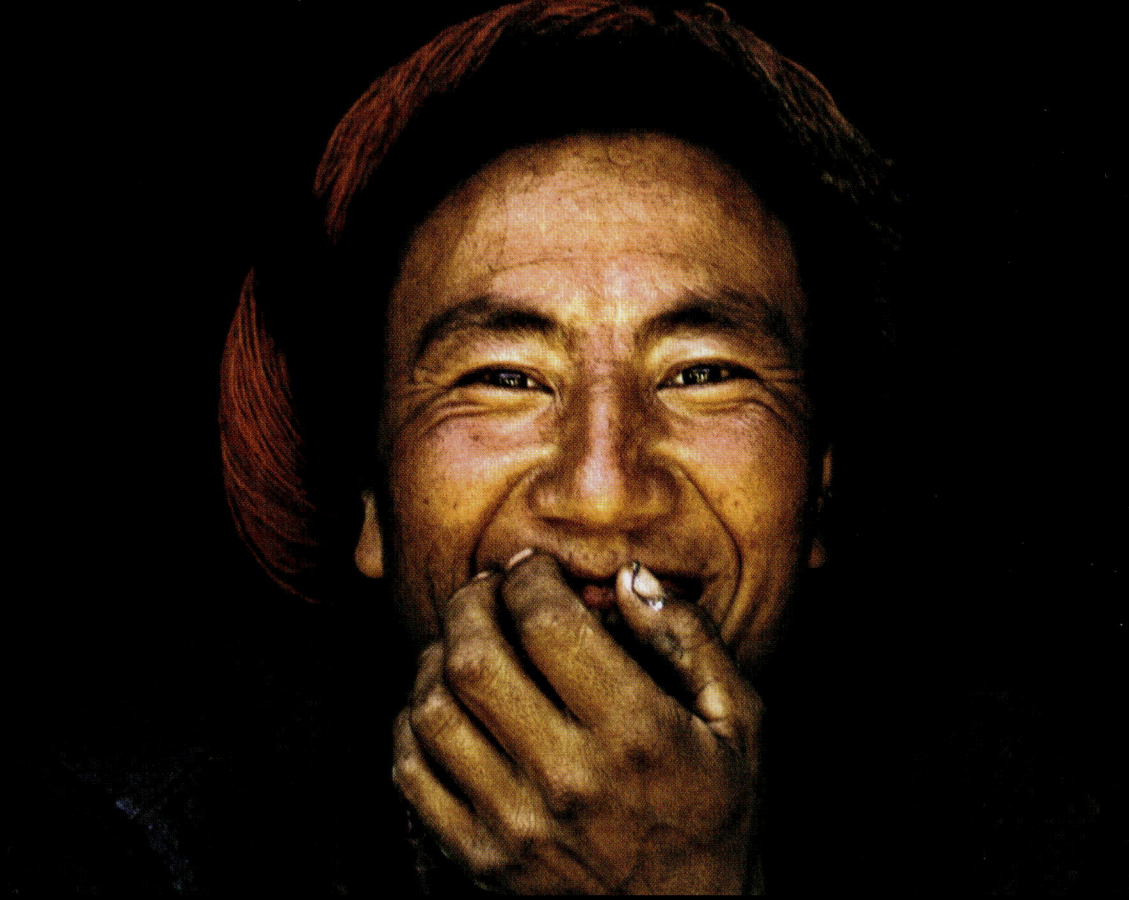

Tibet 1990. Ein Lächeln verbindet ihn immer wieder mit Menschen, auch wenn er nicht ihre Sprache spricht.

Unterhaltung. Heinz liebt Begegnungen, aber ein immer verfügbarer Entertainer ist er nicht. Schließlich muss er sich um die täglichen Erfordernisse wie radeln, essen, schlafen und Sicherheit kümmern. Enttäuscht von dem so abweisend wirkenden Fremden werfen die Leute teilweise Steine nach ihm oder stecken ihm Stöcke in die Speichen. Vor allem Kinder nennt Heinz in diesem Zusammenhang »eine Pest«, wobei er da wohl wie so oft auf das englische Wort zurückgreift, das für Quälgeister steht. Immer wieder haben ihn Kinder mit Stöcken und Steinen malträtiert und seine Weiterfahrt verhindert, da sie wollten, dass der Mann mit dem Rad noch ein paar Späße mit ihnen macht, sie ihn noch ein bisschen länger beobachten können. In den ersten Jahrzehnten seiner Reise waren weiße Touristen in vielen Teilen Afrikas und Asiens halt immer noch eine absolute Rarität, und das musste ausgekostet werden.

»Gruppen gelangweilter und unruhiger Kinder sind ein großes Leid für einen langsamen Radfahrer. Irgendwie schaffen sie es immer, dich zu provozieren, ganz gleich, wie du reagierst. Ob du sie grüßt, ignorierst, lachst oder schreist oder wütend auf sie wirst. Gar nicht zu reagieren und einfach weiterradeln? Ha! Sie werfen mit Steinen, manche nehmen sogar Schleudern und rennen schneller, als du in die Pedale treten kannst. Sie greifen nach allem, was lose an deinem Fahrrad ist: ein T-Shirt, eine Stange fürs Zelt, Werkzeug, Essen und so weiter. Sie versuchen sogar, Stöcke in deine Speichen zu stecken. Zum Glück treffen

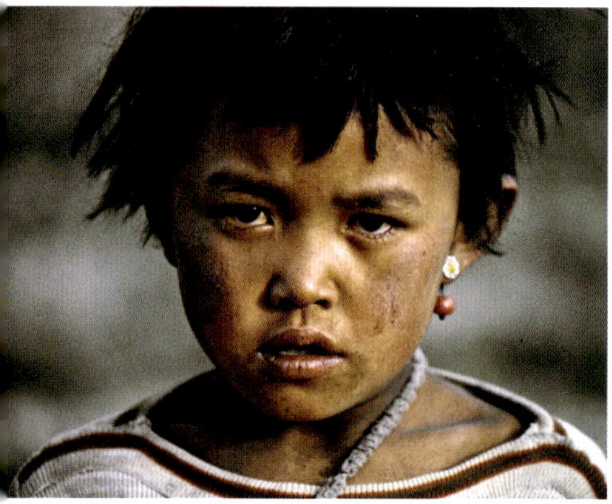

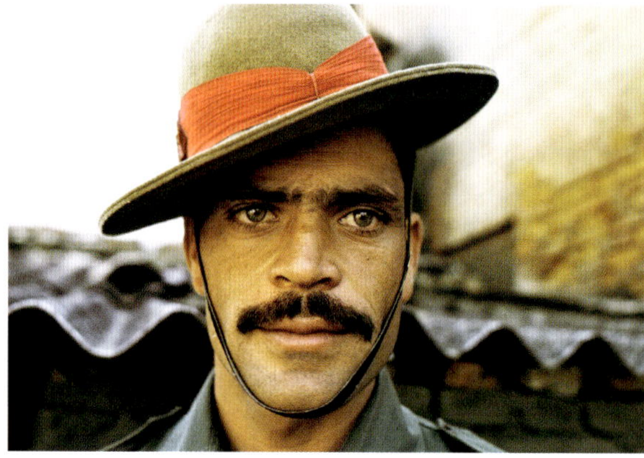

»Ich habe mich immer für die Menschen begeistert. Mit meinem Rad brauchte ich die Leute nicht anzusprechen – sie haben mich angesprochen.«

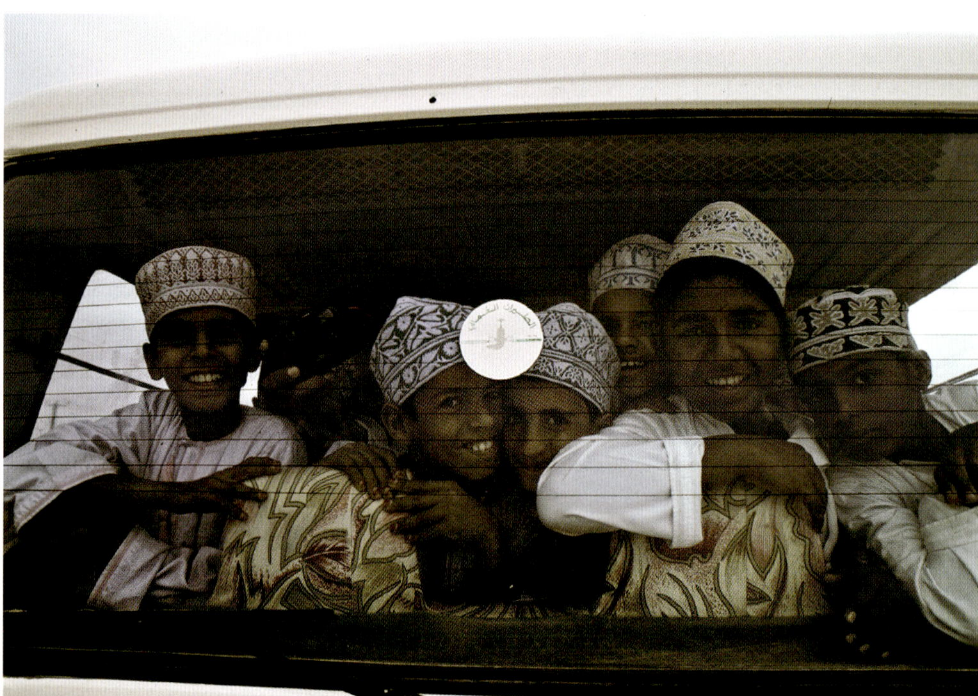

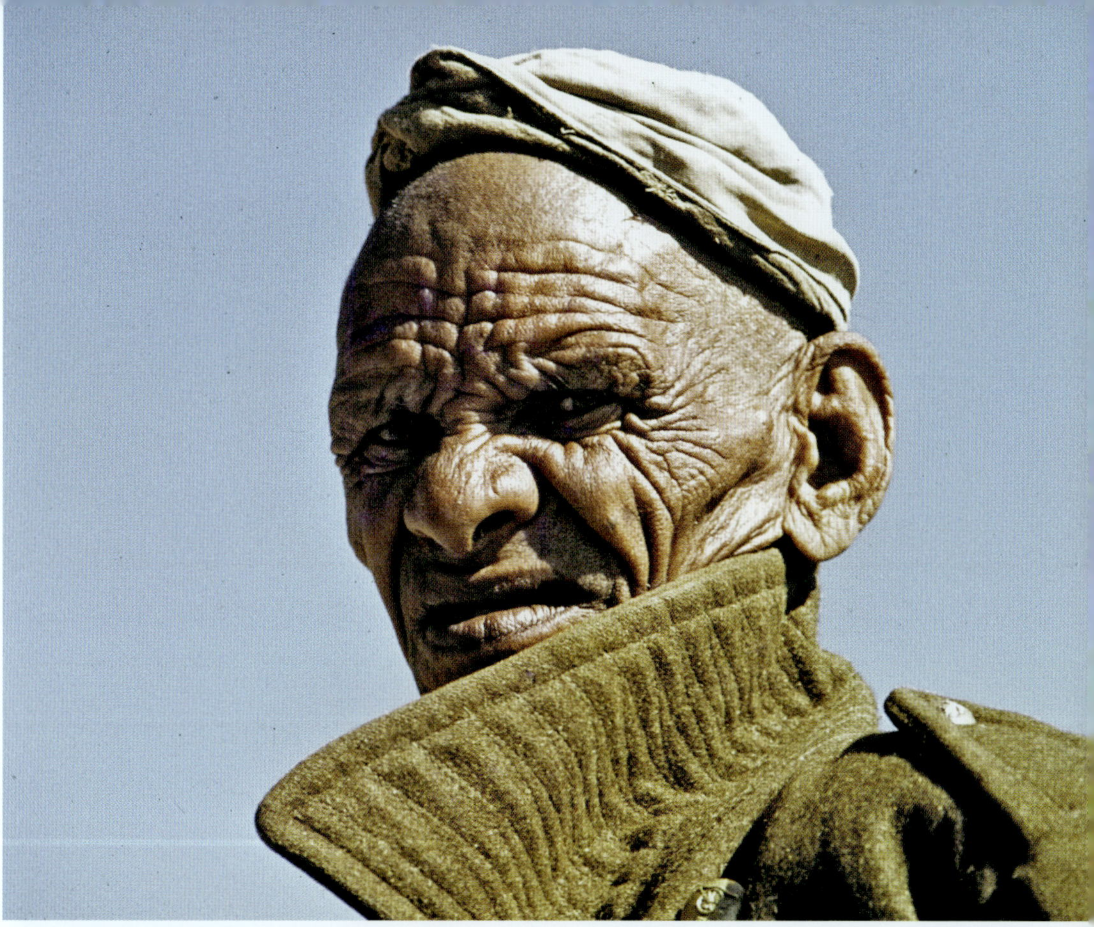

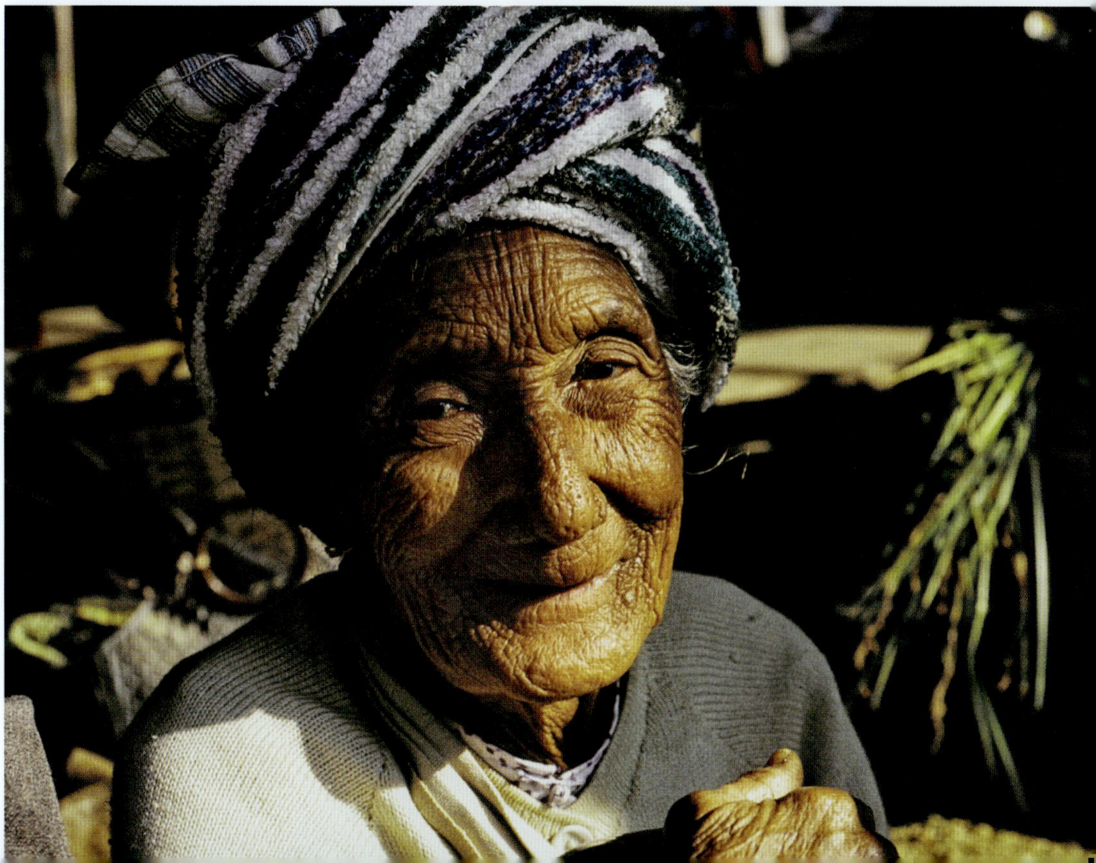

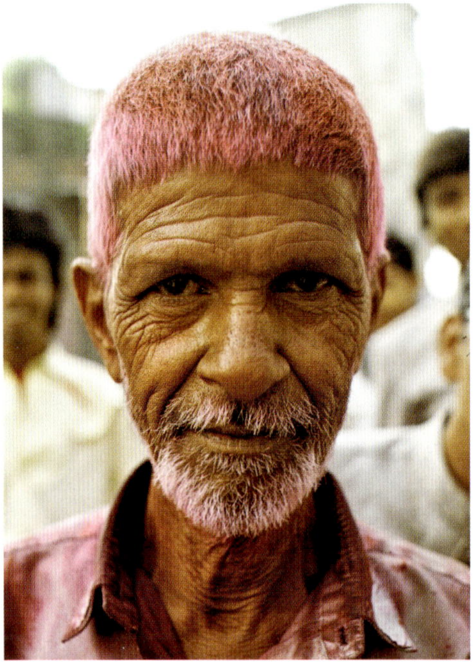

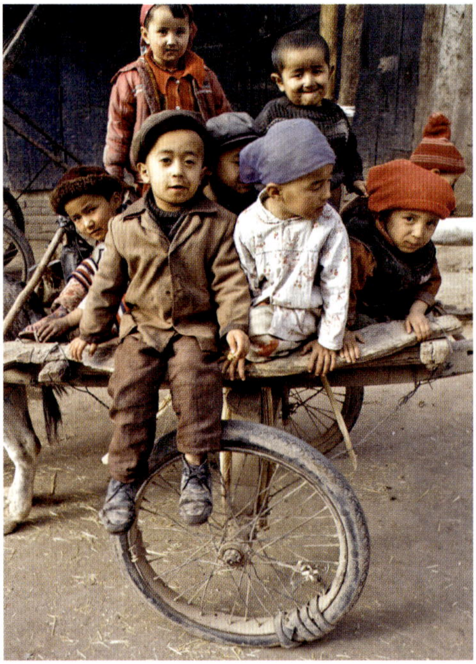

die Steine selten, denn ich habe kein Mittel gegen sie gefunden.«

Wahrscheinlich gab es wirklich anstrengende und nervige Momente mit Kindern, doch eine komplette Abneigung gegen sie nimmt man Heinz nicht ab. Vor allem, wenn er über die Philippinen berichtet. »Wohin ich auch radelte, immer wurde ich verfolgt von einer neugierigen, lachenden Schar ungewöhnlich hübscher Kinder.« Auch wenn heute Familien mit Nachwuchs zu ihm nach Hövelhof kommen, ist Heinz die Freude ins Gesicht geschrieben. Es werden zahlreiche Fotos gemacht, und manchmal verschenkt er dann sogar eines der Bilder von seinen Wänden.

So viele Menschen er auch trifft, er bindet sich nie so sehr, dass er nicht mehr weiterfahren und sie zurücklassen kann. Mit einigen wenigen wird er sein Leben lang in Kontakt bleiben, wird zurückkehren und sie besuchen, anderen wird er hin und wieder eine Postkarte schicken. Oder ein lustiges Foto, das er in der gemeinsamen Zeit gemacht hat. Das ist für ihn ein wunderbarer Grund zur Kontaktaufnahme und ermöglicht ihm einen Austausch ohne Verbindlichkeiten.

Mit dem Alter verschieben sich Heinz Prioritäten und er sucht weniger Kontakt zu Menschen als zuvor. Im letzten Drittel seiner Reise bevorzugt er auch zunehmend die Natur anstelle der Stadt. Wenn er sein Zelt auf einer Lichtung im Wald oder auf einer ruhigen Wiese aufstellt, fühlt er sich wohl. Er erlebt die Ruhe am Morgen als eine Zeit der Erholung und ist dankbar dafür. Mit dem Alter tut es gut, mehr Zeit für seine Routinen zu haben und nicht in den Alltag des jeweiligen Gastgebers geworfen zu werden. Ein Kompromiss sind Übernachtungen auf Campingplätzen, mit eigenem Zeltdach über dem Kopf kombiniert mit dem Komfort von warmen Duschen. Das Zelt wird im Alter daher immer wichtiger für ihn.

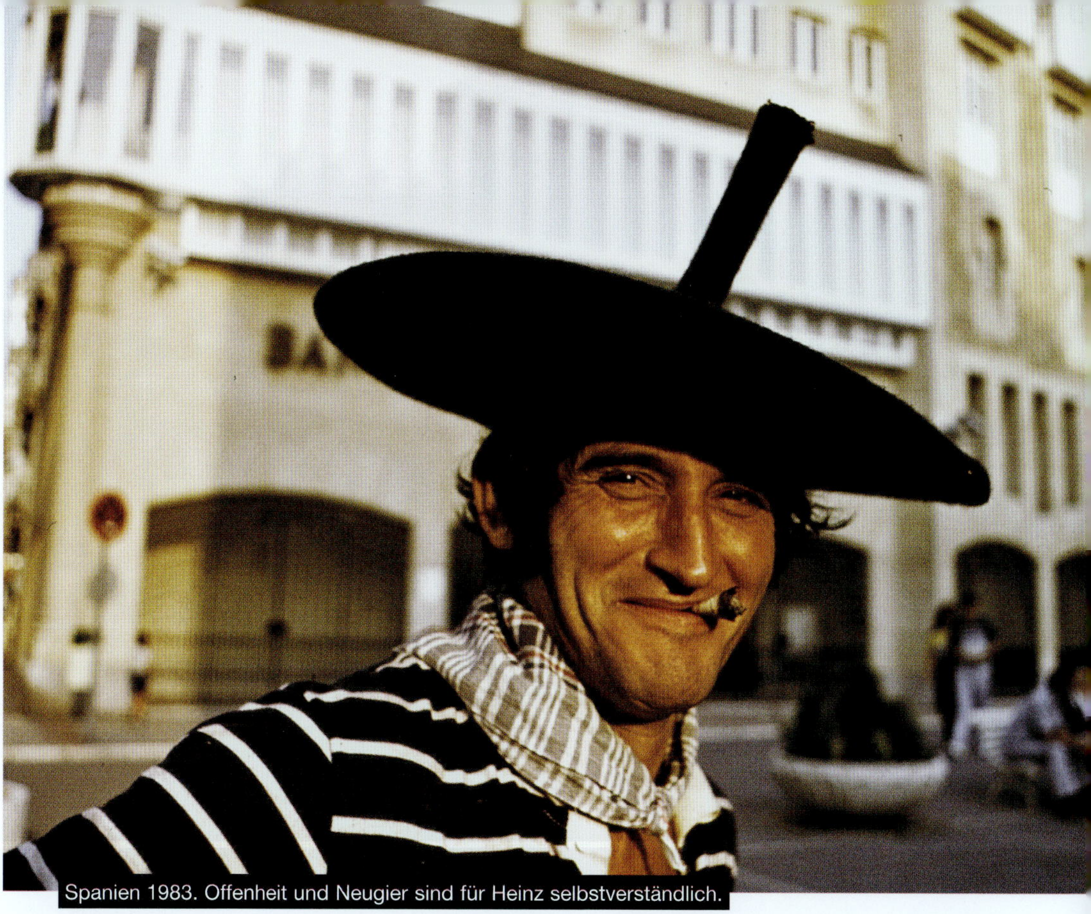

Spanien 1983. Offenheit und Neugier sind für Heinz selbstverständlich.

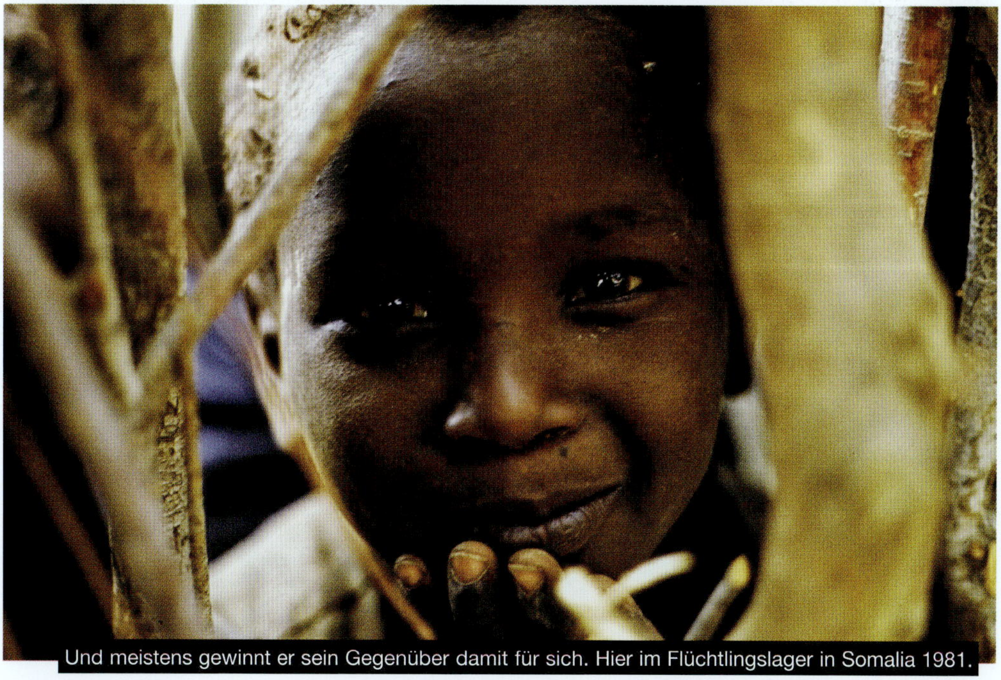

Und meistens gewinnt er sein Gegenüber damit für sich. Hier im Flüchtlingslager in Somalia 1981.

Das Ziel

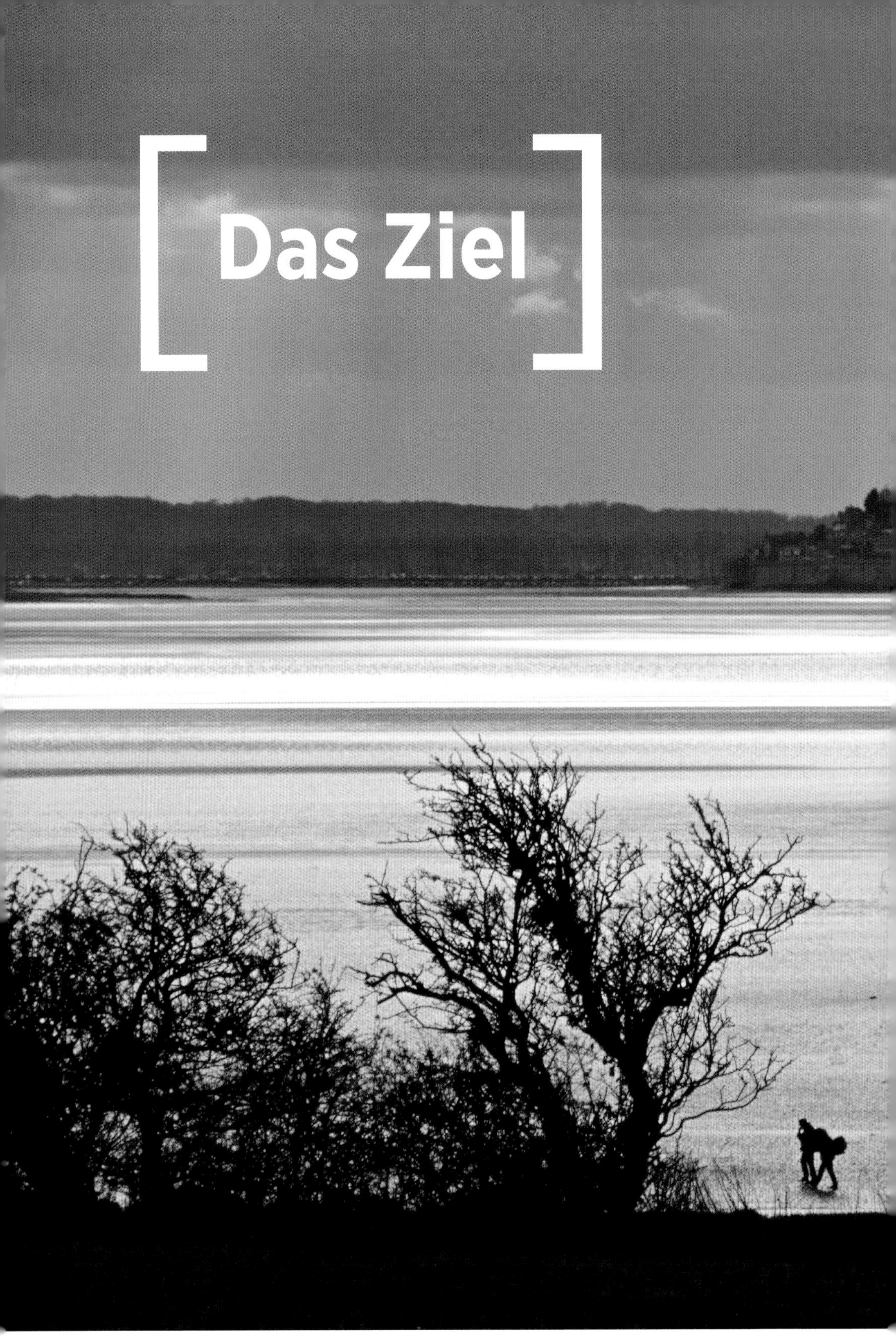

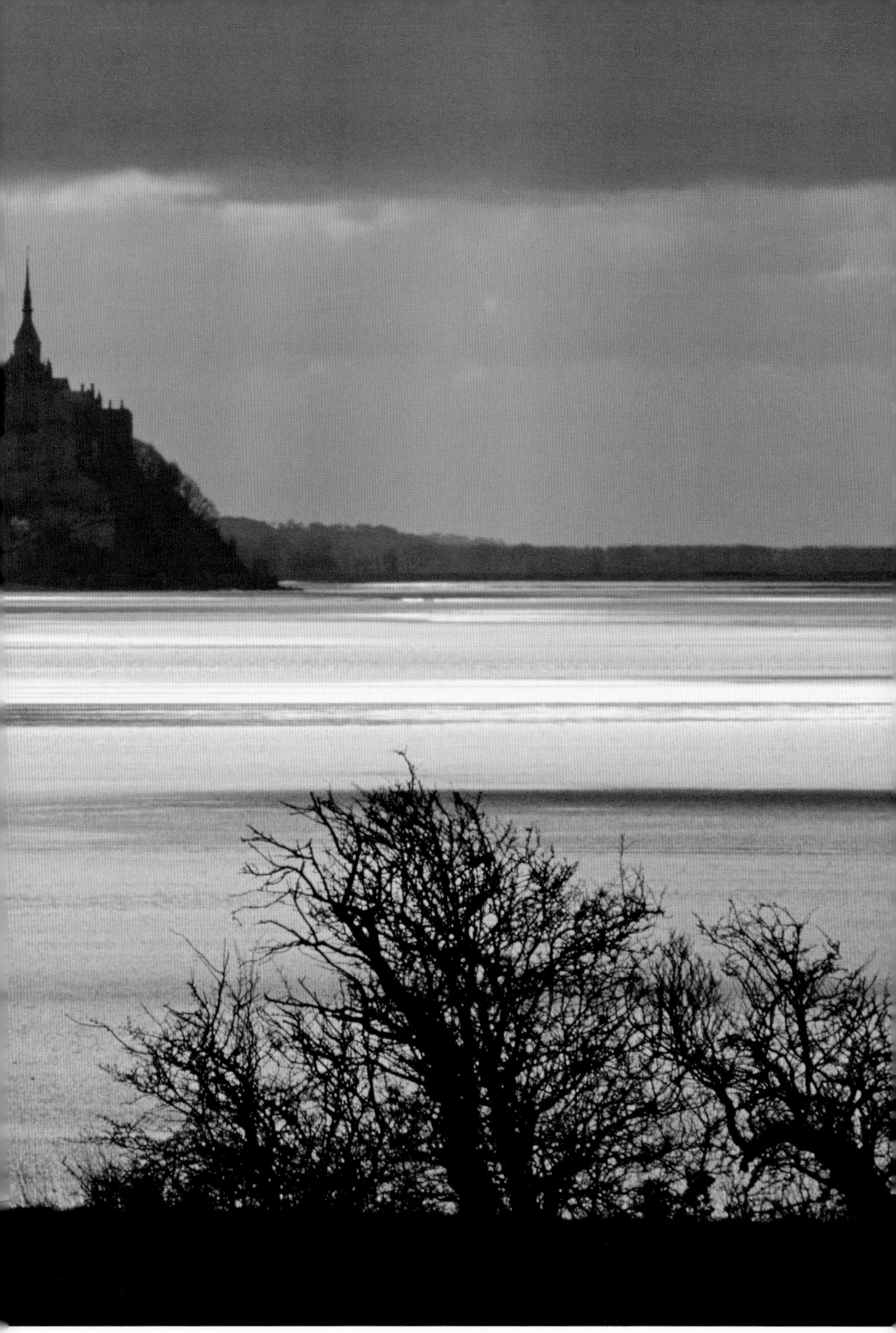

»Warum nur mache ich immer wieder diese großen Radtouren, obwohl ich auf ihnen viel Komfort vermissen muss, obwohl sie so strapaziös sind? Viele haben schon nach dem Warum gefragt, und manchmal, vor allem wenn es mir schlecht geht, frage ich mich selber: ›Warum machst du das eigentlich, du könntest es zu Hause doch viel besser haben?‹ Obwohl einige ältere Leute meine Touren als Landstreicherei abtun wollen, glaube ich, sagen zu können, dass meine Reisen etwas zur allgemeinen Völkerverständigung beitragen.«

Nachdem Heinz im November 1962 in Deutschland alle Interviewtermine und Visaanträge erledigt hat, überquert er nach etwa zwei Wochen die Grenze nach Luxemburg. Es wird Zeit, denn der Winter ist ihm auf den Fersen, und er muss sich in Richtung Süden bewegen, wenn er nicht jeden Morgen »eine ganze Weile neben dem Rad hertraben« möchte, »um warm zu werden.« Frankreich, Spanien, Portugal und wieder Spanien, das ist die Kurzfassung der Route, die Heinz in Europa nimmt, bevor er mit der Fähre in die spanische Enklave Ceuta übersetzt und endlich afrikanischen Boden betritt. In den kommenden Tagen und Wochen trotzt er Überschwemmungen und lässt sich dabei doch von der Exotik und Geschichte Marokkos verzaubern. Er besichtigt den Königspalast in Rabat, lässt sich von einem arabischen Stu-

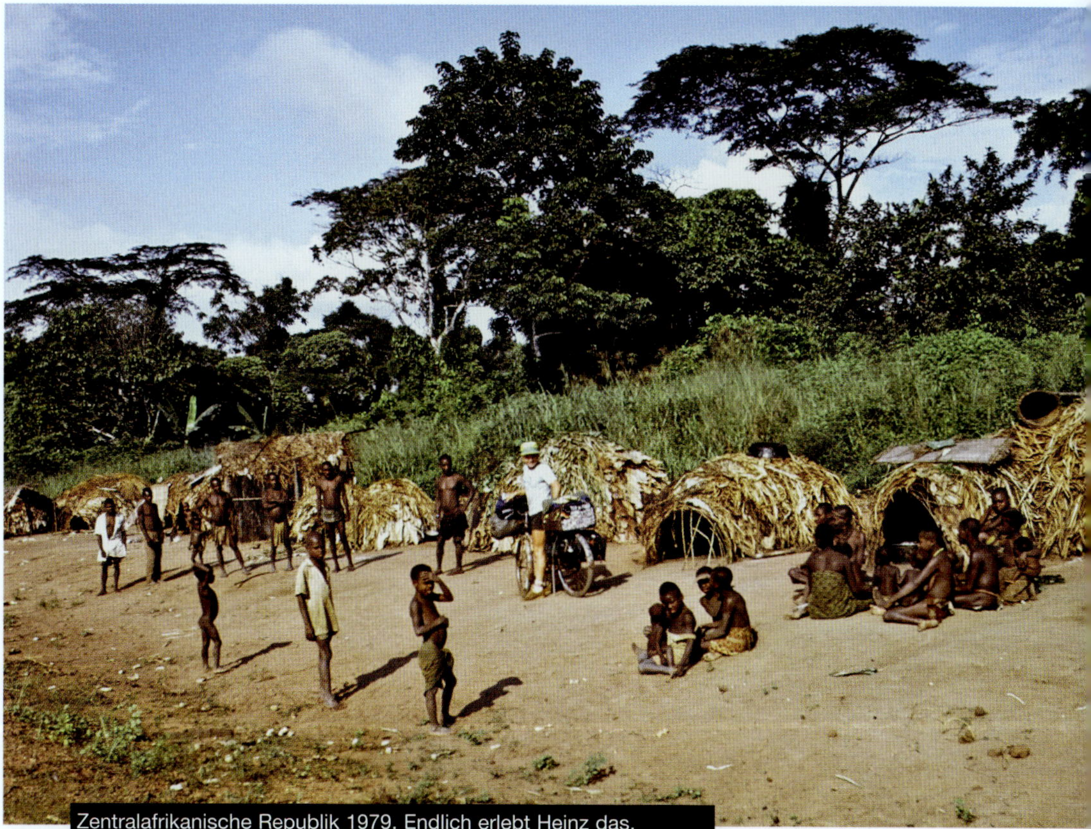

Zentralafrikanische Republik 1979. Endlich erlebt Heinz das, was er sich vor seiner Reise unter diesem Kontinent vorgestellt hat.

denten durch die Souks von Fez führen und staunt über die eleganten Marokkanerinnen mit ihren Gesichtsschleiern, die so farbenfroh sind wie die Gewürze an den Verkaufsständen.

»Herzliche Freundschaften in Algerien« lautet die Überschrift des Berichts, den Heinz verfasst, während er weiter Richtung Osten und über die nächste Grenze reist. Ein fragwürdiger Titel, denn hier erfährt er auch ein großes Maß an Ablehnung und Feindlichkeit, was auf den Hass vieler Algerier auf die Franzosen zurückzuführen ist. Doch vor diesem Hintergrund fühlen sich die positiven Begegnungen umso besser an, und immer wieder wird Heinz zu Ausflügen und in Wohnhäuser eingeladen, wo man ihn großzügig bewirtet. Meistens verständigt man sich dabei mit Händen und Füßen. Die Folgen des Krieges und die ständige Anwesenheit des Militärs versucht Heinz, nicht zu sehr an sich herankommen zu lassen. Er konzentriert sich auf das Schöne an Algerien: Nächte in beheizten Hamams und Begegnungen mit anderen Reisenden. Leider werden ihm bei einem feucht-fröhlichen Weinabend mit vier Österreichern und einem Schweizer in Algier sein gesamtes Bargeld sowie seine Reiseschecks geklaut. Von wem, das weiß er nicht. »Die Einheimischen konnten es ebenso gewesen sein wie die Europäer.« Bei der deutschen Botschaft beweist er seine Überzeugungskraft und bekommt »nach langer Rededebatte ein sogenanntes Zehrgeld von 100 Francs = 81,80 Mark, rückzahlbar innerhalb eines Monats.«

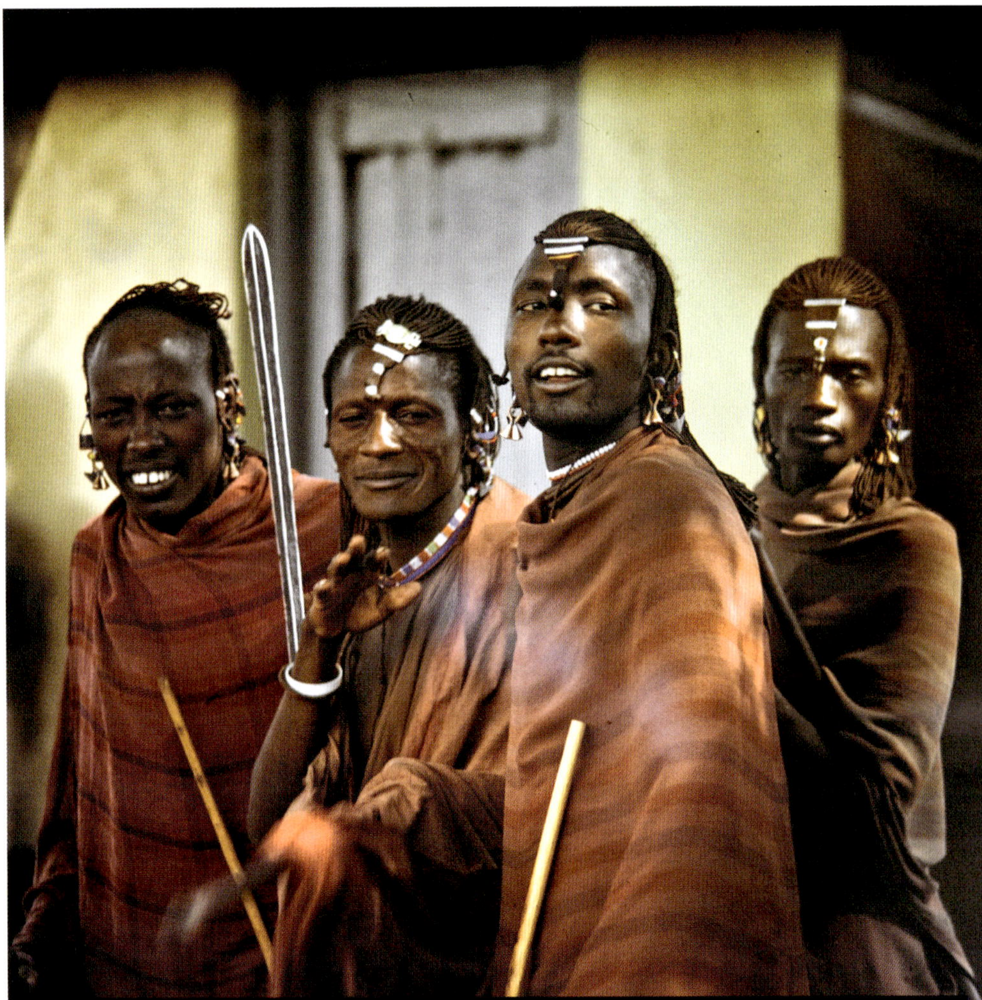

Tansania und Mali (rechts) 1979. Er sieht Ursprünglichkeit und namhafte afrikanische Volksstämme.

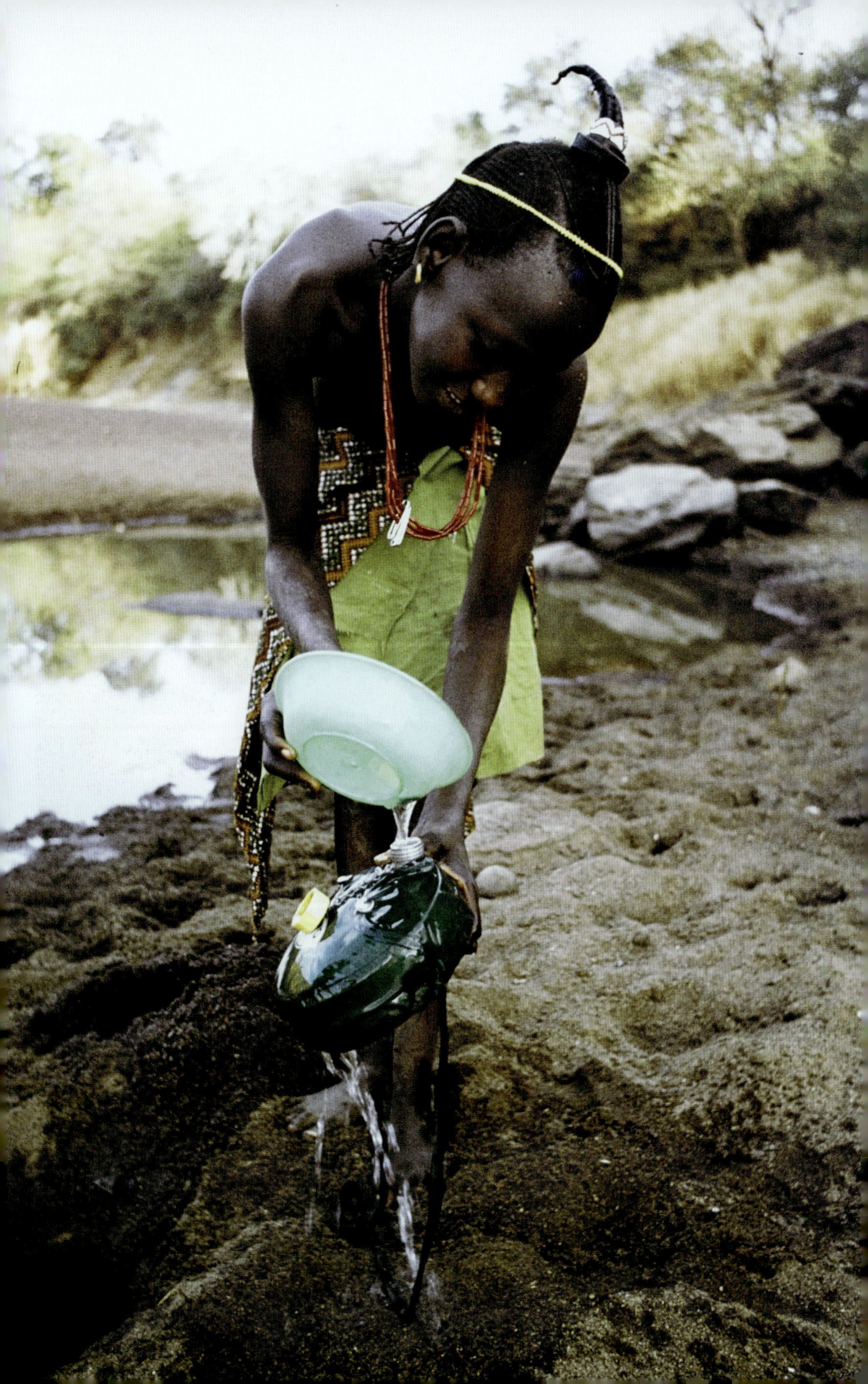

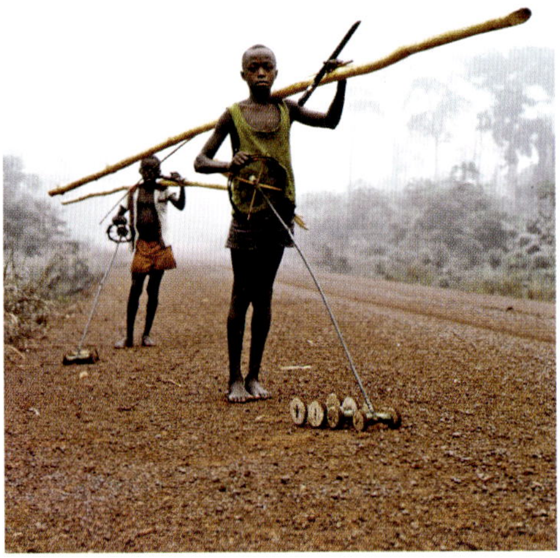

Danach erlebt Heinz eine Serie unglücklicher Gegebenheiten. Er kämpft sich bei eiskaltem Regen über hohe Gebirgspässe in Richtung Tunis, wird von einem extrem wütenden Reiter auf einem Esel verfolgt, überquert schließlich die tunesische Grenze und muss sich und das Fahrrad durch die Reste eines Bergrutsches schieben. Als er danach auf einem steilen Seitenpfad – die Straße selber ist von den Wassermassen zerstört – das Tripad vom Schlamm befreit, sieht er sich plötzlich von 20 finster dreinblickenden Arabern eingekreist. Ein mulmiges Gefühl überkommt ihn. Also prescht er mit seinem freundlichsten Lächeln nach vorn und schüttelt jedem die Hand. Daraufhin hellen sich die Mienen auf, und die Männer verziehen sich bald wieder.

Durch Libyen »strampelt« Heinz bei zunehmender Hitze weiter nach Ägypten, wo er sich von einem Habub, einem für die Sahara typischen Sandsturm, bis zu den Pyramiden vor Kairo tragen lässt. »Der Sturm packte mich von hinten mit voller Gewalt. Dichte Sandschwaden strichen in etwa einem Meter Höhe über die Erde und ich konnte keine 50 Meter weit sehen. Ab und zu tauchte aus dem Sandmeer wie ein Gespenst ein Wagen auf und verschwand ebenso schnell wieder. Ich brauchte kaum zu treten und fuhr trotzdem mit 40 bis 45 Stundenkilometern dahin. Ich hatte mir ein Taschentuch um Nase und Mund gebunden und auch die Augen abgedeckt. Überall, wo der Sand eine Ablagerung finden konnte, lag er bald in kleinen Häufchen.«

Kairo ist Treffpunkt für viele Reisende, und es gibt dort so viel zu entdecken, dass sich immer neue Gruppen für Ausflüge und abendliche Partys zusammenfinden. Heinz ist oft mit von der Partie und organisiert zudem Diavorträge

In zwei Tagen reißt er die 430 Kilometer nach Constanine runter, wo neue Reiseschecks auf ihn warten.

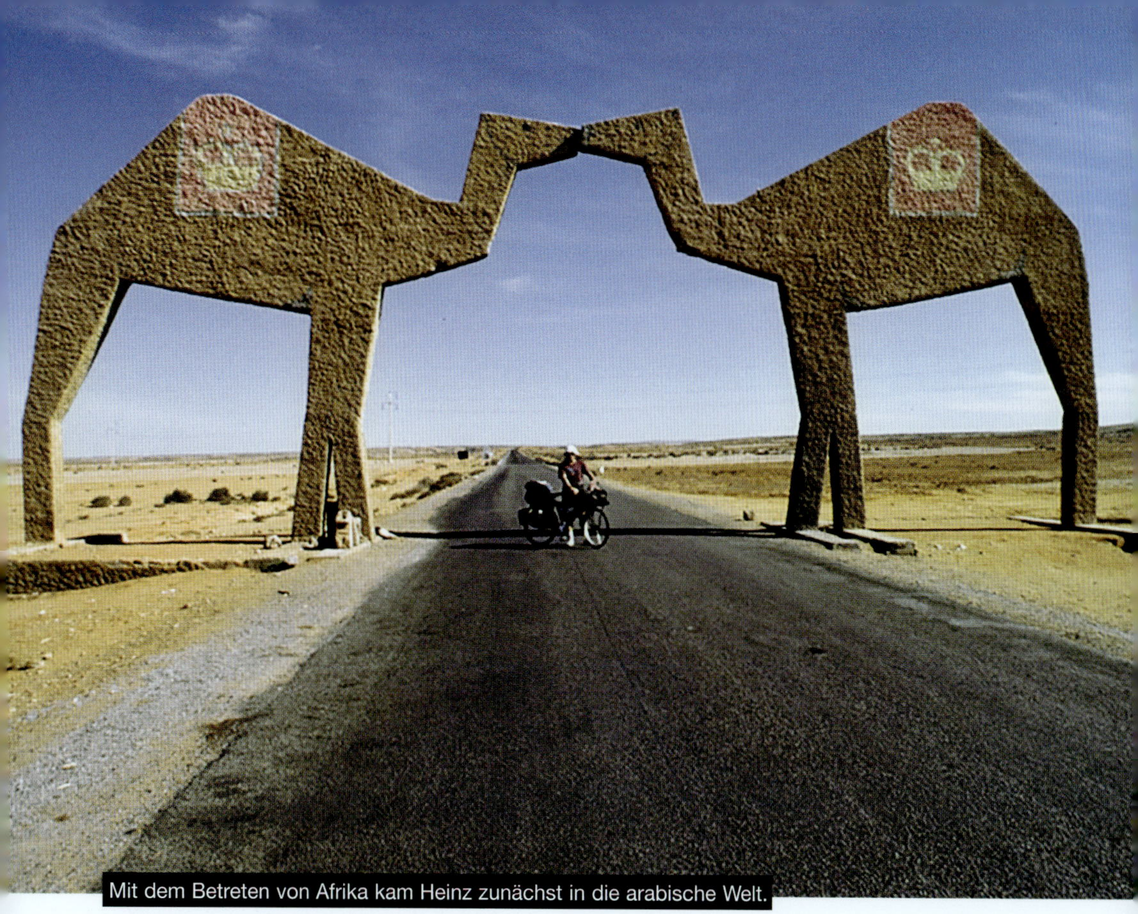

Mit dem Betreten von Afrika kam Heinz zunächst in die arabische Welt.

über seine bisherigen Fahrten. Ein Highlight ist für ihn und vier junge Amerikaner die Übernachtung auf der Cheopspyramide.

Ihm wird immer klarer, dass das Ziel seiner Reise einfach nicht in zwei Jahren zu erreichen ist. So bald möchte er die erfahrene Gastfreundschaft und Exotik einfach noch nicht gegen ein Leben in Hövelhof eintauschen. Unmöglich scheint ihm ein Alltag als Werkzeugmacher in seiner Heimat vielleicht nicht, aber wünschenswert auf keinen Fall. Japan und die Olympischen Spiele verblassen neben den satten Farben Afrikas, und er taucht vollkommen in diese faszinierende und ihn immer wieder überraschende und herausfordernde Welt ab.

Über Äthiopien geht es weiter nach Tansania, Kenia, Sambia und Simbabwe sowie Südafrika. Weihnachten 1963, etwa ein Jahr nach dem Start seiner Tour, ist Heinz in Johannesburg. Im Hafen von Kapstadt wird er drei Monate später, im März 1964, an Bord der *MS Ruys* gehen, ein Passagierschiff mit Kurs auf Rio de Janeiro.

»Es ist interessant zu bemerken, wie viele Male ich vorhatte, zu Hause zu sein, und wie viele Male ich das Datum verschieben musste. Das ›Nach-Hause-Fahren‹ fing schon in den Sechzigerjahren an. Zuerst war es 1968, dann 1970. ›Auf jeden Fall werde ich zurück sein für die Olympiade 1972‹, sagte ich, dann war es die Fußballweltmeisterschaft von 1974, dann 1975. Später sagte ich: ›Ich weiß nicht, aber vielleicht nächstes Jahr oder übernächstes‹, oder ich sagte, ich wolle den Rekord von Marco Polo brechen, der 25 Jahre nicht zu Hause war. Dann war es: ›Ich muss alle Länder der Welt sehen.‹«

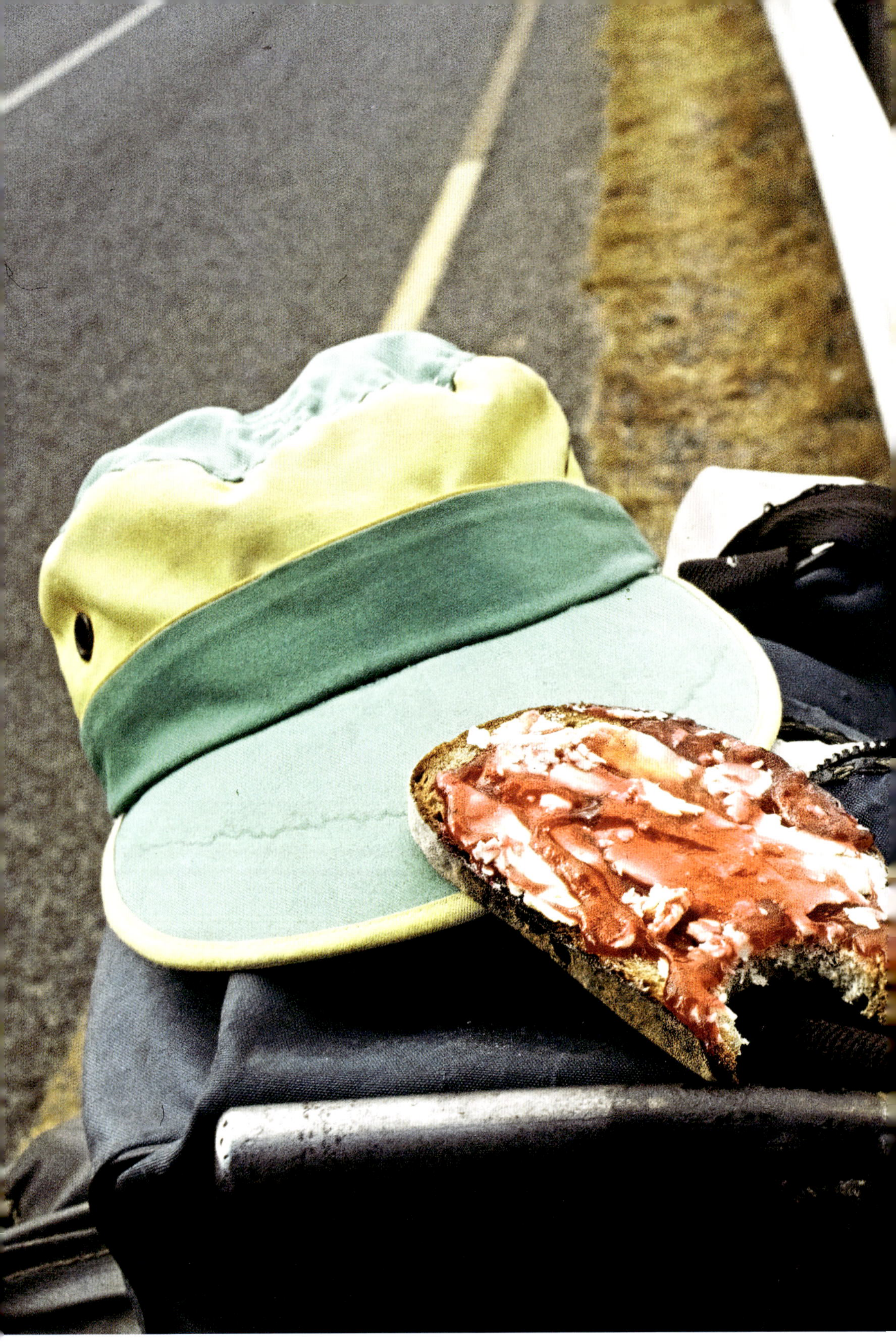

[Essen und Trinken]

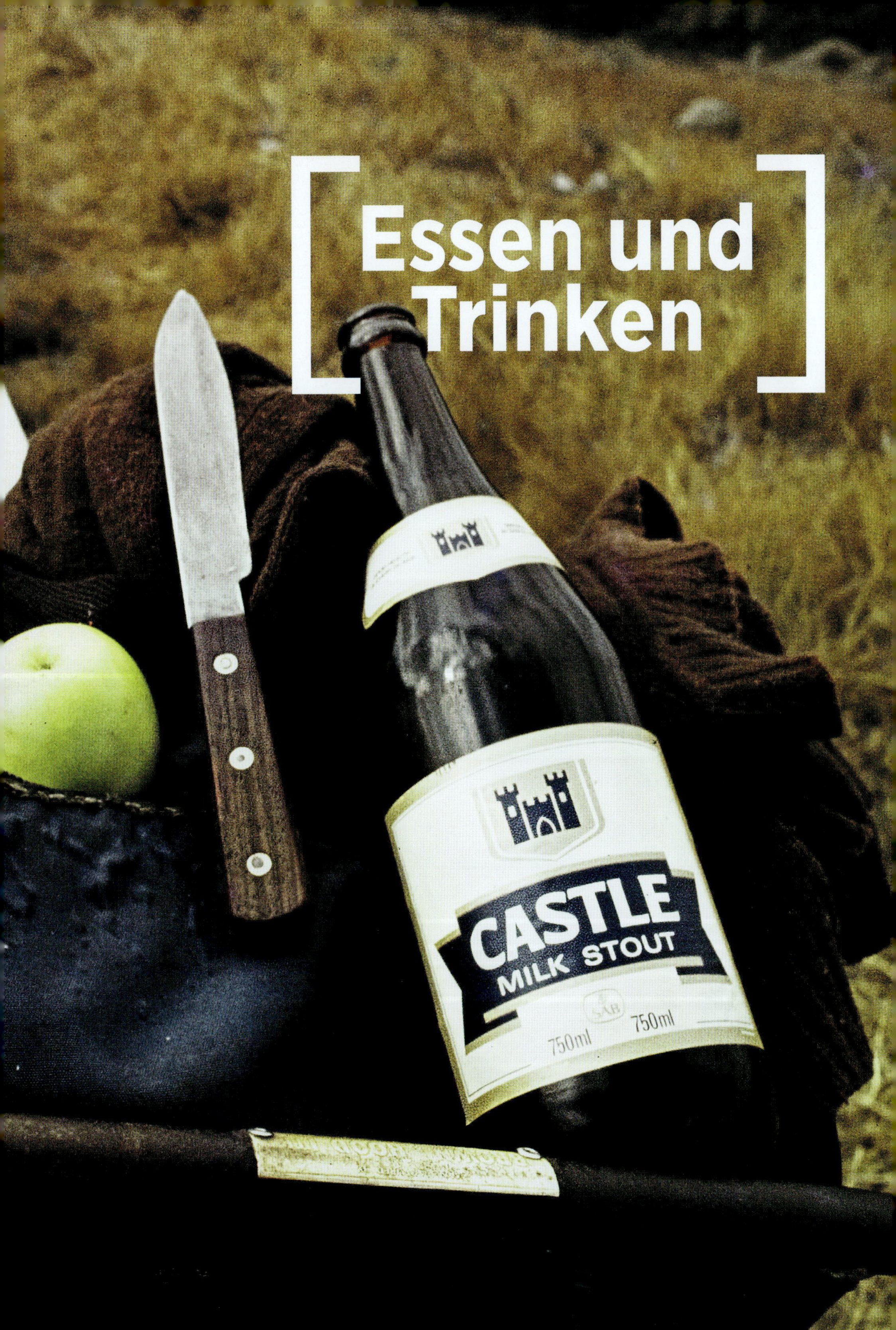

»In ärmeren Ländern esse ich fast nur in Gaststätten, denn eine Dose im Laden ist meistens teurer als ein gesamtes Gericht im Restaurant. Die afrikanische Küche ist einfach, aber ziemlich gut. In Indien gibt es immer ein Thali, ein Tagesgericht mit regionalen Spezialitäten. Ich liebe indisches Essen!«

Radfahren macht hungrig. Und durstig. Ohne Küche und einen gefüllten Kühlschrank, aus dem er sich am Ende eines anstrengenden Tages bedienen kann, ist Heinz sehr darauf bedacht, ausreichend praktisches Essen und Wasser bei sich zu haben. Der Vorrat besteht meistens aus Nudeln, Reis und Haferflocken, Milchpulver, Zucker, Salz, Kaffee und Nüssen. Und natürlich Wasser. Alles zusammen bringt dann auch einige Kilo zusätzliches Gewicht mit sich, und so muss Heinz sorgfältig abwägen, welche Mengen notwendig und welche ausreichend sind. Dass gerade zu wenig Flüssigkeit kritisch ist, das hat er bereits am eigenen Leib erfahren.

1973 beispielsweise. Der letzte ungesehene Kontinent auf Heinz' Liste ist zu diesem Zeitpunkt Australien. Mit einem schwedischen Frachtschiff reist er von Hongkong aus nach Sydney und startet seine Rundtour entlang der Ostküste in Richtung Norden. Er plant zwar nicht gerade einen Kurztrip durch Australien, aber eine ausgedehnte Tour hat er auch nicht auf dem Zettel. Doch dann kommen die vielen Beteuerungen der Australier, eine Durchquerung der Nullabor Plain, der rund 200.000 Quadratkilometer großen Wüste im Inneren des roten Kontinents, sei unmöglich. Solche Sätze schrecken Heinz nicht ab. Im Gegenteil, sie wirken geradezu wie ein Magnet, und ein erster flüchtiger Gedanke wird in seinem Kopf zu einem festen Plan. Niemand könne die Strecke westlich vom Uluru schaffen, er müsse verrückt sein, es zu versuchen, erklärt man ihm wiederholt. Und was antwortet Heinz? »Es ist nicht, dass ich es nicht schaffen könnte. Man muss sich nur entsprechend vorbereiten, gesunden Menschenverstand gebrauchen und LOSFAHREN.« Also fährt er los.

An der Ostküste erreicht er nach etwa 3.500 Kilometern das tropische Cairns, wo er Richtung Landesinnere abbiegt. Knapp 3.000 Kilometer sind es von hier aus zum Uluru, dem heiligen Berg der Aborigines. Das sind

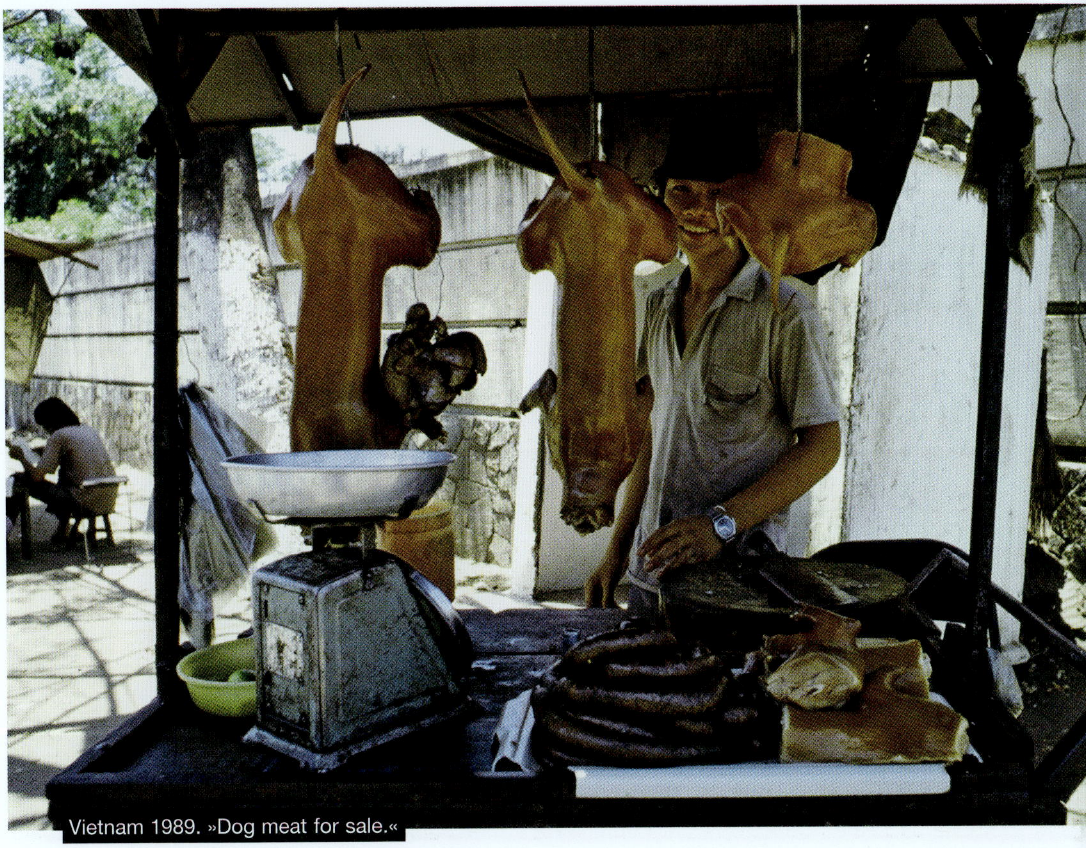

Vietnam 1989. »Dog meat for sale.«

knapp 3.000 Kilometer durch die Wüste, und Heinz schreibt, dass »das große ›red centre‹ von Australien mit seinen eigenartigen Landschaften und Felsen und Schluchten ewig in seiner Erinnerung« bleiben wird. Die wirkliche Herausforderung beginnt hier, auf dem Weg vom Zentrum des Kontinents in Richtung Westküste. Vor allem die ersten 1.500 Kilometer stellen eine echte Mutprobe dar. Fernab jeglicher Siedlungen kämpft sich Heinz, ausgestattet mit extra viel Proviant und Wasser, Tag für Tag über sandige Wege. Nur im ersten Gang kommt er voran, und es ist ein Erfolg, wenn er am Ende des Tages 80 Kilometer geschafft hat. Dabei startet er bei Sonnenaufgang und baut sein Zelt erst mit Einbruch der Dunkelheit auf. Das Gebiet ist so gut wie unbewohnt. Im Grunde sind es nur gelegentliche Gruppen von Aborigines, die hier dauerhaft leben. Doch ein paar Menschen hier bekommen Wind von Heinz' Route. Sein Glück, denn sie erklären ihm, wo er Wasser finden kann. Bei zwei Gelegenheiten deponieren sie sogar mit Wasser gefüllte Kanister an Stellen, die Heinz vom Rad aus gut erkennen kann. Und der weiß diese Hilfe zu schätzen, ist er hier doch sonst vollkommen auf sich allein gestellt. So sehr übrigens, dass es selbst einem erfahrenen Alleinreisenden wie ihm auf die Stimmung schlägt. Jeden Abend fragt er sich, ob er den Horizont nicht erreichen kann und ob er Heimweh hat. Was Heimweh eigentlich ist. »Kein Mensch weit und breit und es herrscht vollkommene Stille.«

Als er die Stadt Leonora in der Goldfields-Region von Western Australia erreicht, hat er die größte Herausforderung hinter sich und die rund 800 Kilometer weiter in Richtung Westen bis nach Perth bringen immerhin die eine oder andere Begegnung. Immer wieder versorgen ihn Autofahrer durchs Fenster mit Wasserflaschen und Stubbies, so werden die australischen Bierflaschen genannt. Heinz legt noch einige Extrarunden ein und hat 12.000 Kilometer mehr auf dem Tacho, als er Australien nach einigen Monaten in Richtung Neuseeland verlässt.

»Ich esse oft bei den Leuten zu Hause. Menschen kommen für mich immer an erster Stelle. Ich habe immer Zeit für andere. Und ich esse, was immer sie essen. Manchmal kochen die Frauen erst im Laufe des Tages. Dann musst du warten. Mir macht es nichts aus, ein paar Stunden später als geplant wieder zu fahren.«

Laut Heinz gleicht die Küche eines Landes niemals vollkommen der eines anderen. Und er muss es wissen. In wie vielen verschiedenen Küchen und an wie vielen Esstischen er wohl im Laufe seines Lebens gegessen hat? Dabei wartet er immer geduldig, äußert keine Extrawünsche und passt sich seinen Gastgebern an. Isst, was auf den Tisch kommt. Obwohl, in China bleibt er skeptisch. Bei Affenhirn und Würmern vergeht ihm der Appetit, und er bemüht sich, derartige »Spezialitäten« zu umgehen. Da die Chinesen seiner Erfahrung nach aber alles meisterhaft miteinander vermischen, versucht er es im Zweifel mit folgender Taktik: Nicht darüber nachdenken und einfach alles schnellstmöglich herunterschlingen.

Zu Beginn seiner Reise hat Heinz Kochgeschirr bei sich. Dann fährt er einige Jahrzehnte ohne Kocher und Geschirr. Das Gewicht lohnt sich in seinen Augen einfach nicht, wenn es überall günstiges Essen gibt und er viele Einladungen zum Essen bekommt. Selbst in Restaurants bezahlen immer wieder Fremde seine Rechnung. Doch mit fortgeschrittenem Alter zieht es Heinz immer weiter weg von den Städten, und so wird das abendliche Kochen wieder zur Notwendigkeit. Ein Feuer macht er dafür nicht, denn er möchte nicht nach Rauch riechen, wenn er wieder Menschen begegnet. Stattdessen stellt er einen Topf mit Reis oder Nudeln zum Garen auf seinen Benzinkocher. Darüber platziert er einen weiteren Topf, in dem er Gemüse und Fleisch zubereiten kann.

Heinz ist genügsam, wenn es um Essen geht. Am liebsten kocht er sein Stücke-Stew, einen Eintopf mit geschmortem Fleisch und Gemüse – gern Kohl, aber er nimmt natürlich, was er kriegen kann –, der manchmal fast so schmeckt wie das Essen bei seiner Mutter. Aber nur fast.

Den Kaffee kocht er sich gleich am Abend mit. Morgens nimmt er dann nur ein paar kalte Schlucke zum Wachwerden, da er lieber gleich früh in den Tag startet und sich nicht gern mit einem langen Frühstück aufhält. Besonders in den heißen Regionen. Wenn Heinz die passenden Zutaten hat, dann macht er sich morgens noch seinen »power drink« aus Milchpulver, Wasser, Haferflocken, Zucker, Salz, Rosinen und was immer noch vorhanden ist. Der Shake ist zu Beginn der Tagesetappe dickflüssig, aber Heinz füllt immer wieder Wasser nach. So hat er lange etwas davon und kann ihn immer besser trinken.

Natürlich verdirbt sich auch einer wie Heinz immer mal wieder den Magen. Nicht oft, aber einige Male wird er ernsthaft krank. In Dakar leidet er an einer besorgniserregenden Lebensmittelvergiftung. In Indonesien macht ihm eine Amöbenruhr über Wochen das Reisen schwer, sodass er nach einem Mittagsschlaf im Schatten oft gar nicht mehr aufstehen möchte. Und im Iran beschert ihm ein Typhusanfall sogar einen Krankenhausaufenthalt.

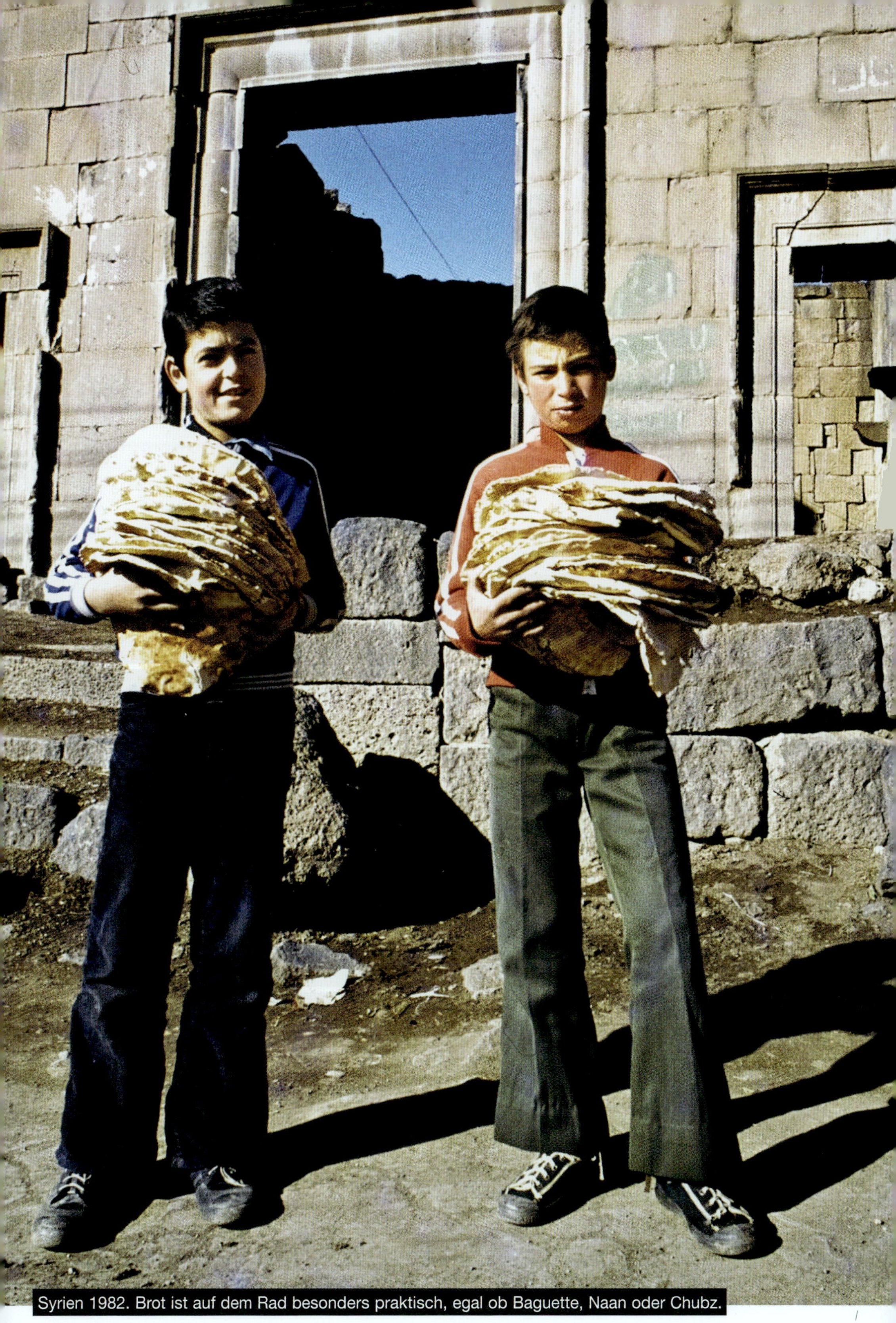

Syrien 1982. Brot ist auf dem Rad besonders praktisch, egal ob Baguette, Naan oder Chubz.

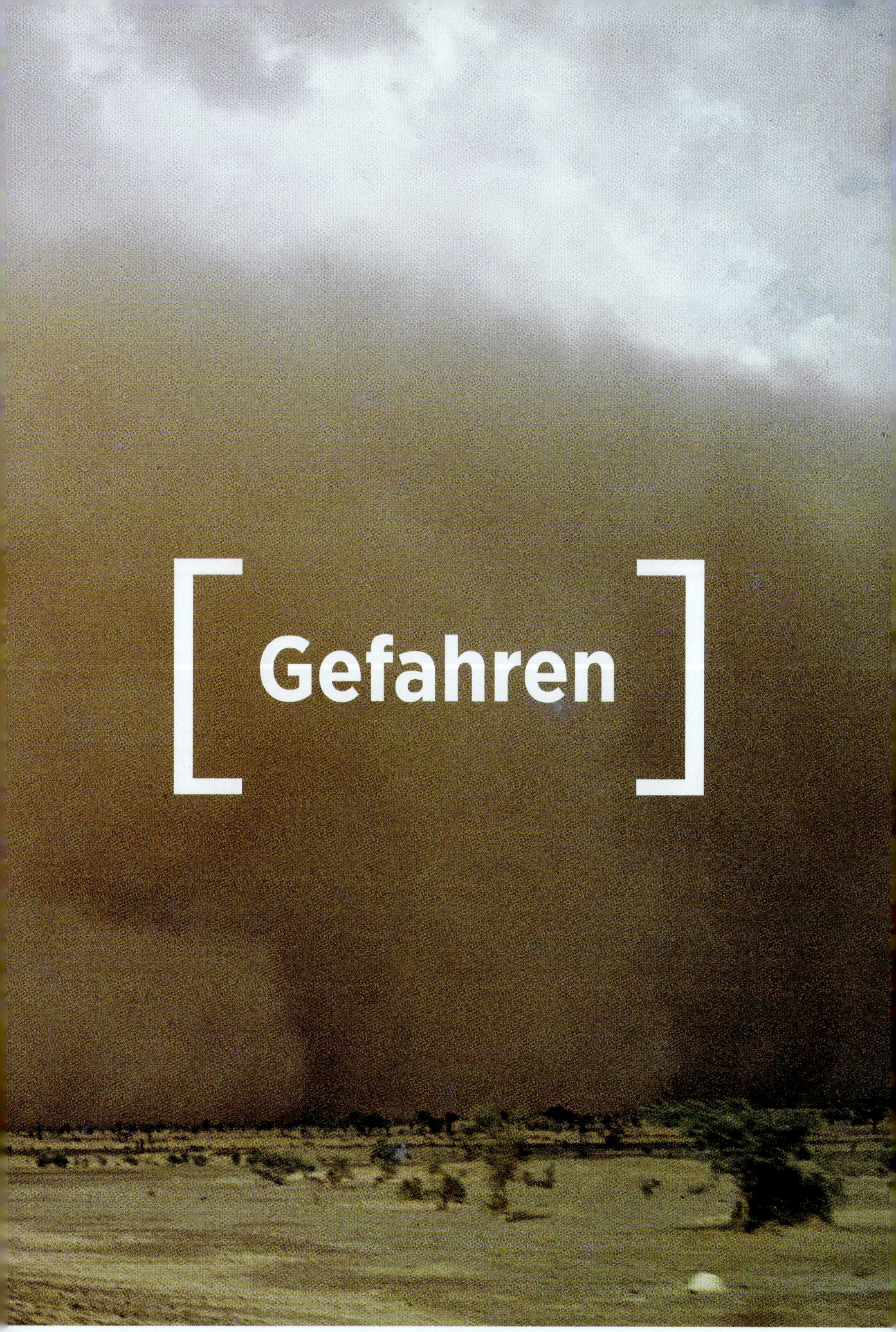

Gefahren

»Mehrere Male geriet ich in gefährliche Situationen. Um nur einige zu nennen: der französisch-algerische Konflikt der frühen Sechzigerjahre und der ewig andauernde Kampf zwischen Israel und der arabischen Welt. Äthiopier kämpften gegen Somalier, bei meiner Durchfahrt in deren Grenzgebiet 1963, und ich war zufällig in der Nähe, als in der Mitte von Guatemala-City ein Schusswechsel zwischen Untergrundkämpfern und der Polizei ausbrach. Als Opfer waren fünf Passanten zu beklagen. Auch war ich gerade in Quito, Ecuador, als dort 1966 die Militärregierung gestürzt wurde und Gefühle im Allgemeinen gegen den westlichen Kapitalismus gerichtet waren und man sich am besten nicht auf der Straße sehen ließ, wenn man ein weißes Gesicht hatte. Da waren noch die Studentenrebellion gegen das Militär vor der Olympiade 1968 in Mexiko und nicht zuletzt die Kriegslage in Indochina, kurz vor der Übernahme Südvietnams durch die Kommunisten.«

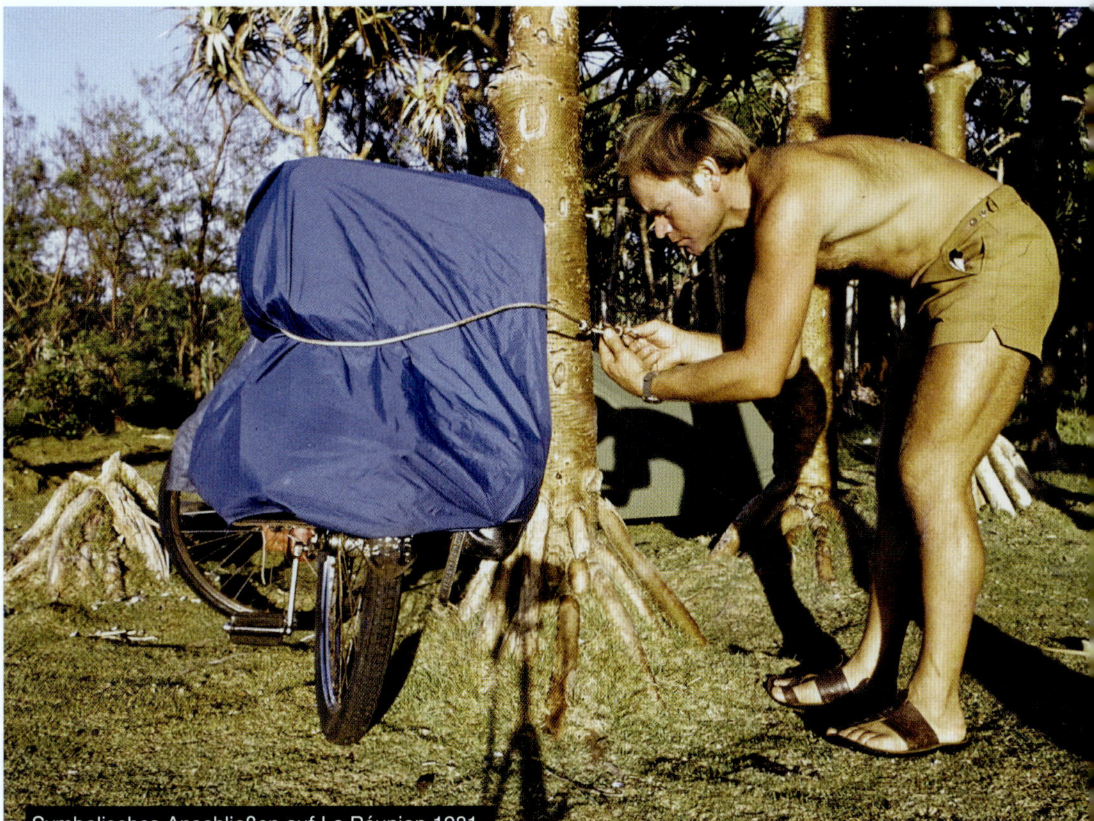

Symbolisches Anschließen auf La Réunion 1981.

1968 trifft Heinz in Costa Rica in einer Bar zwei junge Amerikaner, die ein Problem haben. Da sich einer der beiden beim Schießen auf Leguane ins eigene Bein geschossen hat, fehlt der zweite Fahrer für die lange Rückfahrt an die Ostküste der USA. Sie laden Heinz kurzerhand ein, mitzukommen, und er entschließt sich, das Fahrrad und einen Teil der Ausrüstung zurückzulassen. So kann er später von Costa Rica aus weiterradeln. Im VW-Käfer fahren sie gemeinsam gen Norden. Erst zur Weltausstellung nach Montreal, dann setzen die beiden Heinz in New York ab, von wo aus er zurück nach Costa Rica trampen will. Nach einer Weile nimmt ihn ein freundlicher Fahrer mit, die Reise verläuft angenehm. Irgendwann fährt der Mann an eine Raststätte, gibt Heinz etwas Geld und bittet ihn, davon zwei Zigarren zu kaufen. Sein Gepäck lässt Heinz im Auto, denn er möchte nicht misstrauisch erscheinen. Als er aus dem kleinen Shop kommt, sind Mann und Auto jedoch spurlos verschwunden. Und mit ihm sind 1.000 ausgewählte Dias, Heinz' Kleidung, Koffer, eine wertvolle Kamera und der Reisepass für immer weg. Enttäuscht und wütend darüber, gerade in so einem reichen Land ausgeraubt worden zu sein, hilft Heinz hier vor allem seine Fähigkeit, schnell eine Lösung zu finden. Er sagt sich: »Was mich nicht umbringt, macht mich härter.« Er verbringt die nächsten Tage wieder in New York, wo ihm ein gebürtiger Deutscher eine Unterkunft und Arbeit in seiner Holzhandlung besorgt. Mithilfe seines Vaters erhält Heinz neue Papiere und ist acht Tage später in San José.

So frustrierend dieses Erlebnis für den jungen Heinz ist, er selbst bleibt zum Glück verschont. Und obwohl er sich in den kommenden Jahren auch mal lautstark gegen Diebstahl und Trickbetrüger wehren muss, wenn diese ihn für einen unbedarften Touristen halten und sich an ihm bereichern wollen, schafft er es doch, immer bemerkenswert unversehrt aus diesen Situationen herauszukommen.

1980 erlebt er in Sambia wahrscheinlich eine der gefährlichsten Situationen seiner Reise. »Vier von Nkomos Freedom Fighters hielten mich 155 Kilometer vor Lusaka an. Einer von ihnen hielt seine AK 47 in meine Richtung und ein Schuss ging los. Die Kugel drang durch den großen Zeh von meinem rechten Fuß. Ich wurde bis auf die Unterhose ausgezogen und man riss mein Gepäck auseinander, während man mich weiter mit Handgranaten und Kalaschnikows bedrohte. Der Zufall wollte, dass ein Deutscher, der für die sambische Regierung arbeitete, vorbeikam und die Situation sofort begriff.« Heinz verzweifelte Rufe »I am a tourist, the German embassy please« überzeugen ihn, und er greift ein. Als die Rebellen auch den Mann, dessen Frau und Kinder sich ebenfalls im Auto befinden, mit Waffen bedrohen, fährt er sicherheitshalber schnell weiter. Doch es dauert nicht lange, da sieht Heinz das Auto erneut. Der Mann kommt ohne Familie, dafür aber mit fünf Polizisten zurück und rettet Heinz damit wahrscheinlich das Leben. Der Behauptung der Freedom Fighters, Heinz sei ein Militär aus Südafrika, schenken die Polizisten keinen Glauben und nehmen ihn mit. Da Rufunsa näher liegt als die Hauptstadt Lusaka, erhält er hier die erste Hilfe, die er benötigt. Anschließend werden seine Dokumente und Unterlagen einer strengen Prüfung unterzogen, und man kommt zu dem Ergebnis, dass

»That's it. That's the end of my journey«, denkt er beim Aufprall.

es sich bei dem blonden Mann wohl tatsächlich nur um einen Radweltreisenden handelt. Wieder einmal wird Heinz eingeladen, dieses Mal von seinem Lebensretter. Er kann sich in den kommenden Tagen in dessen schönem Haus erholen, und nach eineinhalb Wochen sitzt er wieder fest im Sattel.

Viele Jahre später wird Heinz Opfer eines brutalen Überfalls. Es ist 2012 und er ist 72 Jahre alt, als er sein Zelt auf einer Wiese in der Nähe von Kapstadt aufbaut. Paarl ist für seinen Weinanbau bekannt und kann im Vergleich zu anderen Städten Südafrikas nicht gerade als raues Pflaster beschrieben werden. Heinz wird der Ort jedoch schmerzhaft in Erinnerung bleiben, nachdem er am helllichten Tage von einem bulligen Typen überfallen und brutal angegriffen wird. Da auch noch andere Menschen auf der Straße unterwegs sind, und er sich wehrt, hat es der Angreifer eilig. Er schlägt Heinz eine Reihe Zähne aus und kugelt ihm die Schulter aus. Dann nimmt er alles mit, was er auf die Schnelle greifen kann. Das

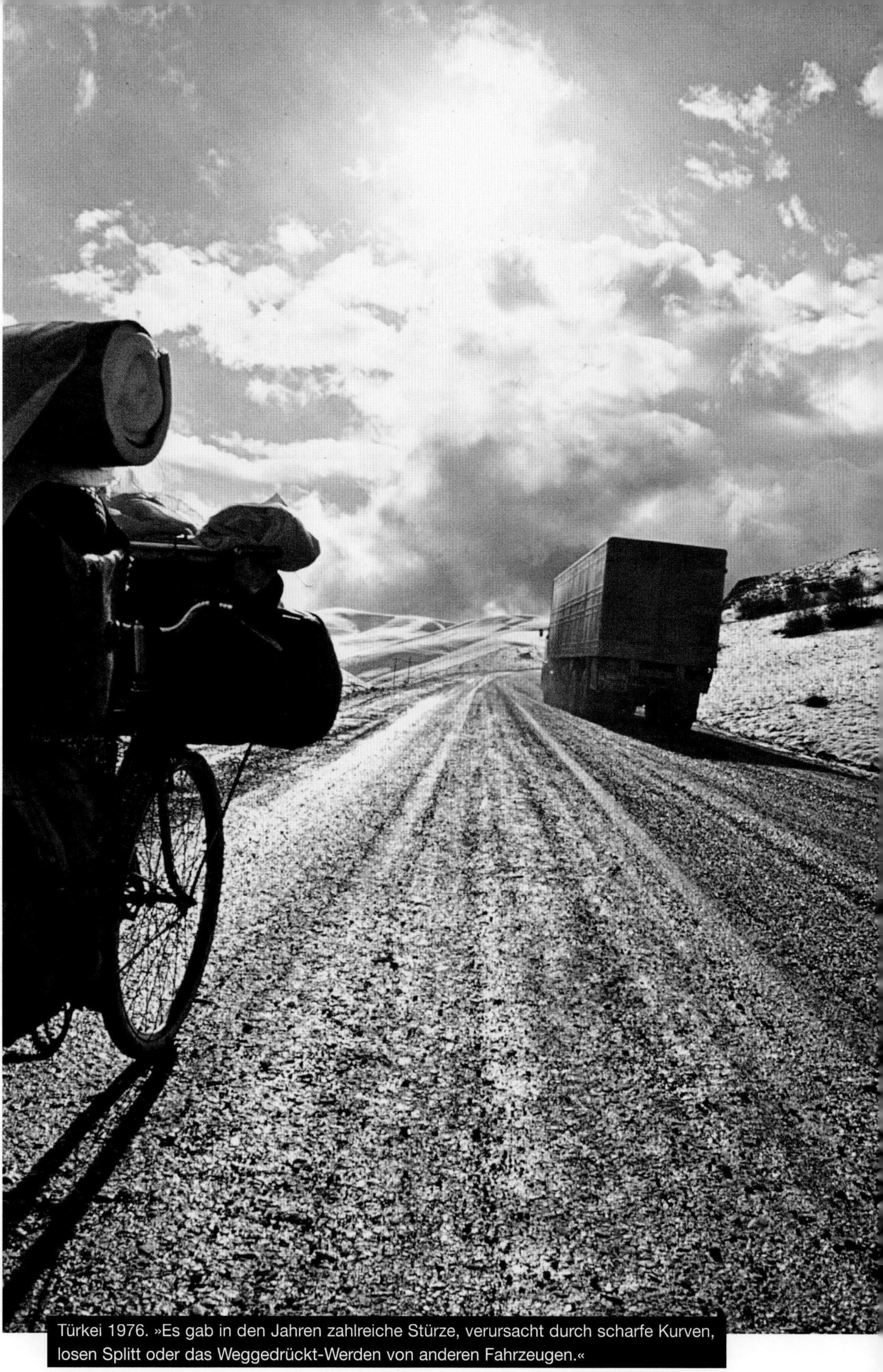

Türkei 1976. »Es gab in den Jahren zahlreiche Stürze, verursacht durch scharfe Kurven, losen Splitt oder das Weggedrückt-Werden von anderen Fahrzeugen.«

ist der Rucksack mit einigen Gegenständen. Heinz' wertvolle Besitztümer sind jedoch in der Lenkertasche seines Brompton-Klapprads verstaut. Die wiederum ist mit einem Klickmechanismus so gut befestigt, dass der Dieb sie auf die Schnelle nicht abnehmen kann. Sobald der Mann flüchtet, rennt Heinz mitten auf die Straße und hält ein Auto an. Der Fahrer ruft die Polizei, die den gebeutelten Heinz für eine Nacht aufnimmt und versorgt. Doch als die Polizisten ihn nicht einmal nach seinem Namen fragen und lieber Filme schauen, anstatt seinen Fall aufzunehmen, weiß Heinz, dass er seine Sachen abschreiben kann.

Einer anderen Gefahr stellt sich Heinz in seinen 51 Reisejahren beinahe täglich. Dem Straßenverkehr. »Wahrscheinlich bin ich dem Tod unzählige Male nur knapp entkommen«, ist sein Kommentar zu diesem Thema. In den vergangenen Jahrzehnten wurden die Straßen weltweit für Radfahrer immer gefährlicher. So ist ein Rückspiegel am Lenker für ihn essenziell, »um die Killertrucks kommen zu sehen.«

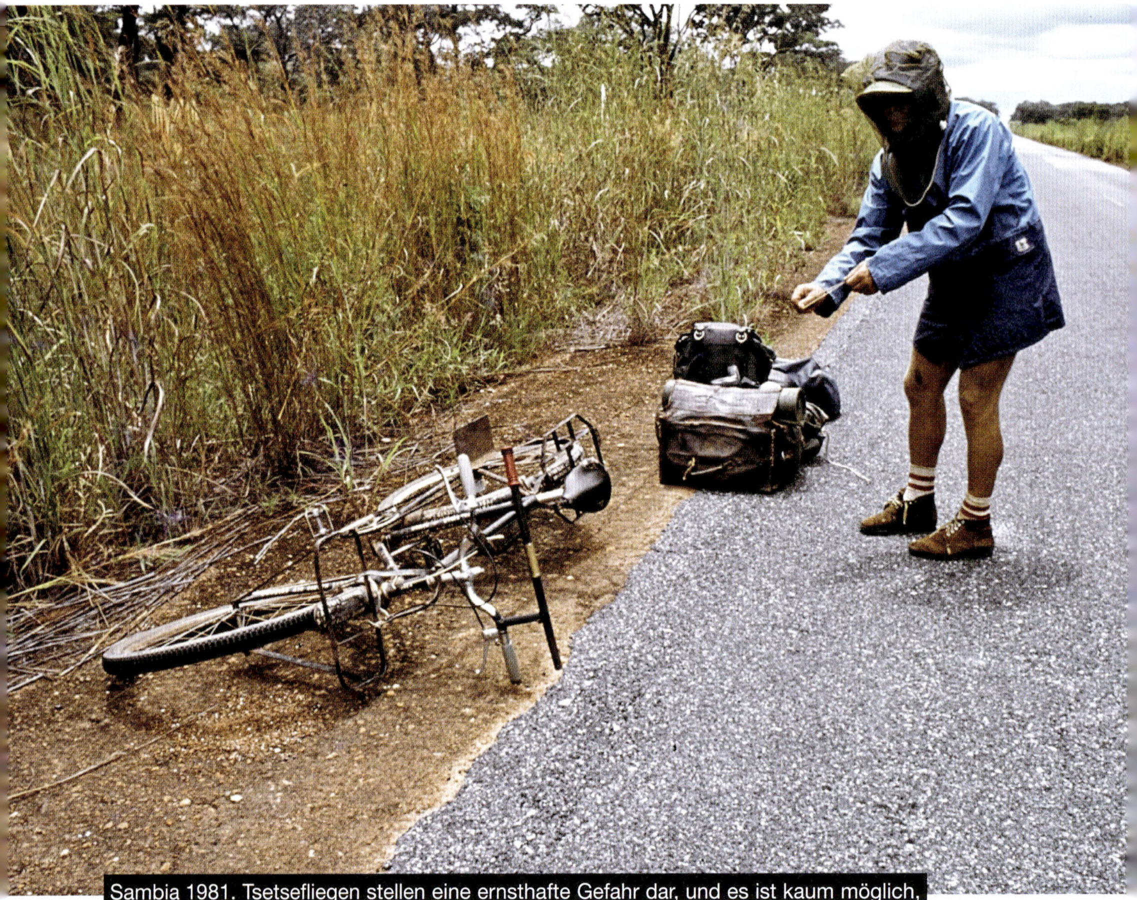

Sambia 1981. Tsetsefliegen stellen eine ernsthafte Gefahr dar, und es ist kaum möglich, sich ausreichend vor ihnen zu schützen.

1965 wird er nachts in der chilenischen Atacama-Wüste von einem LKW angefahren und in den Graben geschleudert. In Japan erlebt er beängstigend enge Straßentunnel, an deren Wände er sich pressen muss, wenn Lastwagen donnernd heranrauschen. Was ihn dabei, neben den Abgasen, besonders wütend macht: Die Fahrer scheinen ihn nicht einmal zu bemerken.

Die schwersten Unfälle hat Heinz aber nicht auf dem Fahrrad, sondern als Beifahrer im Auto. Für einen davon macht er einen unnachgiebigen Grenzbeamten an der Grenze zu Guatemala verantwortlich. Der stempelt Heinz als Kommunisten ab, als er im Ausweis dessen Aufenthalt in Russland entdeckt. Mit der Begründung, man habe im Land momentan schon genug Ärger mit Kommunisten, verweigert er Heinz den Einlass. Daraufhin entscheidet der sich, das Rad stehen zu lassen und mit einem Freund nach San Salvador zu fahren. Dort will er zur guatemaltekischen Botschaft gehen und für sein Visum kämpfen. Doch der Wagen kracht in einen Baum. Heinz ist zwei Tage lang bewusstlos und braucht Wochen, um wieder auf die Beine zu kommen. Amüsiert berichtet er im Nachhinein über seinen zweiten Anlauf, eine Grenze zu überqueren. Die Grenzbeamten sind ausgesprochen freundlich und laden ihn sogar ein, die Nacht an ihrem Posten zu verbringen. Sie stopfen ihn mit Essen voll, bis nichts mehr geht, und starten noch eine kleine Sammelaktion, um ihm eine Spende mit auf den Weg zu geben.

Ein weiterer Unfall ereignet sich auf dem Alaska Highway. »Es war schon Oktober und eigentlich schon zu spät, um noch nach Alaska zu radeln.« Als er die Meile 496, und damit den Liard River, erreicht, schlägt das bisher noch außergewöhnlich gute Wetter um. Der eiskalte Regen macht eine Weiterfahrt mit dem Rad von jetzt an unmöglich. Wieder sind es zwei Männer, die ihm einen Platz in ihrem Auto anbieten. Sie kommen aus Anchorage und sind auf dem Heimweg. Sie sind sich schon vor einigen Tagen weiter südlich zufällig begegnet. Die beiden schlagen ihm vor, ihn bis an die Grenze von Alaska mitzunehmen. Von da an seien die Straßen asphaltiert und die Strecke kein Problem, erklären sie. So wird das Fahrrad auf dem Dach des Wagens, einem Pontiac GTO, befestigt und der Trip geht los. Einige Zeit später schießt der Wagen zu schnell in eine Kurve, und der Fahrer verliert die Kontrolle über das Fahrzeug. Mit ein bis zwei Überschlägen purzeln die drei Männer im Pontiac eine etwa 20 Meter tiefe Böschung hinunter und landen in einem etwa einen Meter tiefen, rauschenden Fluss. Dort können sie aus dem Wagen ins eiskalte Wasser klettern. Während der Besitzer lautstark über die ruinierte Sonderlackierung flucht, watet Heinz durch das Eiswasser und sammelt seine Habseligkeiten zusammen. Die beiden rufen ihm zu, er solle herauskommen, sonst erfriere er. Aber was soll er machen? Die Gepäckstücke sind alles, was er hat. Das Fahrrad kann er auf Anhieb nicht entdecken, sondern findet es 50 Meter weiter. Als er alles beisammenhat, frieren die nassen Gepäckstücke zu großen Eisklumpen.

Im Iran lässt sich Heinz 1976 von einem jungen Iraner mit nach Maschhad nehmen. In einer uneinsichtigen Kurve kommt ihnen ein VW auf ihrer Fahrbahn entgegen, während sie selbst mit 60 Stundenkilometern unterwegs sind. Die Fahrzeuge krachen frontal zusammen, aber Heinz kommt noch einmal einigermaßen glimpflich davon. Einige Schnittwunden am Kopf müssen genäht werden und mehrere Rippen sind gebrochen. Zehn Tage im Krankenhaus von Gonbad-e Kavus und drei weitere Wochen Erholung benötigt er, dann findet er in sich erneut Kraft zum Weitermachen.

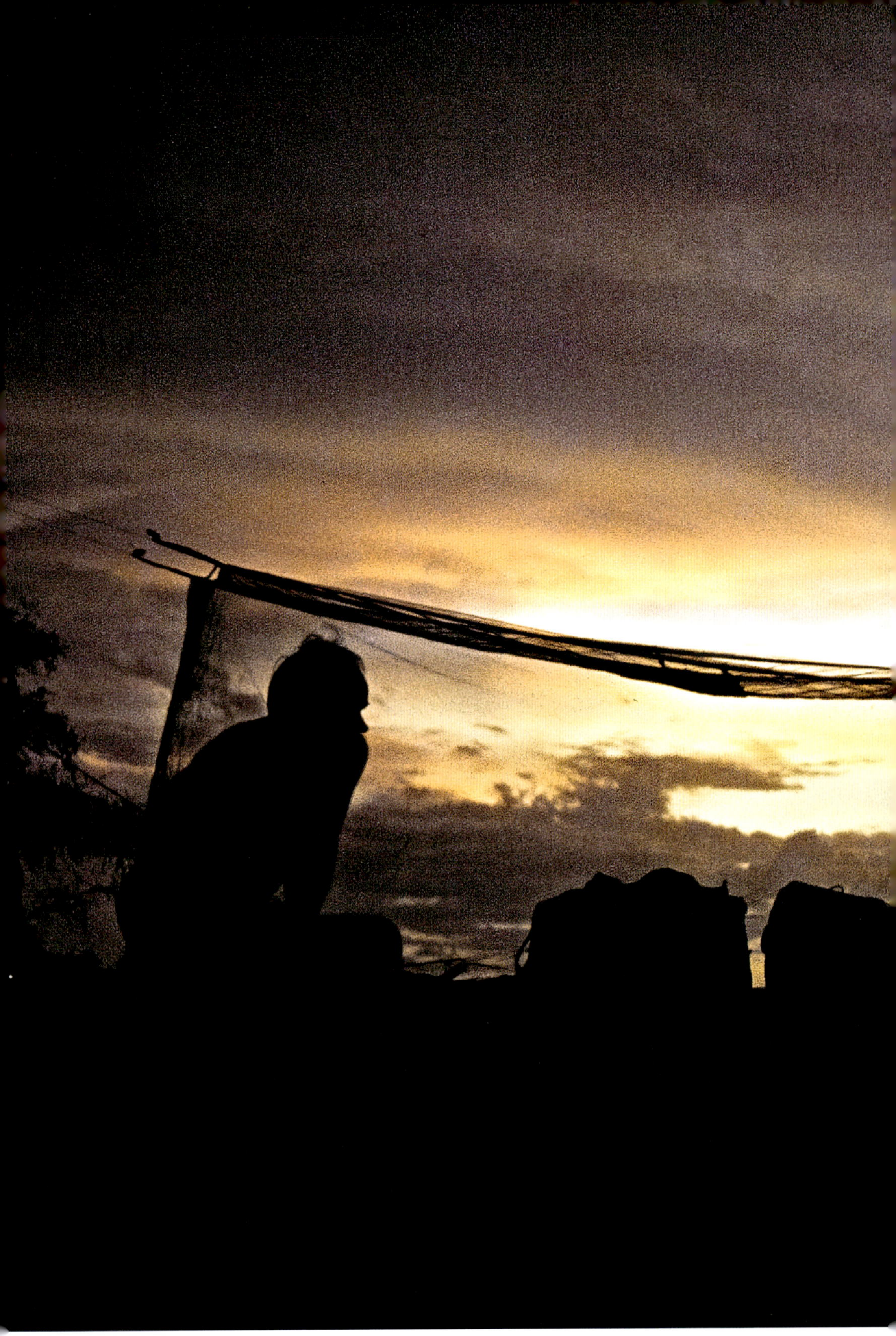

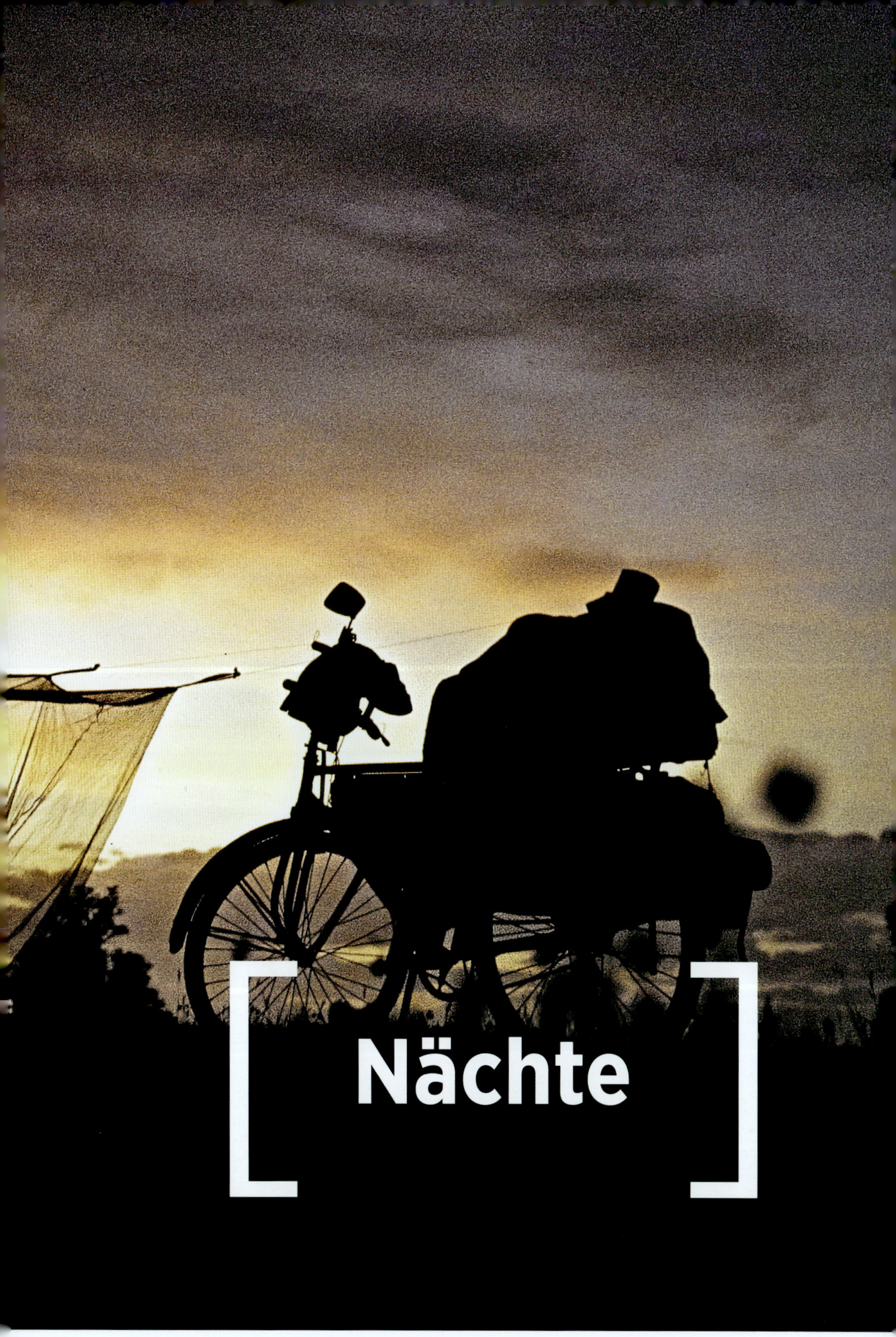

Nächte

»Es gibt kaum etwas Schrecklicheres, als um drei Uhr morgens im dünnen Zelt zu sitzen, und draußen bricht die Hölle los. Das Zucken unzähliger Blitze, Einschläge in nächster Nähe, der nicht enden wollende, rollende Donner über den ganzen Himmel. Und strömender Regen.«

Ein anderes Mal, in China, fällt Heinz in den frühen Morgenstunden zwischen Tausenden von radelnden Pendlern vor Müdigkeit vom Rad. Sehr peinlich findet er das. Doch auch sein Körper benötigt wie jeder andere Schlaf. Auch wenn er laut eigener Aussage ein Nichtschläfer ist und auch heute noch mal eine Nacht durchmacht, um Buchbestellungen auf den Weg zu bringen oder Bilder zu sortieren. Unter freiem Himmel schläft er während seiner Reise nur, wenn es sich nicht vermeiden lässt. Meistens versucht er, ein sicheres Dach über dem Kopf zu finden. Eine tägliche Herausforderung.

Die über 18.000 Nächten seiner Tour verbringt Heinz laut eigener Aussage in etwa so: 30 Prozent im Zelt oder in der Hängematte, 30 Prozent in günstigen Unterkünften wie Hotels und Jugendherbergen, 30 Prozent als Gast in privaten Haushalten und die restlichen zehn Prozent in einer Vielzahl verschiedener Unterschlupfe. Das können sein: »Kirchen, Moscheen, Tempel, Ruinen, leer stehende Häuser, auf Brücken, unter Brücken, auf Bänken, an Stränden, auf Tischen (einmal auf einem Billardtisch), auf und unter Lastwagen, in Kanus, in Freudenhäusern, in Villen, in den Bergen, bei der Polizei, in Hütten, Ställen, Scheunen, Garagen, Höhlen, Gefängniszellen, Militärlagern, 24-Stunden-Raststätten. Einmal in einer Telefonzelle. Ich schlief auch in verschiedenen Körperpositionen. Am schwierigsten jedoch war es beim Radeln. Mehrmals bin ich bei dem Versuch im Graben gelandet.«

Besonders aufregend müssen für Heinz einige Nächte in seinen ersten Reisemonaten gewesen sein, denn er erinnert sich noch immer an eine wirklich gefährliche Nacht in Algerien. Anfang 1963 ist es. Wegen der vergangenen Konflikte zwischen Frankreich und Algerien sind die Franzosen im nordafrikanischen Algerien ungern gesehen. Als weißer Europäer wird Heinz mit ihnen in einen Topf geworfen

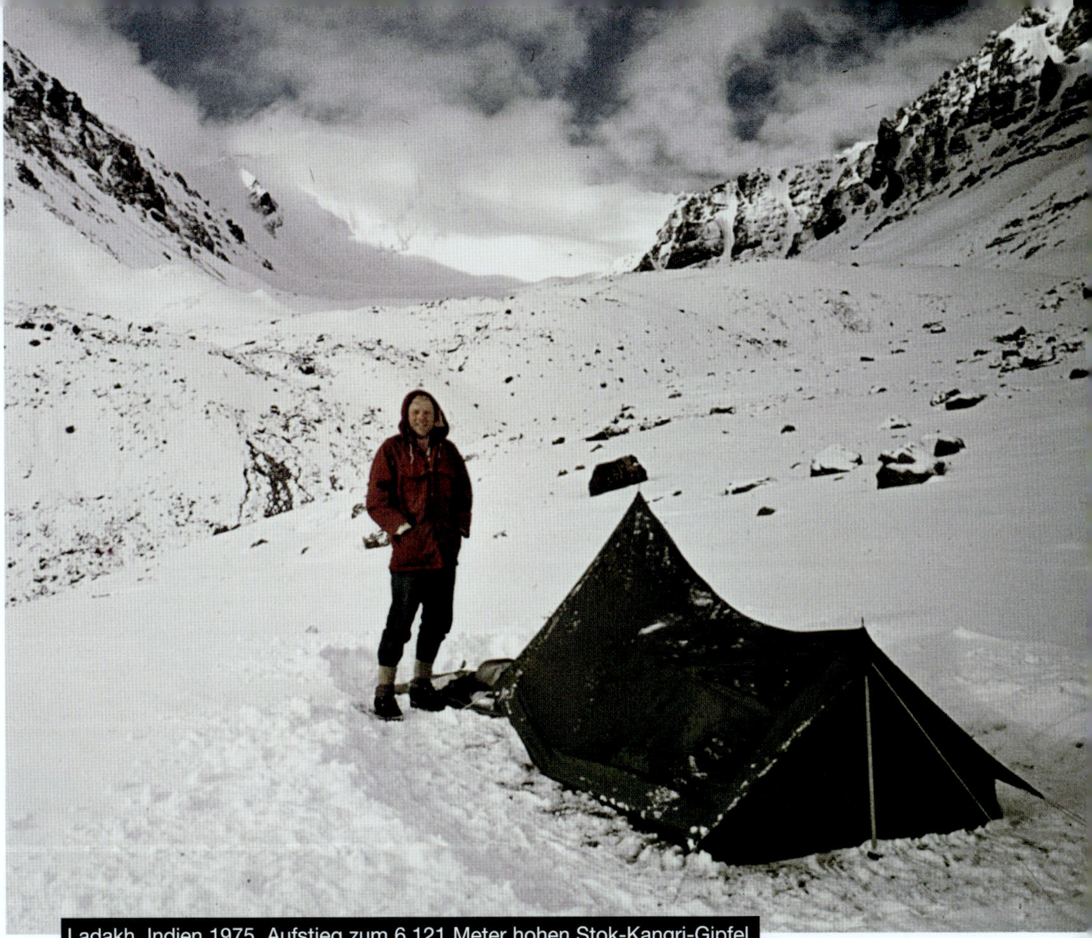

Ladakh, Indien 1975. Aufstieg zum 6.121 Meter hohen Stok-Kangri-Gipfel.

und erlebt immer wieder Anfeindungen. Um diesen zu entgehen, fährt er möglichst nachts und schläft am Tag gut versteckt. Weil ihm in Oran seine Geldbörse und alle Reiseschecks geklaut worden sind, ist Heinz quasi auf einer Nonstop-Fahrt in Richtung Constantine unterwegs. 430 Kilometer in zwei Tagen. Dabei ist er meistens allein auf der Straße, was ihm bei der bedrohlich schlechten Beleuchtung vieler algerischer Fahrzeuge nur recht ist. Als er gerade die Spitze eines Berges erreicht, schreckt ihn plötzlich ein lauter Schuss auf. Ob er ihm gilt, weiß er nicht. Ebenso wenig, ob es sich um Banditen oder übermütige Wachposten handelt. Nur eines ist sicher: Er muss hier schleunigst weg. Also rast er den Berg hinunter und strampelt, bis er schweißnass und in weiter Entfernung ist. Als er eine kleine weiße Moschee mit offener Tür erreicht, ist es bereits drei Uhr in der Früh. Erschöpft schiebt er sein Rad hinein, verriegelt den Eingang und legt sich hin. Kaum berührt sein Kopf den Boden, schläft er auch schon ein. Früh morgens wird er von einem lauten Klopfen an der Tür geweckt. Durch einen Spalt kann er eine Schar Menschen erkennen, die empört über ihre verschlossene Moschee sind und immer eindringlicher gegen die Tür schlagen. Die Situation zu retten scheint aussichtslos, und so packt Heinz in Windeseile sein Rad und macht sich bereit. Dann stößt er urplötzlich die Tür auf und rollt direkt aus dem Gebetshaus. Das Überraschungsmoment ist auf seiner Seite und als er herausgefahren kommt, springt die Menge auseinander, zu verblüfft, um zu reagieren. Doch Heinz hat sich noch nicht richtig von seiner Serie unangenehmer Begegnungen erholt, als ihn schon kurze Zeit später eine Gruppe Jugendlicher am Stadtrand von Sétif mit Steinen bewirft. Einer trifft ihn schmerzhaft an der Schulter. Heinz fühlt sich fortan in der gesamten Stadt von bösen Blicken verfolgt und ist derart verängstigt, dass er nicht einmal mehr absteigt, um ein Brot zu kaufen.

Emotionen prägen das Gedächtnis. Um von den vielen Tausend Nächten möglichst viele in Erinnerung zu behalten, entwickelt Heinz die Angewohnheit, möglichst spektakuläre Schlafplätze auszuwählen. Eine Nacht verbringt er zu Füßen von Cristo Redentor, der Jesusfigur, die vom Gipfel des Corcovado aus über Rio de Janeiro wacht. Die Nacht über den Lichtern der Millionenstadt und ihr Sonnenaufgang bleiben unvergesslich. Selbst auf der Chinesischen Mauer schlägt Heinz sein Zelt auf. Die Nacht in höchster Lage verbringt er in Indien, in der Provinz Ladakh. Nachdem Heinz sein schwer bepacktes Fahrrad drei Tage lang den Taglang-La-Pass hinaufgeschoben hat, kann er 5.360 Meter über dem Meeresspiegel ruhen. Kurz danach sitzt er allerdings 48 Stunden lang auf 5.200 Metern in seinem Zelt fest, während draußen ein Schneesturm tobt.

Das Zelt hat im Leben eines Nomaden eine besondere Bedeutung. Es bietet Sichtschutz und hält Schnee, Regen, Wind und Hagel ab. Ein Zelt ersetzt keine Wohnung, aber es kann der eine vertraute Raum sein, der sich bei ständig wechselnden Schlafstätten wie ein Zuhause anfühlt. Der Schlafsack hier, die Taschen dort. Heinz nennt es sein »comfortable own little home«. Für ihn ist das Zelt oft auch ein notwendiger Schutz vor Ameisen, Skorpionen, Moskitos, Tsetsefliegen und anderem Getier. Wenn er in tropischen Regionen kocht, dann ist ein Moskitozelt (also ein Zelt aus Netz) unumgänglich, denn sonst finden zu viele Insekten ihren Weg in sein Essen und die restlichen machen sich nebenbei noch über ihn her.

Da, wo es besonders angriffslustige Ameisenarten gibt, das lernt er schnell, ist es wichtig, nicht auf dem Boden zu schlafen. Sie beißen sich sonst durch den Zeltboden und attackieren alles, was im Zelt liegt. Für solche Gebiete hat er eine Hängematte im Gepäck, die er entweder zwischen Bäumen oder in Herbergen an bereits vorhandenen Haken befestigt.

Am besten ist es natürlich, wenn er das Zelt so hinstellen kann, dass er ungesehen bleibt, aber das ist natürlich nicht immer möglich. Am liebsten richtet er den Eingang in Richtung Osten aus, wo die Sonne aufgeht. Auf diese Weise trocknet alles am schnellsten und er kann zügig packen und weiterradeln. Heinz hat reichlich Erfahrung, worauf er bei der Wahl seines Lagers achten muss. Kuhlen können sich mit Wasser füllen, Felsen können von Hängen herunterfallen, Sturzfluten wie aus dem Nichts auftauchen, Äste und Kokosnüsse auf das Zelt knallen. Außerdem gibt es folgende Risiken: aggressive Soldaten und Jäger, nervöse Tiere, Diebe und sogar Landminen. Furcht einflößende Gewitter und Schneestürme können einer Übernachtung im Zelt traumatische Züge verleihen. Auch Menschen. Wird Heinz nachts von irgendwem überrascht, der über das Zelt stolpert, packt er sofort alles zusammen und sucht sich einen neuen Platz.

Eine Nacht hat sich Heinz vor allem durch sein Entsetzen ins Gedächtnis gebrannt. Er ist in der ägyptischen Wüste unterwegs, auf dem Weg von Kairo in Richtung Suez, und völlig erschlagen, als er sich mitten in der Nacht unter einer Brücke in den noch warmen Sand legt, um ein bisschen zu schlafen. Stockdunkel ist es

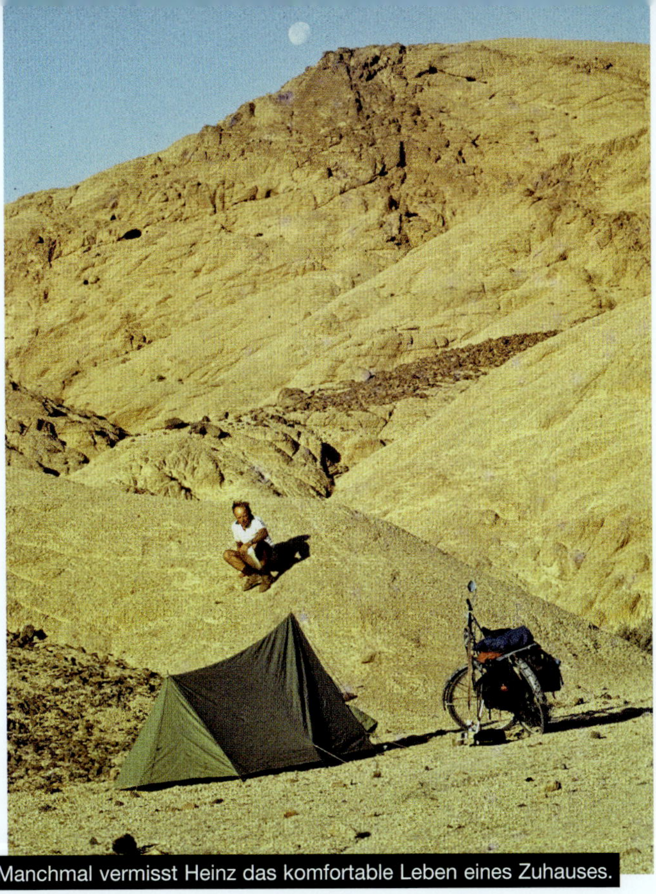

Sinai-Halbinsel, Ägypten 1982. Manchmal vermisst Heinz das komfortable Leben eines Zuhauses.

und ein leichter Wind zieht über seinen Körper. Als ihn um sechs Uhr morgens das Donnern eines Lastwagens weckt, der über die Brücke fährt, bemerkt er einen unangenehmen Geruch. Er schaut sich um und springt »wie von einem Skorpion gestochen« hoch. Denn nicht weit von ihm entfernt liegt der nackte, bereits verwesende Körper eines Menschen. Im Affentempo rafft Heinz seine Sachen zusammen und radelt, trotz des Schlafmangels, schnell los. Ein anderes Mal, es ist eine Nacht in Nigeria, tritt er im Busch tatsächlich auf einen Skorpion.

Aber es gibt auch lustige Erlebnisse in den Nächten, in denen Heinz nicht zur Ruhe findet. Ein Beispiel: In Snyder, Texas, kommt er um etwa vier Uhr morgens an einem 24-Stunden-Rastplatz an und bittet den Besitzer um Erlaubnis, den Rest der Nacht an einem der Tische sitzen zu dürfen. Er will sein Tagebuch schreiben, das er mal wieder viel zu lange vernachlässigt hat, und einige neue Ausgaben des *Time Magazine* durcharbeiten. Da sein Gepäck eh schon so schwer ist, bereitet sich Heinz die Nachrichtenmagazine für die kommenden Wochen vor. Das bedeutet, er reißt alle Seiten heraus, die ihn nicht interessieren, um unnötiges Gewicht zu vermeiden. »Die Kellnerin konnte sich wohl keinen Reim daraus machen und schaute hin und wieder neugierig in meine Ecke.« Um fünf Uhr morgens hält ein Streifenwagen vor dem Lokal, ein Polizist kommt herein, stellt sich vor Heinz' Tisch und bittet ihn, mitzukommen. Im Auto muss Heinz sich ausweisen und Fragen zu seiner Person beantworten; seine Daten werden notiert. Als alles in Ordnung zu sein scheint, platzt es aus dem Cop heraus: »Sagen Sie mal, warum reißen Sie denn Seiten aus Zeitschriften heraus?« Als Heinz ihm den Grund erklärt, lächelt der Beamte und sagt: »Welcome to Snyder.«

[Ankommen]

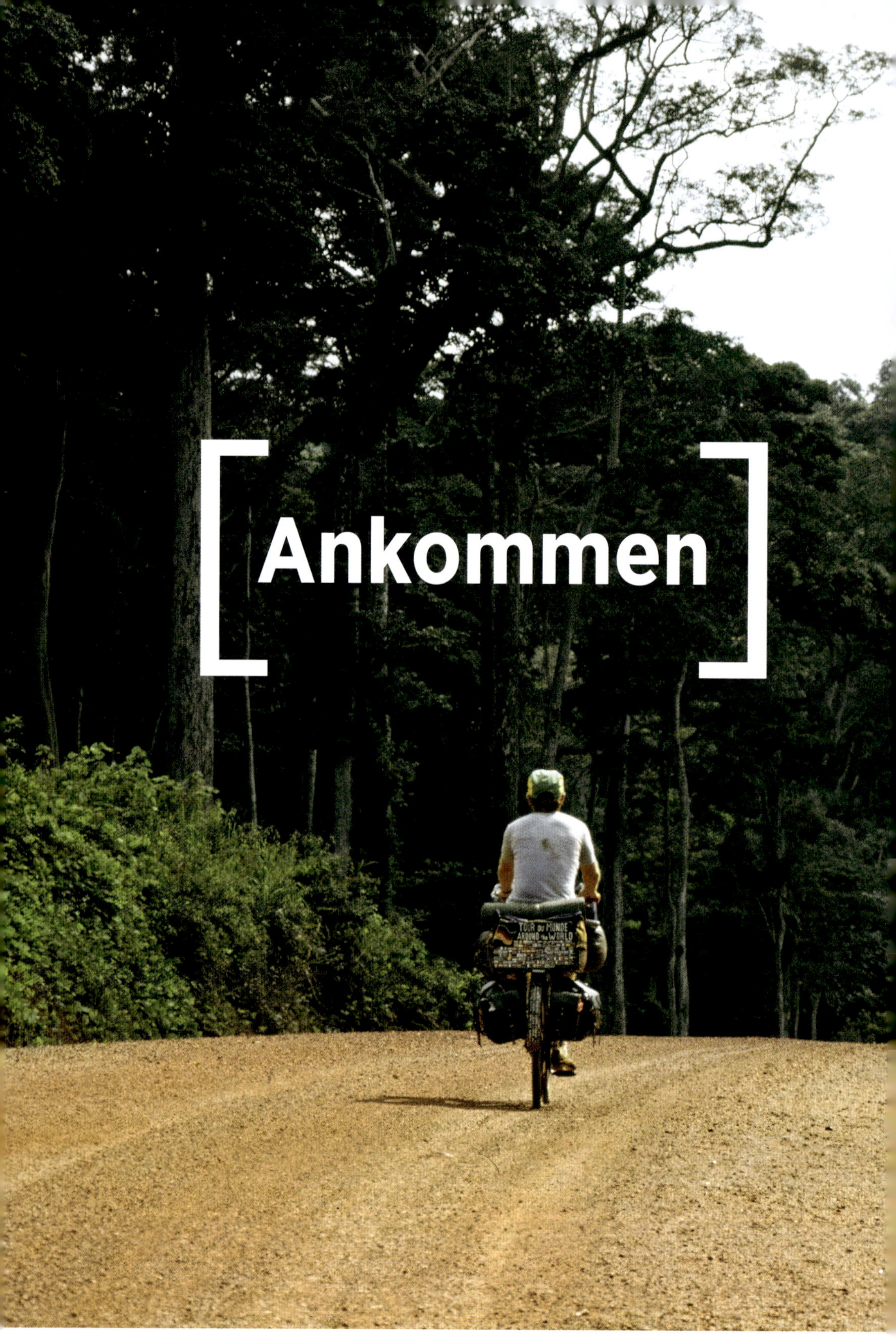

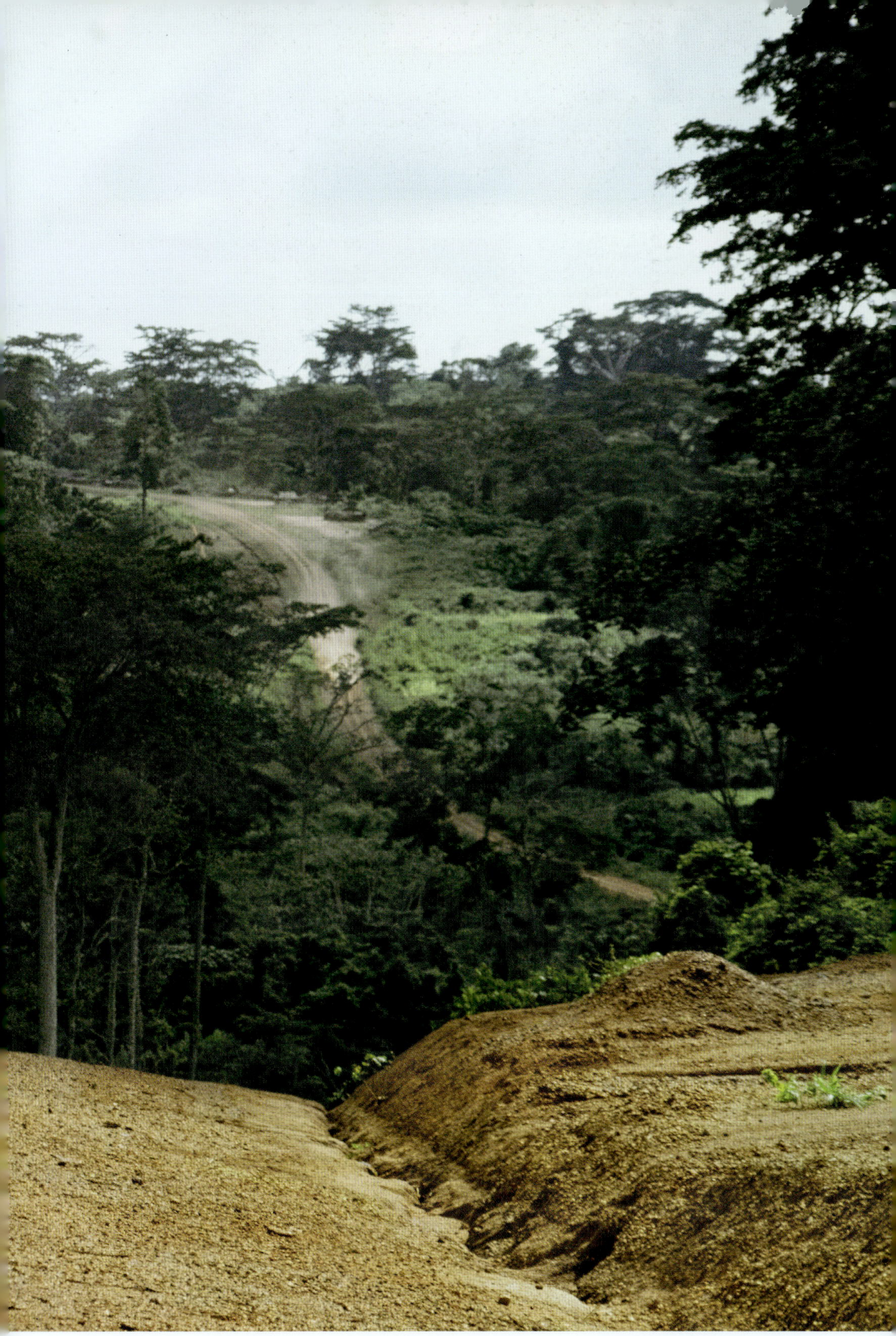

»Auf die Frage, würde ich das Ganze wiederholen, reagiere ich immer negativ. Nie wollte ich eine Strecke noch mal fahren, die ich schon erobert habe. Es ist das Unbekannte hinter der nächsten Kurve, das mein Rad bewegt.«

Als Heinz im März 1964 seine Schiffspassage von Kapstadt nach Rio de Janeiro antritt, eilt ihm sein Ruf bereits voraus. Der Kanadier Jimmie Graham war per Anhalter von Kairo nach Kapstadt gereist. Nun wollte er sich in Richtung USA bewegen und hatte wie Heinz ein Dritte-Klasse-Ticket von Kapstadt nach Rio gebucht. Er erinnert sich an die erste Begegnung. »Ich hatte von dem verrückten Deutschen gehört, der mit dem Fahrrad um die Welt fuhr, und freute mich sehr, als ich erfuhr, dass er auf dem gleichen Schiff reiste. Traf ihn eine Woche zuvor auf einer Party in Kapstadt. Was für ein Typ der gute alte Heinz doch war. 24 Jahre alt und die letzten vier davon hatte er damit verbracht, mit dem Rad durch Europa, Asien und Afrika zu fahren. Heinz war klein und stämmig (eigentlich war er muskulös) und konnte nie genug Bier bekommen. Die erste Flasche spülte er sofort runter, dann öffnete er die zweite mit den Zähnen und trank die Hälfte in einem Zug. Erst dann ging er zu einem normalen Tempo über.«

600 Personen reisen in der dritten Klasse der Royal Interocean Line, auf Höhe der Wasserlinie, von Kapstadt nach Rio. Die meisten von ihnen chinesische Auswanderer. Gegessen wird in Schichten, denn für so eine Menschenmenge ist die Messe nicht ausgelegt. Ein kleines Außendeck dient der gesamten dritten Klasse zum Luftholen. Heinz und Jimmie spielen auf der zehntägigen Reise zahlreiche Partien Tischtennis und trinken eine Menge Bier. Sie mogeln sich jeden Abend in den kleinen Swimmingpool, der eigentlich der ersten Klasse vorbehalten ist, und werden dort täglich vom chinesischen Zahlmeister wieder rausgeschmissen. Nachts klettern die jungen Männer den Mast hinauf, wo sie ihr Bier trinken und sich unter einem grandiosen Sternenhimmel von der See hin- und herschaukeln lassen.

Auch mit Diavorträgen in der ersten Klasse vertreibt sich Heinz seine Zeit und bessert seine Reisekasse in gewohnter Manier, also durch Spenden, auf. Mitten auf See erreicht sie die Nachricht über den Putsch in Brasilien, und obwohl sie nicht wissen, was sie dort unter dem Regime Brancos erwartet, steigern die langen Tage an Bord die Vorfreude auf Rio. Heinz, bereits hingerissen von der Schönheit Kapstadts, kann die Pracht Rios bei seiner Ankunft kaum fassen. Im Sonnenaufgang wirft er die ersten Blicke auf die Copacabana und den Corcovado

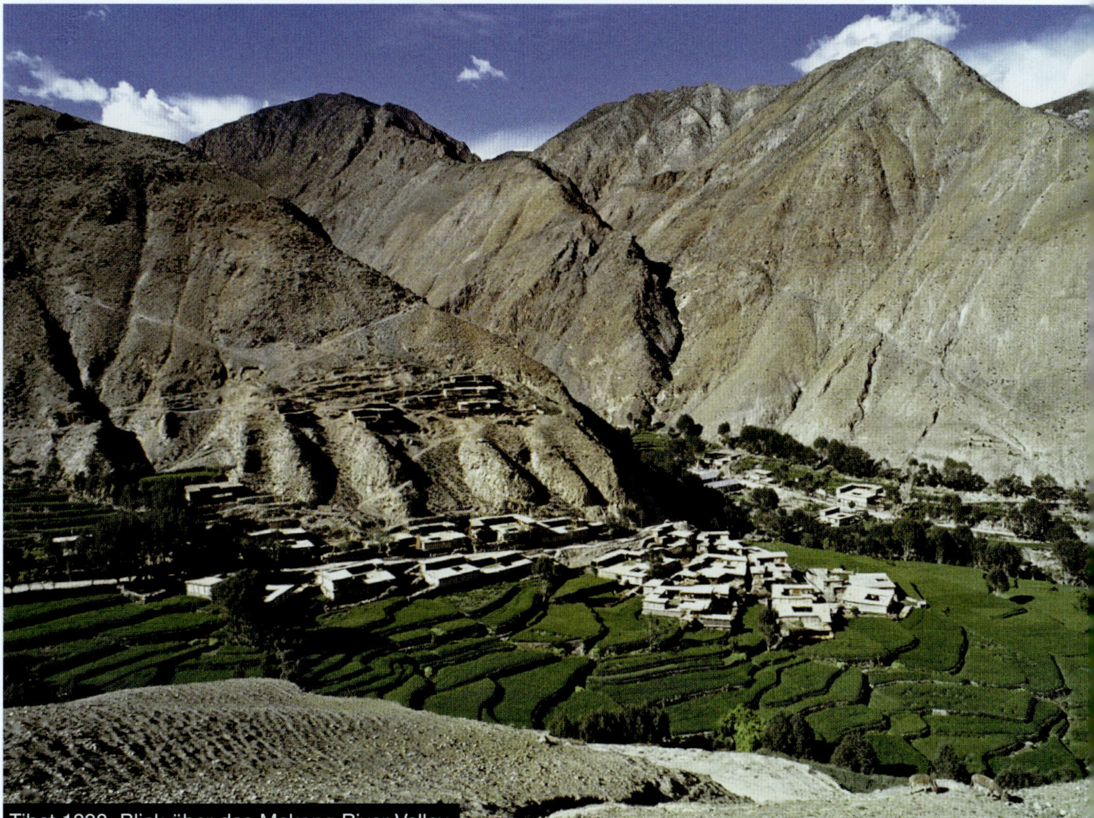

Tibet 1990. Blick über das Mekong River Valley.

mit seinem 30 Meter hohen Cristo Redentor. Im Hintergrund die schmalen Hochhäuser und neben dem Hafen die felsige Silhouette des Zuckerhuts. Er ist wieder einmal angekommen.

Doch so leicht es Heinz fällt, in einem neuen Land, auf einem neuen Kontinent und in einer ungewohnten Kultur Fuß zu fassen, umso schlechter geht es ihm mit dem Gedanken, in seine Heimat zurückzukehren. »Es war, als ob ich Angst hatte, nach Hause zu fahren, Angst, dieses Leben von Freiheit und Reise aufzugeben.«

Über die fehlende Begeisterung seines Vaters für seine Abenteuer ist sich Heinz von Anfang an im Klaren. Schließlich hatte es vor seiner Abreise ordentlich Zoff gegeben. Vater Fritz hatte ihn gewarnt, bloß nicht bettelnd zu ihm zu kommen, wenn er sein Geld verprasst hätte und pleite wäre. Seine Mutter zeigt mehr Verständnis und steht ihm zur Seite, doch leider stirbt sie bereits 1966 im Alter von 57 Jahren an Asthma. Heinz ist derweil im südamerikanischen Regenwald und erfährt erst mit einiger Verspätung von ihrem Tod.

Mit den Jahren akzeptiert der Vater den Lebensweg seines Sohnes und kommt nicht umhin, auch ein gewisses Maß an Stolz zu empfinden, wenn seine Briefe in der Lokalzeitung gedruckt werden. Sich seiner eigenen Sterblichkeit bewusst, möchte er Heinz wiedersehen. In einem Brief schreibt er: »Komm nach Hause und bleib nicht noch zehn Jahre unterwegs.« 1977 treffen sich die beiden in den Niederlanden, nur 200 Kilometer von Hövelhof

Unverständnis und Vorwürfe, er mache sein Leben lang nur Urlaub, führen zur Entfremdung von der Familie.

entfernt. Auch die Schwestern sind bei diesem gemeinsamen Wochenende dabei. Doch montags muss man in Hövelhof wieder arbeiten, daher bleibt es eine kurze Familienwiedervereinigung. Als Heinz 2013 »nach Hause kommt«, ist der Vater bereits seit 24 Jahren tot.

Heinz kommt in seinem Leben an anderen Orten als in Hövelhof nach Hause. Bei der Familie Kirby in Anniston, USA, zum Beispiel, die er siebenmal besucht. Für sie wird er eine Art zusätzlicher Sohn. Oder Mister Lee von Flying Ball Bicycles aus Hongkong. Auch ihn besucht Heinz sein Leben lang immer wieder. Mister Lee sagt über Heinz, dass er kein außergewöhnlicher Mensch sei, aber ein Mensch, der Außergewöhnliches geleistet hat.

James Stroud aus London wird ein lebenslanger Freund. Als er ihm in den Achtzigerjahren auf einer Reise begegnet, hat Stroud bereits von der Legende Heinz Stücke gehört. Es erstaunt ihn, wie normal dieser bemerkenswerte Weltreisende daherkommt. Dieser Typ, der etwas so schier Unmögliches leistet, wirkt absolut durchschnittlich. Im Laufe der nächsten Jahrzehnte steht Heinz immer mal wieder vor der Tür der Strouds. Immer unangekündigt und immer mit einem Sixpack Bier unter dem Arm.

Eine weitere Station ist für ihn sein japanischer Freund Mister Nagashima, der in Osaka das Lokal Hamburg betreibt. Mit deutschen Spezialitäten. Und Paris, wo er von einem Bekannten in den letzten Jahren seiner Reise eine Wohnung als Basis zur Verfügung gestellt bekommt. Aber auch bei langjährigen und engen Freundschaften bewahrt sich Heinz seine Unabhängigkeit. Weder möchte er anderen zur Last fallen, noch den Alltag der Gastgeber durcheinanderbringen. Bei den Strouds beispielsweise lebt er im Gästezimmer mit WC, es würde ihm aber niemals einfallen, das Familienbadezimmer zu benutzen.

»Heimweh hatte ich nie. Nie war ich des Reisens müde, obwohl ich hin und wieder das komfortable Leben eines Zuhauses vermisste. Es gab aber viele Unterbrechungen, und nach langen Strecken des Radelns gab es immer wieder ein Zuhause bei Leuten, die mich einluden und bei denen ich ›auftanken‹ konnte.«

»Ich komme an, wenn ich ankomme«, sagte er einmal. Ist er hier wirklich angekommen? Diese Frage ist schwer zu beantworten, doch es scheint, als habe sich Heinz in den vergangenen zehn Jahren gut eingerichtet. Anfangs knüpfte er mit Kegeltreffen und Kneipenbesuchen an sein früheres Leben und die alten Freundschaften an. Doch es ist dann doch immer das Gleiche. Außerdem hat Heinz eine Menge zu tun. Allein die Sichtung seiner knapp 100.000 Dias ist eine Mammutaufgabe. Am liebsten empfängt er Besucher. 51 Jahre lang hat er Gastfreundschaft aufgetankt und die Welt besucht – jetzt kommt die Welt zu ihm und er empfängt sie mit offenen Armen.

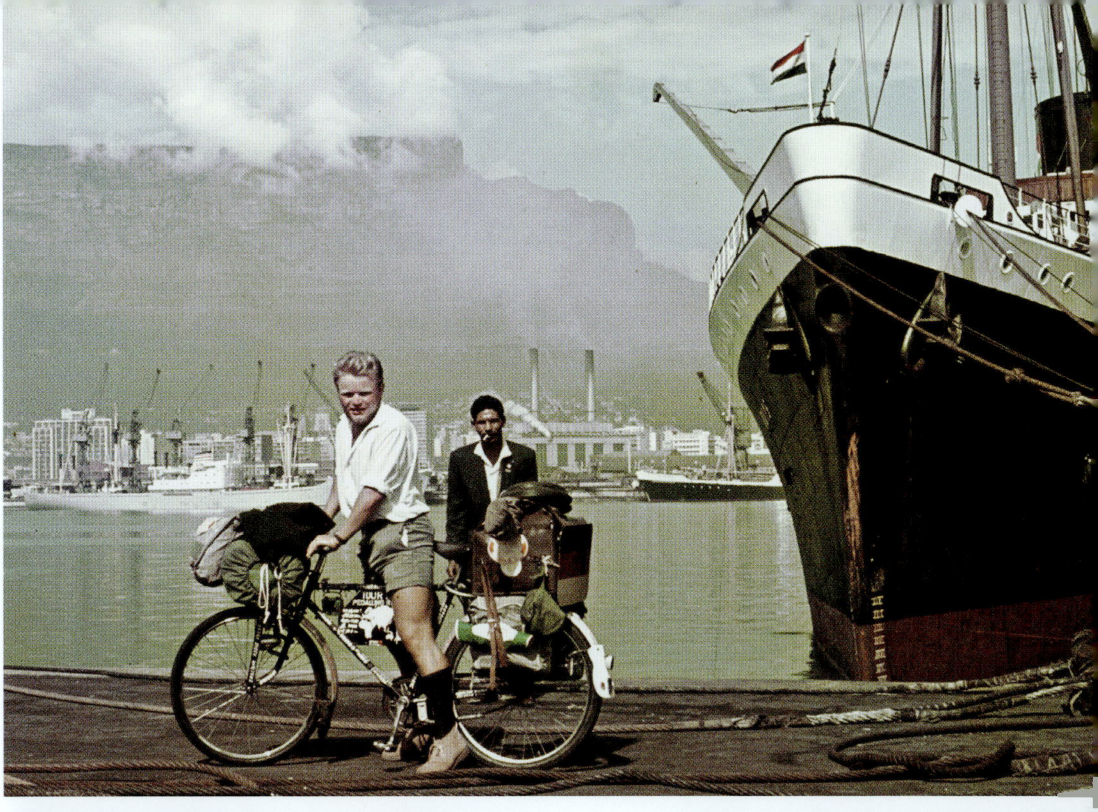

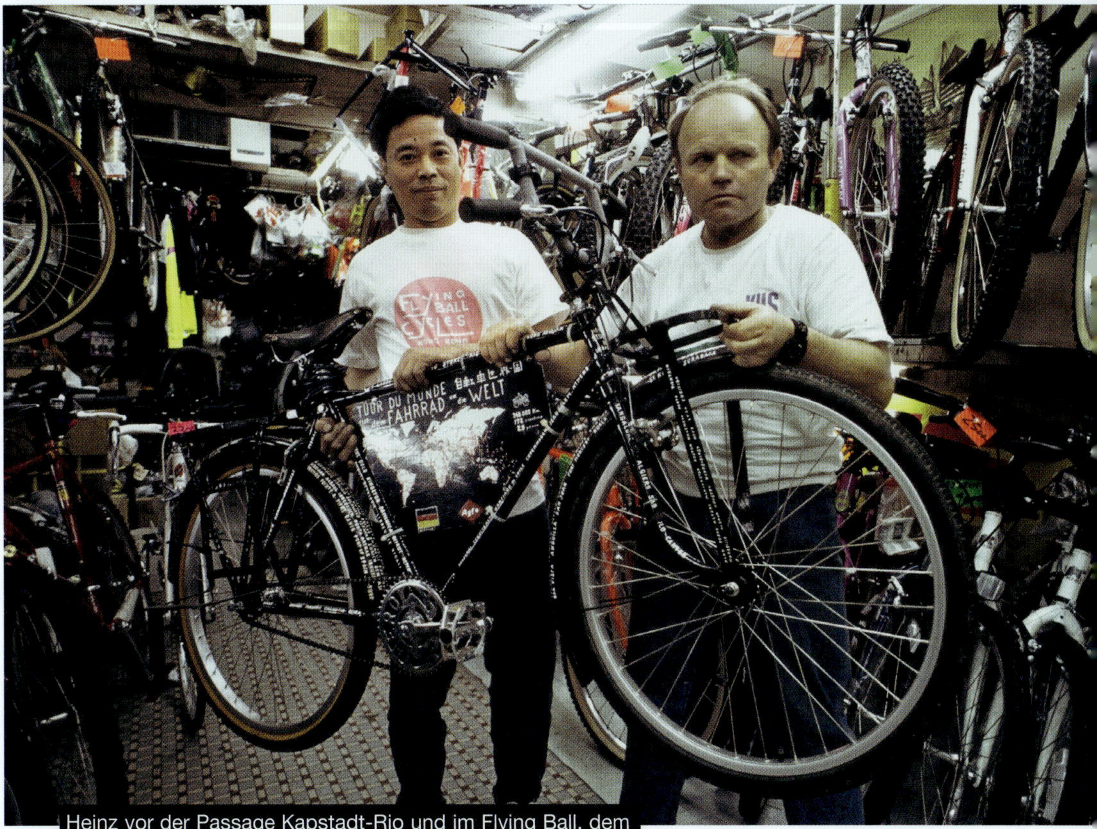

Heinz vor der Passage Kapstadt-Rio und im Flying Ball, dem Radladen seines guten Freundes Lee-Sheung-Lum (Mr. Lee).

Geld

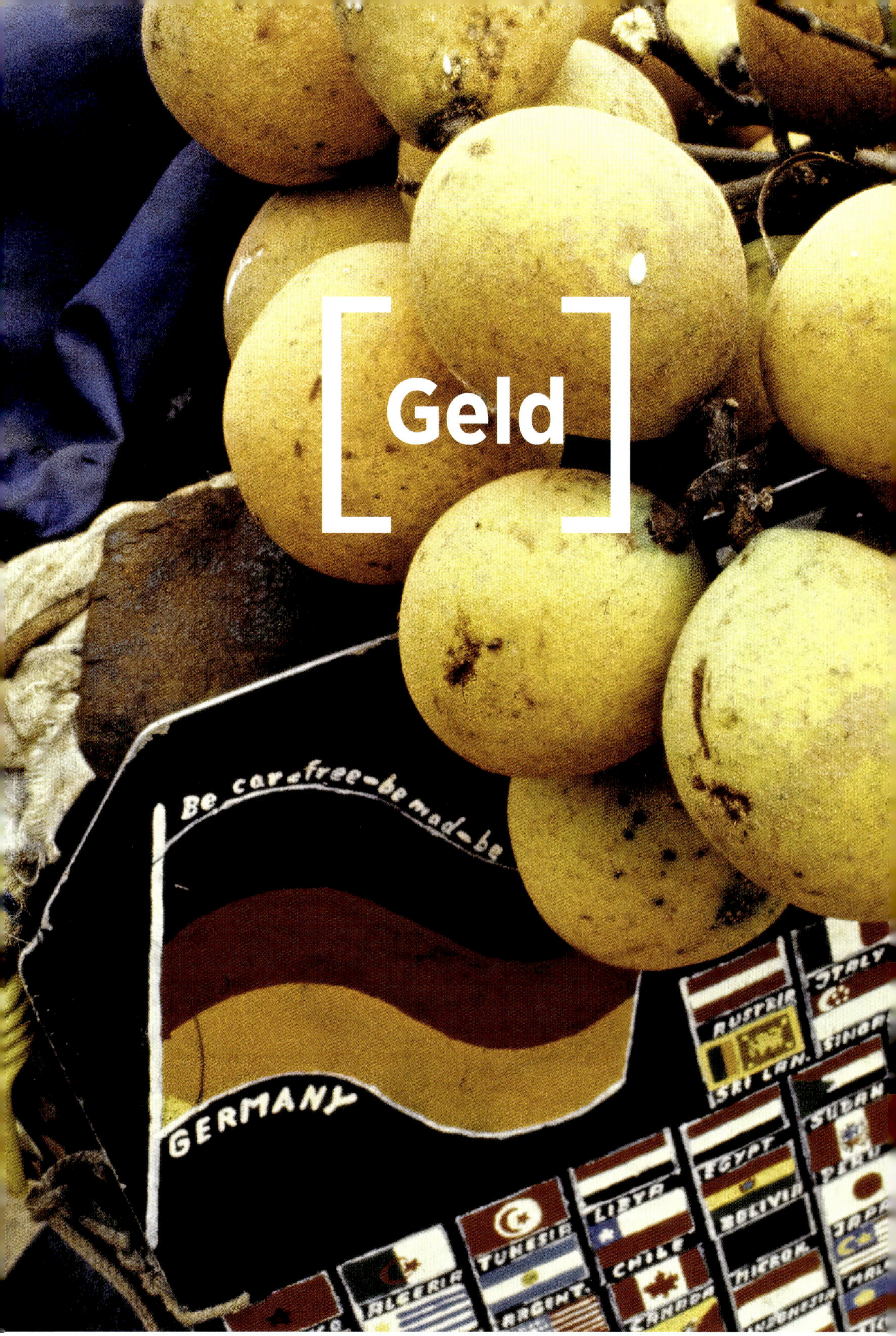
Be carefree-be mad-be
GERMANY
EGYPT
LIBYA
BOLIVIA
CHILE
TUNESIA
ALGERIA
SUDAN

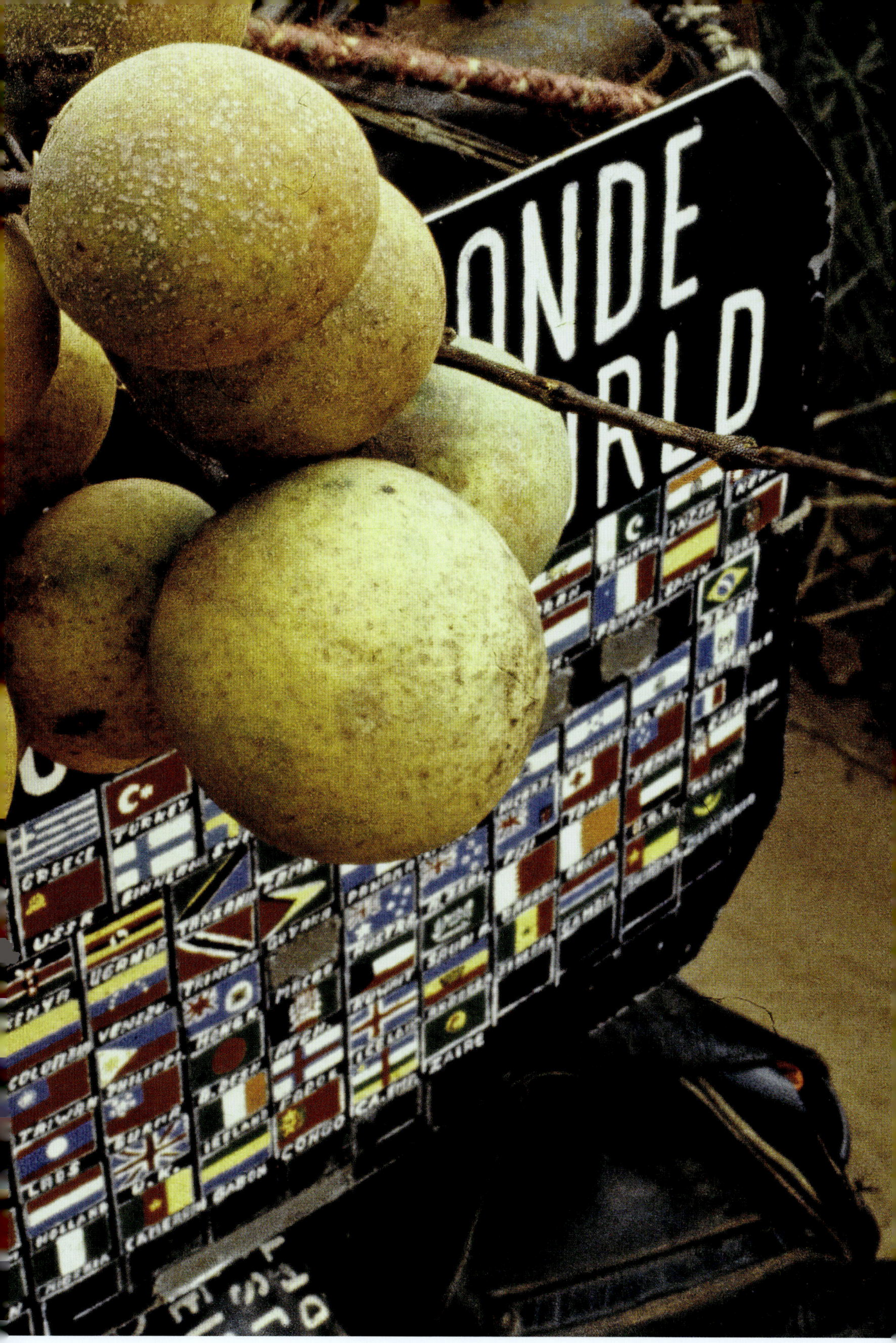

»Obwohl es Leute gab, die mein Fahren als Landstreicherei bezeichneten, gab es doch zum großen Teil solche Leute, die mein Unternehmen bewunderten und unterstützen. Diese Hilfe war nicht nur wichtig vom wirtschaftlichen, sondern vom moralischen Standpunkt her, sodass ich immer wieder den Mut fand weiterzufahren.«

Heinz ist ein Überlebenskünstler, kein Zweifel. Viele Menschen, die seiner Geschichte begegnen, stellen sich recht bald die Frage, wie man denn über 51 Jahre des Reisens finanziert. Sein Tipp: Möglichst wenig ausgeben. Das sei schon die halbe Miete, verrät er. Doch man kann ja noch so sparsam leben: Wer mit 300 US-Dollar das Haus verlässt, wird damit keine 51 Jahre auskommen.

Zu Beginn seiner Reise schreibt Heinz Berichte für die *Westfalenpost*, die Lokalzeitung seiner Heimat. Dafür bekommt er ein kleines Honorar. Da sich die Kosten in vielen afrikanischen Ländern in Grenzen halten, ist das nicht zu verachten. Doch das Schreiben fällt ihm schwer, und er gerät immer mehr in Rückstand. Immer hat er seine Spardose gut sichtbar für Spenden am Rad, doch während das in Frankreich, Spanien und Portugal noch für nennenswerte Finanzspritzen sorgt, trifft er danach auf immer mehr Armut und immer weniger Spendenbereitschaft. Wenn Heinz mal wieder einen seiner Diaabende organisiert, bekommt er zwar immer wieder Trinkgelder, doch seine Reisekasse schwindet trotzdem langsam dahin. 1963, da ist er gerade in Äthiopien, ist Heinz pleite. Sein Trick, das auffällige Rad samt Spardose an belebten Plätzen abzustellen, um Spenden zu sammeln, bringt hier nicht mehr die erhofften Ergebnisse. An eine Rückkehr denkt er nicht, so weit kommt es noch, doch lassen ihn die Geldsorgen schon grübeln. Da passiert etwas vollkommen Unerwartetes. Kaiser Haile Selassie lädt Heinz Stücke aus dem kleinen Hövelhof zu einer Audienz ein. Er und einige Mitglieder seiner Regierung schenken dem Globetrotter 500 US-Dollar Reisegeld, was heute in etwa 5.000 US-Dollar entsprechen würde. Ein Vermögen! Heinz kann unbeschwert weiterreisen, und nun ist sogar ein bisschen Luxus drin, zum Beispiel eine Handfeuerwaffe und eine bezahlte Schiffspassage dritter Klasse nach Südamerika. Darüber hinaus kann er nun die wenig lukrative Berichterstattung für die Hövelhofer Tageszeitung aufgeben. Heinz wird diese Begegnung mit dem letzten Kaiser Äthiopiens sein Leben lang als einen Höhepunkt seiner Reisen betrachten.

Später lernt er, dass es bessere Einnahmequellen gibt als das mühselige Verfassen von Zeitungsbeiträgen. Natürlich sind da die Vorträge in deutschen Klubs und Schulen. Nicht nur, dass er mit diesen Geld verdient, durch die damit verbundenen persönlichen Einladungen verringern sich auch seine Lebensunterhaltungskosten. Dann sind da aber auch die Medien, die sich zunehmend für die Reise des Weltenbummlers interessieren und bereitwillig für seine Story und Bilder bezahlen.

Diese Art von Popularität hat den Vorteil, dass schon viele Menschen von Heinz wissen, wenn er in einer Stadt oder in einem Örtchen ankommt. Und damit wächst die Bereitschaft, ihm ein Essen oder gar das Gästezimmer anzubieten. Oft wird spontan eine Sammelaktion im näheren Umfeld organisiert, um den Reisenden nicht nur satt, sondern auch mit handfester Währung weiterziehen zu lassen. Dabei liegt Heinz ein Punkt besonders am Herzen: Nie bittet er um Geld. Würde er das tun, dann wäre die Bereitschaft, ihm etwas zu geben, garantiert nicht so hoch, davon ist er überzeugt. Neben spontanen Geldgeschenken gibt es sogar einige regelmäßige Sponsoren, die Geld in Briefen schicken, wenn Heinz nicht mehr weiterkommt.

Egal auf welchem Kontinent, irgendein Hochglanzmagazin hatte immer Interesse an Heinz' Story.

»Reisen kann so anstrengend sein wie jeder andere Job. Nicht genug Geld zum Beispiel übt auf mich den gleichen Druck aus, wie ihn auch die meisten Zuhausegebliebenen kennen. Essen und ein Dach über dem Kopf sind genauso wichtig für einen Weltenradler wie für den belasteten Geschäftsführer, und obwohl ich oft großzügige Unterstützung erhalte, muss genauso oft Unterkunft und Essen bezahlt werden«.

Ist er gerade knapp bei Kasse und sehr hungrig, dann vermeidet Heinz es, in ein Restaurant zu gehen. Irgendwann sieht ihm meistens jemand an, wie ausgehungert er ist, und spendiert ihm dann ein Essen. Oder er wird direkt mit nach Hause eingeladen, wo er sich ordentlich sattessen kann. So geht es dann auch mal ganz ohne Geld.

Durch eine Vereinbarung mit der Fotoagentur Frank Spooner Pictures of London hat Heinz ab 1978 erstmals wieder so etwas wie ein festes Einkommen. Etwa 3.000 bis 5.000 US-Dollar erhält er jährlich für seine Aufnahmen. Steckt er einmal fest und benötigt finanzielle Unterstützung für seine weitere Reiseplanung, dann ruft er in London an. Meistens bekommt er, was er braucht. Diese Großzügigkeit jedoch auszunutzen, das steht für Heinz ganz außer Frage.

Mit seinen selbst gedruckten Fotobüchern, den Broschüren, verdient Heinz immer wieder genug Geld, um die nächsten Monate und Jahre sorglos reisen zu können. Bei seiner ersten Tour durch Japan wird ihm das Heft quasi aus der Hand gerissen, und er nimmt eine unglaubliche Summe ein. Ein finanzieller Erfolg, den er nie wieder erreichen wird und der ihm die nächsten Jahre der Reise finanziert.

»Woher kommt nun das Geld für meine Reisen? Ganz einfach, indem ich das einzige Produkt, das ich habe, verkaufe: mich selber und meine Reise, meine Story und meine Fotos und Broschüren. Es ist eine Tätigkeit, die ich inzwischen weniger und weniger gern ausführe. Immer wieder muss ich Leute suchen, die mir helfen, meine Fotos zu verkaufen, die mir Werbung oder Spenden für meine Broschüren besorgen, die ich dann auf der Straße, an Leute, die ich treffe, verkaufe.«

Nicht zu vergessen ist noch eine Art von Währung, bei der man kein Geld benötigt: Sponsoring. Agfa versorgt Heinz immer wieder mit Filmen und unterstützt den Druck der Broschüren. Bridgestone sponsert Reifen. Andere Unternehmen unterstützen ihn mit Fahrradteilen, Koch- und Campingausrüstungen, vergünstigten Flügen – wenn nicht mit allem, dann aber doch mit vielem, was ein Weltreisender auf dem Rad benötigt.

»Meine Geschichte mag sich anhören wie ein ununterbrochenes Abenteuer. Man muss aber die lange Zeit nicht vergessen. [...] Was will ich am Ende meines Wanderns tun? Vor Jahren wusste ich das noch besser. Ich wusste, dass ich meinen Lebensunterhalt aus den Erfahrungen meiner Tour machen würde. Ich wollte Vorträge halten, meine Fotos verkaufen, ein Travel-Zentrum eröffnen, Reisen organisieren. Am besten wäre es natürlich, einen Bestseller zu schreiben, um der ewigen Geldnot ein Ende zu setzen. Leichter gesagt als getan. Es fehlt mir die Liebe zum Schreiben und vor allem das bessere Schreiben. Ich will es aber auch keinem anderen überlassen.«

»Oberflächlich gesehen scheint mein Leben eine große Attraktion.«

Heinz hat ein Talent dafür, sich seinen finanziellen Möglichkeiten anzupassen. So ist er zwar sparsam mit sich, kann sich aber auch etwas gönnen. Mal ein günstiges Hotelzimmer statt einer kostenlosen Nacht im Zelt, mal ein gutes Essen mit einem Bier. Zurück in Hövelhof lebt Heinz unbeirrt weiter das Leben des Aussteigers, der mal mehr und dann auch mal wieder weniger Geld hat. Jammern kommt ihm nicht in den Sinn. Im Gegenteil betont er, wie gut es ihm geht. Seit 2014 wohnt er in einem kleinen Bungalow, den ihm die Gemeinde Hövelhof mietfrei zur Verfügung stellt. Das kann er als Tauschgeschäft annehmen, denn er sieht sich in der Rolle einer Art Botschafters für die Gemeinde, auf die ein kleiner Teil seines Ruhmes abstrahlt. Sozialleistungen möchte er nicht in Anspruch nehmen.

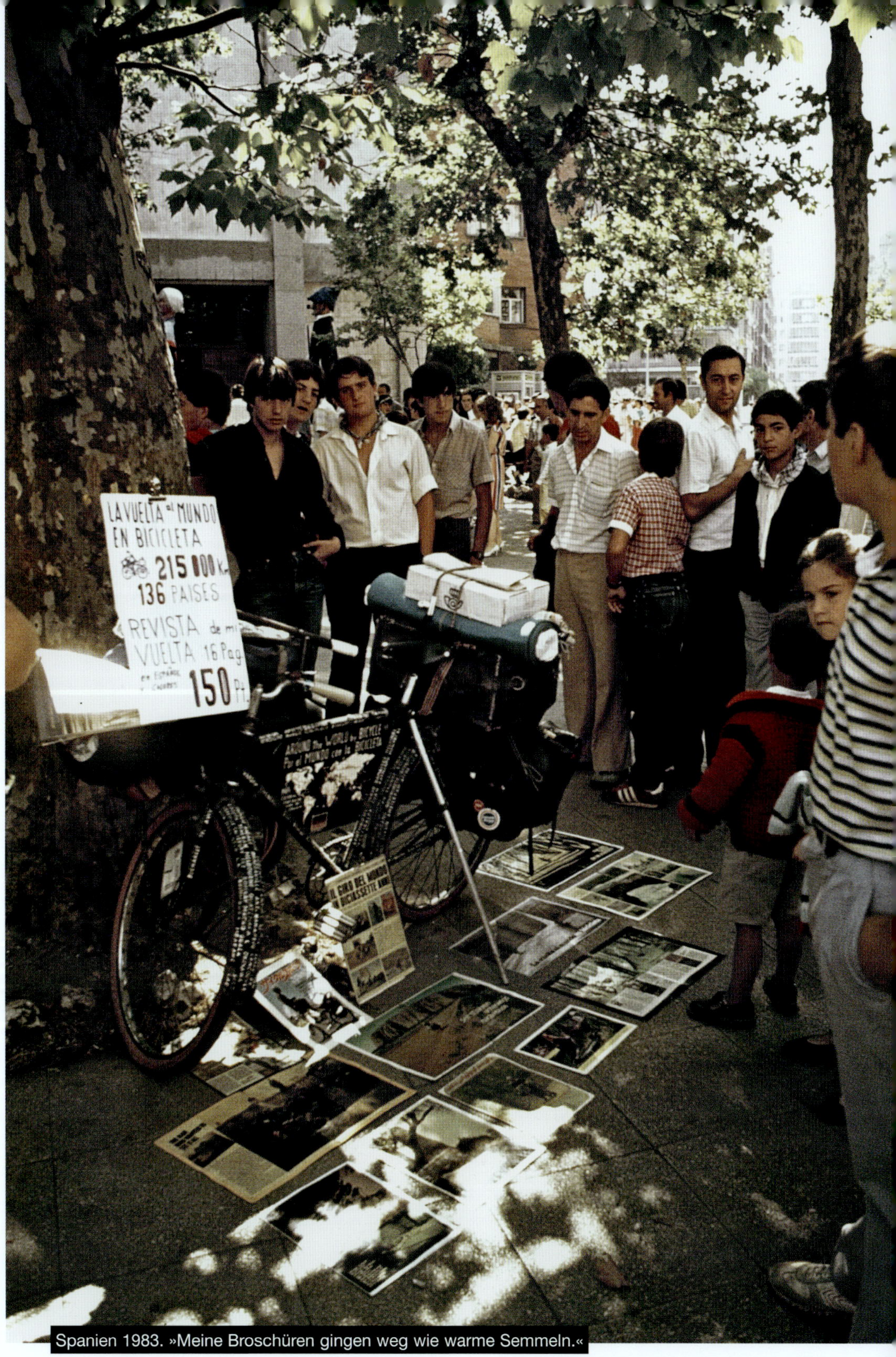

Spanien 1983. »Meine Broschüren gingen weg wie warme Semmeln.«

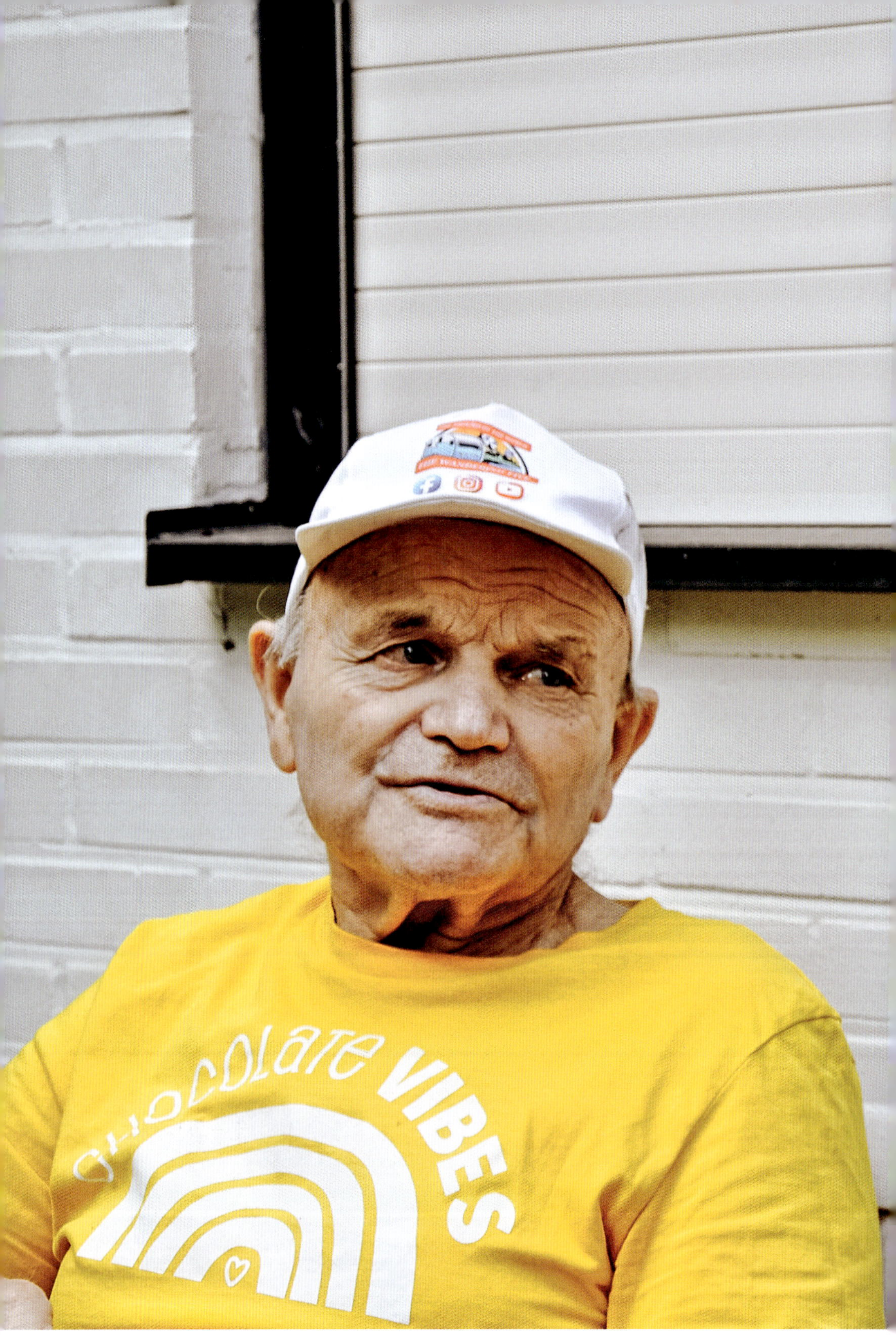
VIBES

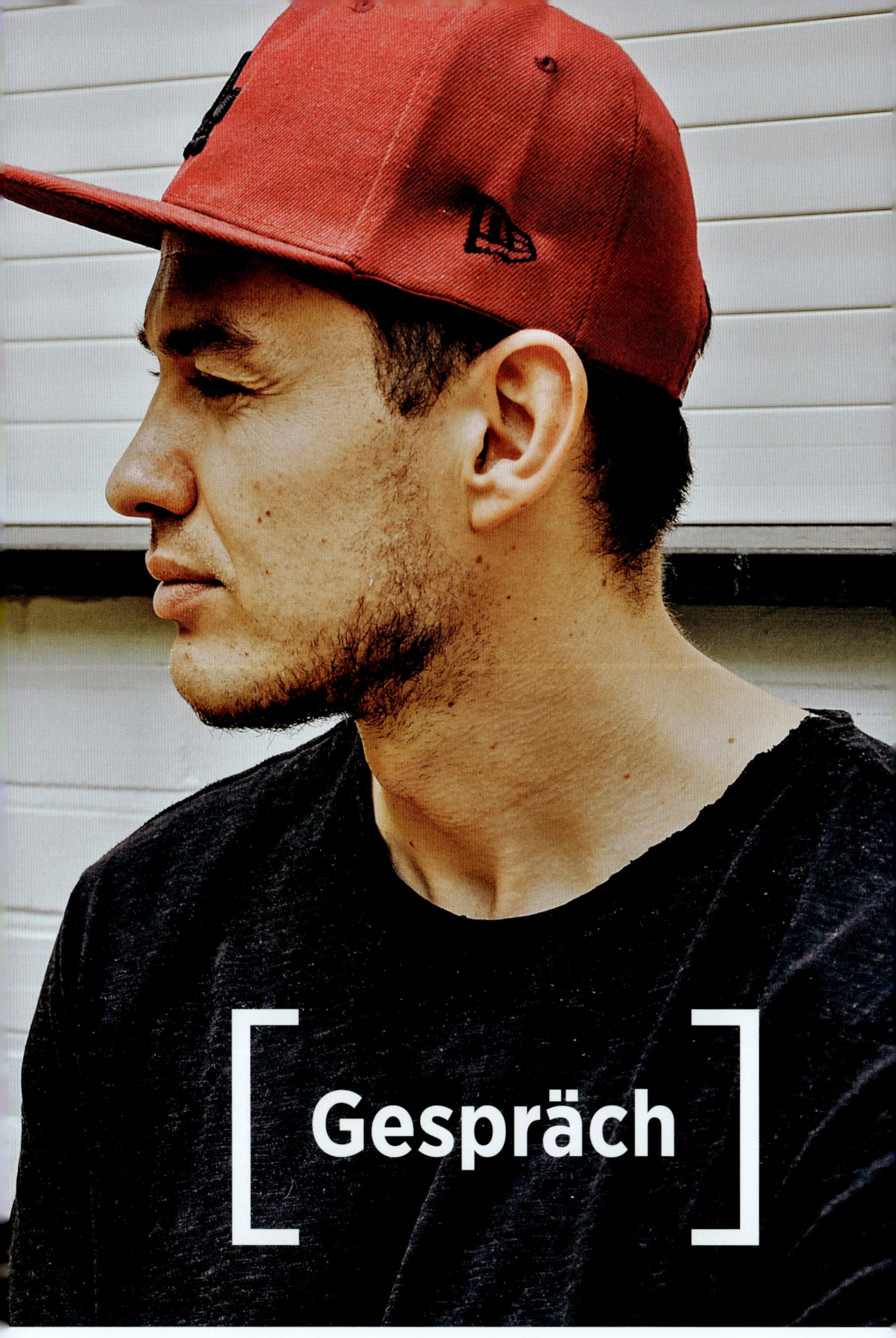

[Gespräch]

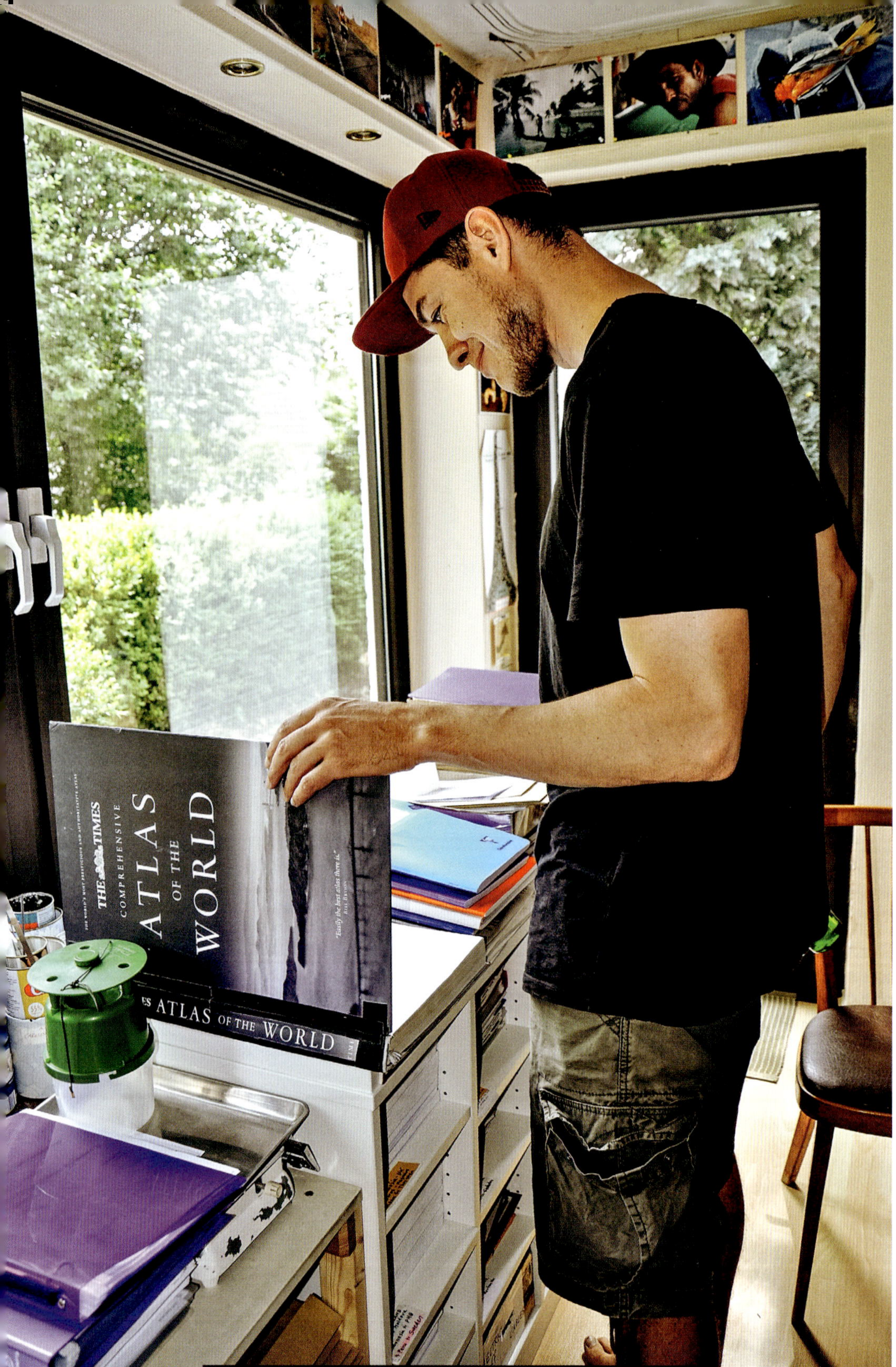

Im Hövelhofer Bungalow findet man immer etwas zum Stöbern.

Seit dem ersten Kennenlernen komme ich immer mal wieder vorbei und besuche einen Freund – einen Homie, der eben 50 Jahre älter ist als ich.

Als ich 2015 in den Vorbereitungen meiner eigenen Fahrradweltreise steckte, stieß ich auf einen Artikel über einen Mann, der angeblich 51 Jahre mit dem Fahrrad unterwegs gewesen sein sollte und nun nach Hause gekommen war. Ich wusste nicht, ob ich dem Bericht Glauben schenken sollte oder ob es sich um Clickbaiting handelte – so schier unglaublich schien diese Geschichte. Ich las den Artikel, aber da ich so mit meinem eigenen Traum beschäftigt war, verfolgte ich das Ganze nicht weiter.

Nachdem ich meine eigene Weltreise durch 41 Länder beendet hatte, erinnerte ich mich wieder an diesen Mann, der nach 51 Jahren Radreise zurückgekehrt war. Ob es ihn noch gab und wo er wohl lebte? In den tiefsten Tiefen des Internets fand ich eine Adresse und schrieb auf gut Glück einen Brief, der auch meine Telefonnummer enthielt. Ob sich jemand melden würde – ungewiss.

Nur wenige Tage später bekam ich einen Anruf von einer unbekannten Nummer – das war Heinz! Eine ganze Stunde erzählte er voller Euphorie von seiner Reise, und ich wusste, dass ich ihn persönlich kennenlernen musste. Meine Kinotour mit *Besser Welt als Nie* führte mich durchs ganze Land, also verabredeten wir uns.

»Dennis, komm rein!« stand auf meinem persönlichen Begrüßungsschild an seiner Haustür. Heinz empfing mich, als würden wir uns schon seit geraumer Zeit kennen, und ich trat ein in dieses magische Haus eines echten Abenteurers. Sämtliche Wände seines kleinen Reiches waren voll mit Bildern und Erinnerungen aus vergangenen Zeiten. Hier sah ich ein Leben in Freiheit. Jedes Bild war mit einer spannenden Geschichte verbunden: Die schwüle Hitze im Dschungel Südamerikas, ein kalter Morgen in Japan, eine kühle Fanta vor einem Kiosk in Afrika – man konnte diese Bilder richtig fühlen.

Seit diesem ersten Kennenlernen komme ich immer mal wieder vorbei und besuche einen Freund – einen Homie, der eben 50 Jahre älter ist als ich, – so auch an einem Tag im Juni 2023. Immer wieder stellen wir bei unseren Gesprächen Gemeinsamkeiten fest, zum Beispiel unsere Liebe zur Dokumentation. Er mit Stift, Papier und Analogkameras, ich eher digital mit Video und Excel-Tabellen. Aber von der Herangehensweise eigentlich exakt gleich. Warum wir das machen, können wir auch nicht genau erklären. Wahrscheinlich, damit wir uns das im Nachhinein noch mal anschauen und uns daran erfreuen können.

Dennis: Irgendwo habe ich gelesen, dass hier in Hövelhof immer dein Zuhause war. Dann stimmt der Titel *Home is Elsewhere* ja gar nicht.
Heinz: Das Zuhause war immer woanders.

Dennis: Neulich kam die Frage auf, wie lange ich auf der Reise nicht geduscht habe. Mein Rekord war acht Tage ohne Dusche. Was war deiner?

Acht Wochen ohne Dusche

Heinz: Come on! Ich glaube, acht Wochen ohne Dusche. Beim Radfahren geht das doch oft gar nicht. Ein nasses Handtuch zum Waschen. Ich habe einen halben Liter Wasser morgens und damit musst du dich waschen, damit du wieder einigermaßen sauber bist und Leuten begegnen kannst. Das machst du mit dem Rest des Wassers, das vom Kochen übrig bleibt. Ein halber Liter, damit kannst du dich duschen. Ich bin ja nicht anspruchsvoll, aber ich habe natürlich meine Tricks, wie man das macht.

Dennis: Klar, so ein bisschen Wasser ins Gesicht. Aber so eine richtige Dusche?
Heinz: Am besten ist ein kleines Handtuch. Die Japaner waschen sich immer mit kleinen Handtüchern.

Dennis: Also, bei mir waren es acht Tage ohne eine richtige Dusche und das war schon grenzwertig. Und warst du Frühaufsteher?
Heinz: Immer abhängig von den Leuten, bei denen ich war. Du musst dich nach den Gastgebern richten.

Dennis: Ja schon, aber wenn du die Freiheit gehabt hast oder im Zelt lagst. Ich war noch nie Frühaufsteher in meinem Leben. Und wenn du dann vorher eine lange Etappe gehabt hast und morgens so denkst: »Oh Gott, meine Beine!« Aber ich kann auch anders.
Heinz: Ich habe mich immer nach dem Thema der jeweiligen Welt gerichtet und das ist jedes Mal anders. In jedem Punkt ist das anders. Früher aufstehen, später aufstehen. Mit shower, ohne. Es ist einfach so, dass du dich danach richtest. Du isst, wenn die anderen essen, und nicht, wenn du essen willst. Aber wir sind so arrogant, dass wir bestimmen wollen, und das darfst du nicht in einem anderen Land. Dann bekommst du nicht den Empfang, den du normalerweise bekommen kannst.

Dennis: Und teure Hotels?
Heinz: Das kam natürlich vor, dass mich mal einer in ein teures Hotel eingeladen hat. Aber am Ende kommt es doch darauf an, wie viel Geld du in der Tasche hast. Du warst zwei Jahre unterwegs, das kannst du nicht vergleichen.

Dennis: Mein teuerstes Hotel hat etwa 20 Euro gekostet. Das war meine Schmerzgrenze.
Heinz: Ja, bei meiner letzten Tour durch China war das teuerste 30 US-Dollar. Aber das war ein Fünfsternehotel. Da hast du ganz tolle Hotels gehabt, in China, und die waren alle leer.
Ich bin ja da noch mal durch den Süden gefahren, weil ich zu den Hill Tribes nach Nordvietnam wollte. Da war eine neu gebaute Stadt nach der anderen. Ein Mann aus Hongkong fuhr mit, und der ging vorneweg und verhandelte die Preise. Da waren wir für zehn US-Dollar die Nacht in Räumen, die mit weißem Teppich ausgelegt waren. Unglaublich, was die da gemacht haben. Aber da warst du noch nicht, oder?
Dennis: Nein, da war ich noch nicht.

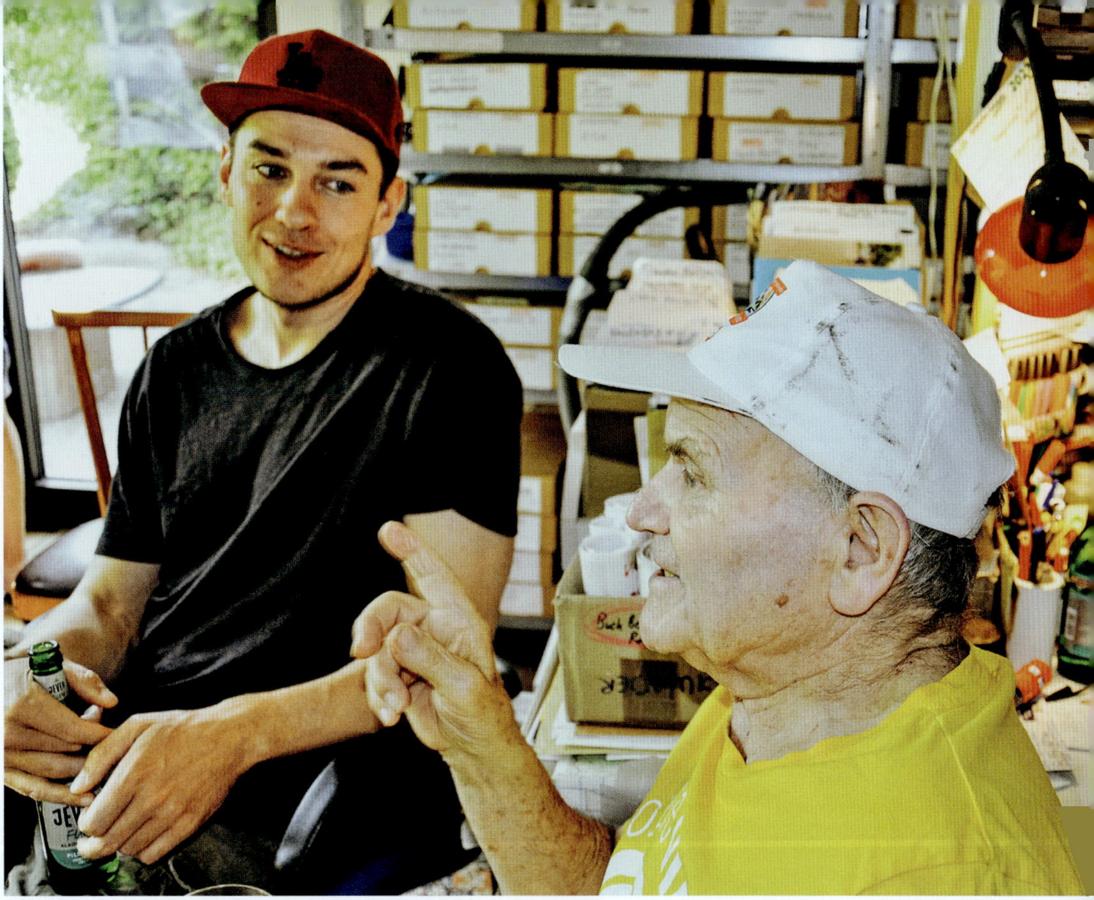

Heinz: Über jedes Land musst du erst einmal die wichtigen Informationen haben. Um dich dann möglichst gut danach zu richten, wie alles abläuft. Was gegessen wird. Da kann man ja nicht kommen und nach Eisbein und Sauerkraut fragen, wenn es in dem Land nur Reis und Bohnen gibt oder Reis und Dal wie in Indien. Also, es gibt keine Antwort darauf, weil die Länder so unterschiedlich sind.

Weiße Socken

Dennis: Ich habe noch eine super Frage an dich. Als Radreisender hat man ja nicht besonders viel Luxus im eigentlichen Sinn. Aber trotzdem gibt es ja den Begriff Luxus. Was hattest du dabei, was du als Luxus bezeichnen würdest? In meinem Fall war das so ein Minilautsprecher für Musik. Du hattest ja auch ein Radio.
Heinz: Weiße Socken.

Dennis: Weiße Socken?
Heinz: Die Leute gucken tatsächlich immer zu den Füßen. Ist ein bisschen Quatsch, aber ich habe tatsächlich immer darauf geachtet, möglichst saubere, weiße Socken zu haben.

Dennis: Hast du Chlor genommen oder was?
Heinz: Und der Spiegel, damit du dein Gesicht sehen kannst. Ob dein Gesicht dreckig ist oder ob du dich rasieren solltest. Der Rückspiegel war einerseits da, um Unfälle zu verhindern, und dass du noch einigermaßen im Gesicht aussiehst. Du kannst dich ja nicht selber anschauen.

Dennis: Okay, also Spiegel und
Heinz: ... weiße Socken.

Dennis: Was für ein Luxus!

Heinz: Natürlich musstest du immer etwas zu Essen dabeihaben und möglichst so, dass du beim Fahren mit deiner Hand dahinreichen konntest, wo ein Baguette oder so war, und du es herausziehen und dir in den Mund stecken konntest. Da musste nichts drauf sein, einfach nur Brot.

Dennis: Ja, aber das ist ja überlebensnotwendig. Das braucht ja jeder. Luxus ist ja eigentlich das, was du nicht brauchst, du hast es aber trotzdem dabei.
Heinz: Gut, eine Kamera brauchst du nicht. Aber ich habe immer die Kamera dabeigehabt. Das ist ja auch ein Luxusartikel.

Dennis: Na ja, die Kamera hast du ja für Fotos genutzt, mit denen du Geld verdient hast. Aber ohne das Radio hättest du überlebt und hättest deine Reise machen können. Aber du hast es trotzdem dabeigehabt. Also ...
Heinz: Das Radio ist wichtig für mich gewesen. Das war kein Luxusartikel.

Dennis: Für mich war die Musikbox Luxus, denn ich wäre auch ohne sie um die Welt gekommen.
Heinz: Ohne Radio hätte ich doch die Sprachen alle nicht gelernt! Ich bin doch 24 Stunden am Tag berieselt worden von dem Radio, das ich vorn am Fahrrad hatte. Am Tag kriegst du ja die Kurzwelle nicht. Nur in der Nacht konnte ich die Kurzwelle empfangen, und da habe ich auf Englisch gehört. The Voice of America, BBC, Radio de España, Radio France International, Deutsche Welle. Da konnte ich alle Nachrichten der Welt haben. Wenn ich bei Leuten zu Besuch war, habe ich keine Nachrichten gehört. Aber wenn ich allein im Zelt war, bin ich sehr gut informiert gewesen. Ich fand das äußerst wichtig. Tagsüber, beim Fahren, da gab es die Mittelwelle und das waren nur die lokalen Sender.

Dennis: Und die Kurzwelle kriegst du nur, wenn du dich nicht bewegst?
Heinz: Nee, die kommen tagsüber nicht durch. Das liegt an der Atmosphäre. Nachts bekommst du am Ende der Welt noch die Kurzwelle. Aber die neue Technik hatte ich überhaupt nicht dabei. Aber ich habe ja auch 2014 aufgehört. Also, eigentlich alle Sachen, die man als Luxus betrachten könnte, waren für mich absolut wichtig, um meine freie Zeit auch gut für mich zu nutzen. Ich hatte auf meinem Fahrrad Karten, mit denen ich Vokabeln gelernt habe. Jeden Tag 20 Wörter. Nach einem Monat konnte ich 600 auswendig. Aber ich habe zum Beispiel auch das *Time Magazine* gekriegt, und das habe ich beim Fahren lesen können.

Dennis: Das war dann Luxus.
Heinz: Das war kein Luxus. Es ist alles Notwendigkeit gewesen. Wenn etwas Luxus gewesen wäre und ein schweres Gewicht gehabt hätte, dann hätte ich es auch nicht mitgenommen. Dann musst du ja noch Sachen schleppen. Das Moskitonetz war auch kein Luxus, denn ich habe in den ganzen Jahren keine Malaria gehabt. Da habe ich immer sehr aufgepasst.

Dennis: Hast du deine Route, wie sie hier auf dem Globus ist, eigentlich mal bei Google Maps oder so nachgebaut? Digital, meine ich. Am Computer. Wie lange warst du unterwegs, 18.000 Tage?
Heinz: Ja, 18.000.

Dennis: Ja, da hätte man zu tun. Da müsste man ja 18.000 Punkte auf einer virtuellen Karte setzen, um Heinz' Reise nachzuzeichnen.

Heinz (zeigt auf seinen Globus): Einige Punkte sind ja da. Das ist ja jeweils Weihnachten.

Dennis: Ich werde mir jetzt erst mal ein paar Informationen zu Afrika einholen.

Heinz: Wo willst du hin?
Dennis: Eigentlich hier so die Westküste entlang runter.
Heinz: Das hier war früher Gabun. Und da geht es runter nach Namibia.

Dennis: Ah, du konntest diese Grenze, West-Sahara, Mauretanien, nicht übertreten, oder?! Deswegen bist du 1994 dort entlanggefahren.
Heinz: Durch die West-Sahara konnte man zu der Zeit durch. Das war kein Problem.

Dennis: Aber warum bist du nicht?

Ich wollte ein bisschen Rückenwind haben

Heinz: In Mauretanien war ich ja schon vorher. Ich wollte ja nur mal eine Wintertour machen. Schnell mal weg und ein paar Kilometer machen. Da bin ich nach Casablanca geflogen, und weiter wollte ich nicht. Du willst ja weiter. Ich wollte nur extra Kilometer im Jahr und diese Route machen. Die war Neuland. Ich wusste, dass es an der Küste windig ist und dass die Winde von Nordosten mich dann hier runtertreiben. Ich wollte ein bisschen Rückenwind haben. Habe mich 3.000 Kilometer schieben lassen.

Dennis: Rückenwind.
Heinz: Und ich wollte weg aus London. Das wäre das zweite Mal hintereinander Weihnachten in London gewesen, und ich habe versucht, immer irgendwo ein neues Weihnachten zu haben.
Dennis: Hast du zweimal Weihnachten am selben Ort verbracht?
Heinz: Nein.

Dennis: Das war also immer etwas anderes. Wo war denn dein Weihnachten in meinem Geburtsjahr, 1990?
Heinz: 1990 war ich in Zentralindien. In Mandu.

Dennis: Und wenn du auf die Linien guckst und zurückdenkst: Was war so die beste Zeit? Wenn man das sagen kann?
Heinz: Immer die Superlative. Das Beste, das Größte, das Kleinste. Du bist der Größte, das ist klar. Der Längste, meine ich.

Dennis: Ich denke, die rote Linie, 1962 bis 1972, war die aufregendste, weil es noch relativ neu war.
Heinz: Jeder Kontinent hat eine andere Sache. In Afrika waren es die vielen Entwicklungshelfer, die ich getroffen habe. Südamerika hat lauter eingewanderte Deutsche, mit denen man in Kontakt kommt. Asien hat natürlich endlos billige Backpacker-Hotels, was auch immer ganz gut ist. Australien, na ja. In Australien sind halt die Aussies, die immer wieder anhalten und dir ein Stubby, eine Flasche Bier, durchs Autofenster rausgeben.

Dennis: Wann warst du in Australien? Orange und Blau.
Heinz: 1973 zum ersten Mal. Ich war insgesamt viermal in Australien.

Dennis: Viermal! Warum? Also mir reicht einmal.

Heinz: Ich bin ja später noch mit Round-The-World-Tickets gereist, und es war auch wichtig für mich, eine gewisse Entfernung zu radeln in jedem Jahr. Und da war das gut. Denn auf den Inseln, da konnte ich ja keine großen Distanzen schaffen. Deshalb bin ich dann noch durch große Kontinente gefahren, und da konnte man ja wieder jede Menge Kilometer fahren. So habe ich das immer wieder verbunden.

Man kann immer alles verbinden

Dennis: Und irgendwann hast du dir ja das Ziel gesetzt, alle Länder der Welt zu besuchen. War das irgendwann auch mal ein Fluch, weil du dachtest: »Ey, jetzt auch noch auf dieses kleine Stück. Ist zwar ein unabhängiges Land, aber, Gott ja.« Gerade hier außen, am Pazifik. Hast du auch mal gedacht: »Das ist schon ein bisschen unsinnig«, oder so?
Heinz: Na ja, natürlich ... Es sind ja auch immer wieder neue Länder entstanden und die wurden gar nicht gezählt, obwohl ich schon da war. Zum Beispiel der Südsudan, auch noch ein großes Land. Da bin ich dann auch gleich weitergefahren. Statt nur nach Südsudan bin ich dann also weiter nach Kapstadt. Man kann immer alles verbinden.

Dennis: Aber hast du mal gedacht: »Schon anstrengend?«
Heinz: Ach, man kann immer alles verbinden. Und wenn du dann schon einmal da bist, dann machst du die anderen Sachen halt auch. Da sollte das ja sein, dass ich Saint Helena und Asuncion Island besuche. Aber das konnte ich ja dann nicht wegen dieser idiotischen Dame am Schalter. Weil ich über 75 war und angeblich nicht fit genug, um auf das Schiff zu gehen. Ich war gerade Tausende Kilometer durch Afrika geradelt, und dann sollte ich eine Bescheinigung vorlegen, dass ich seetüchtig für die Überfahrt auf einem Schiff bin. Die habe ich so kurzfristig nicht bekommen, und die Dame ließ mich nicht mitfahren. Eigentlich wollte ich die letzten paar Inseln im Atlantik sehen.

Dennis: Und die Frau war auch nicht bestechlich?
Heinz: Nee, das war eine Engländerin. Das war ein englisches Frachtschiff, die *Helena*, weil das englische Inseln sind. Die Einwohner auf der Insel müssen ja irgendwie versorgt werden, und auf Saint Helena gibt es keinen Flughafen. Also von Kapstadt nach Saint Helena, nach Asuncion Island. Dort gibt es einen Flughafen, von da aus wollte ich dann mit dem Flugzeug nach Hause.

Dennis: Hast du das dann als Zeichen genommen und gedacht: »Na ja, dann war's das halt. Ich bin ja eh schon ein Jahr drüber. Dann bin ich halt raus.« Oder wärst du immer noch unterwegs, wenn es geklappt hätte?
Heinz: Wenn ich nicht hierher hätte kommen können, wäre ich vielleicht weiter unterwegs gewesen.

Dennis: Man braucht für so eine Reise auf jeden Fall, dass man so ein bisschen spinnt. Spinnt so im Sinne von »Ja, das ist doch möglich!« und die anderen Leute denken so: »Hast du noch alle Tassen im Schrank?« Man muss da so ein bisschen überdrehen und dann geht es auch eigentlich.
Effektiv hat die Vorbereitung meiner Reise, inklusive Wohnungsauflösung und Sponsorensuche und Routenplanung, sechs Wochen gedauert. Als ich mich mit dem Thema Rad-

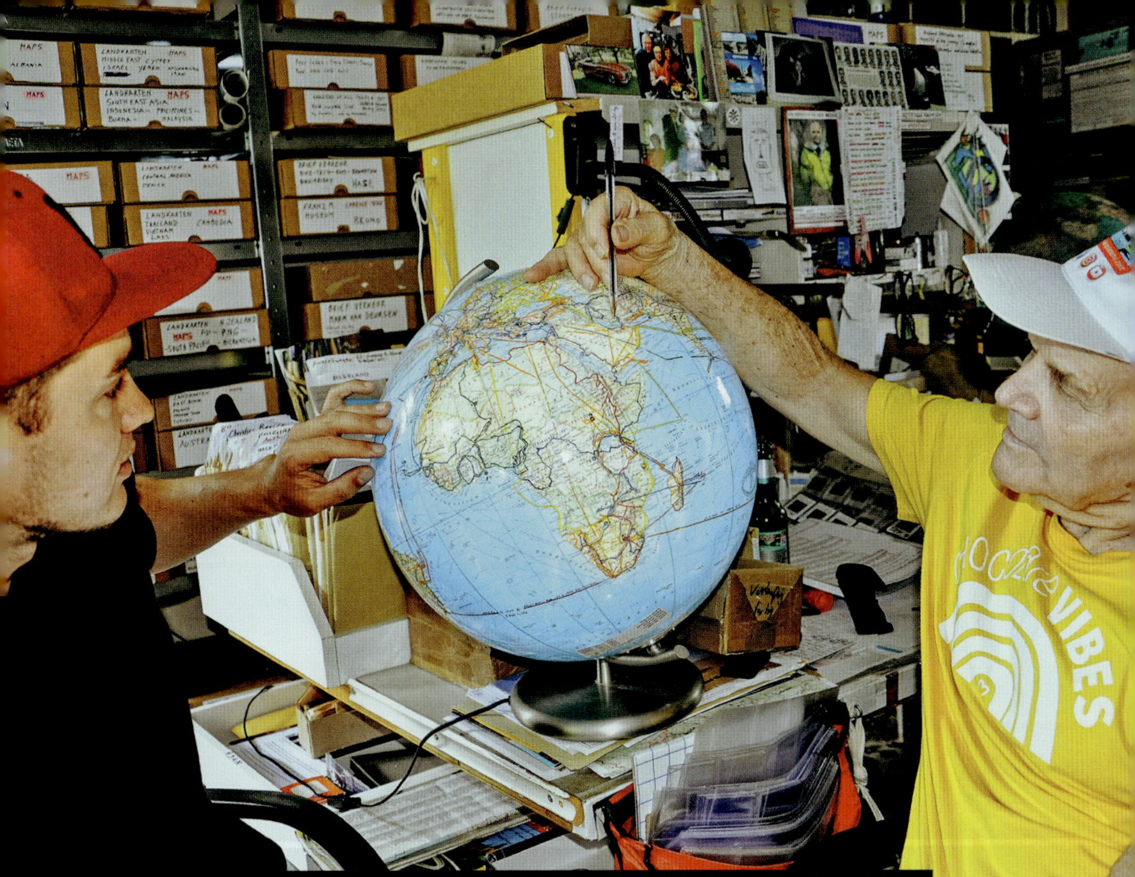

18.000 Punkte müsste man auf einer virtuellen Karte setzen, um Heinz´ Reise nachzuzeichnen.

reise beschäftigte, merkte ich, dass ich doch ein bisschen Geld auf meinem Konto angespart hatte. Ich habe dann alles mit Google Maps und Maps Me geplant. Alles digital. Ich hatte keine Papierkarte.
Heinz: Dennis hatte gar kein Papier mit.

Dennis: Doch, das Tagebuch tatsächlich. Am Anfang habe ich noch so Tonaufnahmen eingesprochen, aber das ging doch nicht so gut. »Äh, also was war noch mal, also, ähhh.« Das Nachdenken beim Schreiben braucht man auch.
Aber ich habe komplett mit digitalen Karten geplant und bin auch mit denen gereist. Unterwegs hatte ich nie eine Landkarte in der Hand. Ich habe mich auf mein Handy verlassen und dabei, was online und per App verfügbar war. Manchmal entpuppten sich Straßen, die auf den Karten normal und befahrbar aussahen, dann als Trampelpfade durch den Dschungel. Oder auch als inoffizieller Grenzübergang wie in Guatemala.
Heinz: Mit dem Handy habe ich nie navigiert. Immer alles per Karte.
Im August 1961 bin ich von meiner Radreise nach Indien und Sri Lanka zurückgekehrt. Nicht lange danach kam dann der Gedanke, wieder loszuradeln. Ab da habe ich überlegt, was denn möglich wäre und wie lange, und so bereitete ich meine nächste Reise vor.
Also plante ich eine Route über Afrika, Süd- und Nordamerika. Alles in zwei Jahren. Afrika war logisch, aber in Süd- und Nordamerika war ich auch noch nicht, also wollte ich das so nebenbei mitnehmen. Gestartet bin ich dann im November 1962.

Am Anfang war ich noch schüchterner

Dennis: Ich war am Anfang noch schüchterner. Nach einer Zeit gewöhnt man sich dann daran, Leute anzusprechen. Ich habe vorher auch noch nie wild gecampt. Ich bin dann in der ersten Nacht mit meinem Fahrrad ins Zelt, weil ich Angst hatte, dass es geklaut wird, und lag auf den restlichen 50 Zentimetern. Die erste Stunde konnte ich gar nicht einschlafen vor Angst, dass jemand ans Zelt kommt, und jedes Rascheln ließ mich aufhorchen und irgendwelche wilde Fantasien erdenken. Das war in der Nähe von einem Dorf in Unterfranken und ich dachte: »Wie soll das dann erst in Südamerika werden?«
Heinz: In der ersten Nacht im November 1962 schlief ich in Soest. Ich bin erst noch einmal bei Tripad in Paderborn vorbeigeradelt und dann die letzten 50 Kilometer zur Jugendherberge in Soest.

Dennis: Bei mir kamen ja so nach 50 Kilometern ein Vater und sein Sohn vorbei und fragten, wo ich hinwill. Als ich antwortete: »Um die Welt will ich«, sagte der Junge ganz trocken: »Da ham se ja noch einiges vor sich.« Es ist schon dumm: Du bist ja überzeugt davon, was du tust und ich auch und dann fragen dich die Leute, wo willst du hin?
Heinz: Wenn dich einer in Kalkutta fragt, ist das schon okay. Aber wenn du erst 20 Kilometer von Zuhause weg bist, so wie ich in Soest. Woher kommst du? Hövelhof. Wohin willst du? Japan. Aber am nächsten Tag ist in der Zeitung in Soest auch ein Bericht erschienen. Ich habe ja auch für die *Westfalenpost*, unsere Tageszeitung, regelmäßig geschrieben, aber ein Schriftsteller war ich nie. Dir fällt das leicht.

Dennis: Na ja, leicht würde ich nicht sagen ... Wenn ich mal so richtig im Flow bin, dann macht es auch Spaß. Wenn man ein paar lustige Formulierungen findet, dann freut man sich auch.
Heinz: Ja, da ist man stolz.

Dennis: Stolz vielleicht nicht, aber man freut sich und hat sich irgendwie selbst gut unterhalten gefühlt, wenn man was Gutes aufgeschrieben hat.
Heinz: Stimmt. Und es muss natürlich für alle Menschen verständlich sein und nicht nur ein Thema für dich sein.

Dennis: Ich habe in Indien übrigens auch mehrfach in Polizeistationen geschlafen. In Indonesien auch mal. Mexiko, Armenien. Bei Polizeistationen ist halt meistens jemand da, denn die haben ja 24 Stunden geöffnet. Die haben sich immer gefreut, denn in der Regel passieren gerade in so ländlichen Gebieten zum Großteil ja keine Verbrechen, aber trotzdem müssen die die ganze Nacht wach sein. Und dann haben die sich eigentlich immer gefreut, dass einmal was los war, was nicht mit einem Verbrechen zu tun hatte, sondern mit einem Radreisenden. Irgendwann habe ich dann gedacht: »Ja, das kann man immer mal probieren.«
Heinz: Firestations waren auch sehr beliebt bei den Radreisenden. Ich habe das nicht so gemacht, aber davon gehört.

Dennis: Das habe ich nicht ganz so oft gemacht, aber auch ein paar Mal. Das ist ja das Gleiche.
Heinz: Im Niltal hast du fast bei der Polizei schlafen müssen. Die Touristen sind da alle gemobbt worden. Die Gegend war so überbevölkert, Millionen von Menschen. Nicht, dass

die alle aggressiv waren, aber es war schwierig. Die Polizei hat das Radfahren dann irgendwann verboten, und andere mussten entweder im Konvoi oder mit dem Zug fahren. Ich bin aber noch mit dem Rad da durchgefahren, und da war ich oft genötigt, nachts bei der Polizei zu bleiben. Nicht, dass ich das wollte, aber die haben gesagt, du musst zur Polizei.

Heinz: Meine Devise ist immer: Viel besser ist es, allein zu fahren.

Dennis: Wir fahren lieber allein, aber wir sind keine Einzelgänger.
Heinz: Ich liebe Menschen.

Dennis: Genau, wir mögen ja Menschen. Aber es ist gut, beim Reisen dein eigenes Ding zu machen. Soziale Einzelgänger. Wenn man allein ist, wird man auch viel mehr eingeladen.

Heinz: Absolut.

Dennis: Zu zweit wirkt man auch gleich gefährlicher. Man könnte zum Beispiel einen Plan aushecken. Du siehst ja schon aus wie der alte Terence Hill.
Heinz: Früher habe ich ausgesehen wie Jack Nicholson. Inzwischen sind die Zeiten vorüber.

Dennis: Heinz, du hast doch auch eine Langzeitstudie über Infektionskrankheiten nach Langstreckenflügen gemacht. Da gibt es Tausend Studien, aber du hast ja eigentlich eine 50-jährige Studie gemacht. Wenn du eine Erkältung hattest, dann nach Flügen. Du hast ja im Grunde mit der Studie bewiesen, dass in engen Räumen bei langer Zeit mit 300 Leuten auf engstem Raum für neun Stunden das Risiko sehr hoch ist.

Aber an Bienen würde man ja erst mal nicht denken

Heinz: Wo man sich Viren einfangen kann. Ja, das könnte man so sagen. Das habe ich auch immer gesagt. In den Tropen, wenn man da an einem Mückenstich kratzt, kann sich das innerhalb kürzester Zeit entzünden. Da musst du ein Antibiotikum als Salbe dabeihaben. Sobald die Wunde rot wird und brennt, heißt das, die Entzündung beginnt und dann musst du das drauf tun.

Dennis: Ich war einmal beim Arzt auf der Reise. Am Anfang, bevor ich losgefahren bin, war ich noch einmal in der Apotheke und habe so zwei, drei Sachen gekauft. Am Ende hatte ich das nicht mehr.
Heinz: Ich erinnere dich daran, als du eine Woche lang fast verreckt wärst. Da warst du nicht beim Arzt.

Dennis: Also, wenn ich jetzt losreise, dann habe ich eigentlich nur Ibuprofen dabei. Den Rest würde ich mir vor Ort besorgen. Aber wenn ich jetzt noch mal eine große Tour starte, dann würde ich noch mal überlegen, was ich da mitnehme. Aber bei normalen Reisen, wenn man nicht für zwei, drei Wochen im Urwald verschwindet ...
Heinz: Es gibt ganz bösartige Sachen im Urwald, das weißt du.

Dennis: Ach, und Pflaster hatte ich auch dabei.
Heinz: Da fasst du an einen Baum und da ist ein Dorn drin – und sofort hast du eine Entzündung. Der bleibt drinnen, hat ja Widerhaken, kommt nicht raus und fängt an, rot zu werden und zu drücken. Und dann musst du etwas machen. Ich hatte immer eine Rasierklinge dabei

und habe damit die Haut abgeschnippelt, bis Blut kommt. Und dann drückst du, dann kommt zumindest schon mal der Dorn raus. Das lernt man unterwegs.
Aber wenn du die bösartigen Sachen kriegst … Wenn dich ein Schwarm Bienen attackiert und am Kopf erwischt und das überall anschwillt, dann kriegst du keine Luft mehr. Dann bist du weg. Da hilft nichts. Du kannst nur versuchen, dass du nicht so viel am Kopf gestochen wirst. Aber die Bienen wissen, dass du da am empfindlichsten bist. Die gehen auf die Kopfhaut und immer auf die Augen. Die sind dann so geschwollen. Ich bin mehrfach von Bienenschwärmen angegriffen worden. Habe immer noch Glück gehabt dabei. Das erste Mal, das war schlimm genug. Da habe ich überhaupt keine Luft mehr gekriegt.

Dennis: Wo war das?
Heinz: 1985 in The Gambia und 1995 in Mosambik. Ich wollte nur Klamotten waschen im Fluss und dachte plötzlich: »Ey, was ist denn da los?« Aber das waren nicht die Stechmücken, die abends da herumfliegen. Diese Brummer, horseflies.

Dennis: Bremsen.
Heinz: Die stechen ganz schön. Aber die merkt man, wenn sie sich setzen, weil die so groß sind. Aber das kam gleich an mehreren Stellen, und da habe ich dann erst mal richtig hingeguckt. »Das sind ja Bienen!« Und da bin ich natürlich abgehauen. Da habe ich alles hinter mir gelassen. Ich bin die Straße runtergelaufen, die Bienen hinter mir her. Aber irgendwann verflüchtigen die sich und kehren zurück zu ihrem Bau oder so. Ich habe dann unter einem Baum gelegen und alle meine Sachen waren zurückgelassen. Unter der Brücke, wo ich meine Klamotten gewaschen habe. Dann kam ein Einheimischer, der auf dem Feld gearbeitet hat, und hat mir das Fahrrad und meine Klamotten gebracht. Und dann waren wir da: Was machen, was machen? Glücklicherweise ist es dann nicht noch schlimmer geworden. Ich bin dann da liegen geblieben, bis es irgendwann gut genug wurde. Da war kein Mensch, außer dem einen Einheimischen auf dem Feld. Der sagte, ich hätte irgendein Geruch verströmt, den die Bienen nicht mochten. Das muss die Seife gewesen sein, mit der ich gewaschen habe. Nach drei bis vier Stunden ging es mir so gut, dass ich in das nächste Dorf schieben konnte.
In Südgambia war zum Glück ein deutsches Ärzteehepaar in der Nähe. Die Einheimischen haben die Ärzte gerufen und die waren innerhalb von 20 Minuten da und haben mir die lebensrettenden Spritzen gegeben. Dann haben sie mich noch für vier Tage in ihrem Krankenhaus untergebracht und mir gesagt, was ich zu tun und zu lassen hatte. Ich bin trotz Verbot aufgestanden, um zur Toilette zu gehen. Und da bin ich direkt ohnmächtig geworden.
Und wenn Hagel kommt, dann ist das brutal. Dennis, du bist auch im Regen gefahren, aber meistens kommt auch Hagel runter. Und da wirst du erschlagen vom Hagel. Ich habe mich unter meinem Fahrrad verstecken müssen, um mich zu schützen. Da kommen Hagelkörner runter wie Steine und aus großer Höhe. Das ist eine unglaubliche Wucht, mit der die runterkommen. Das geht fünf Minuten, so ein Schauer, und dann hört es ruckzuck wieder auf. Dann liegt alles voller Eisklumpen.

Dennis: Hagel. Bienen. Was noch? Ich muss mich vorbereiten. Die größten Gefahren, an die man nicht denkt. Klar, man denkt an Räuber und …

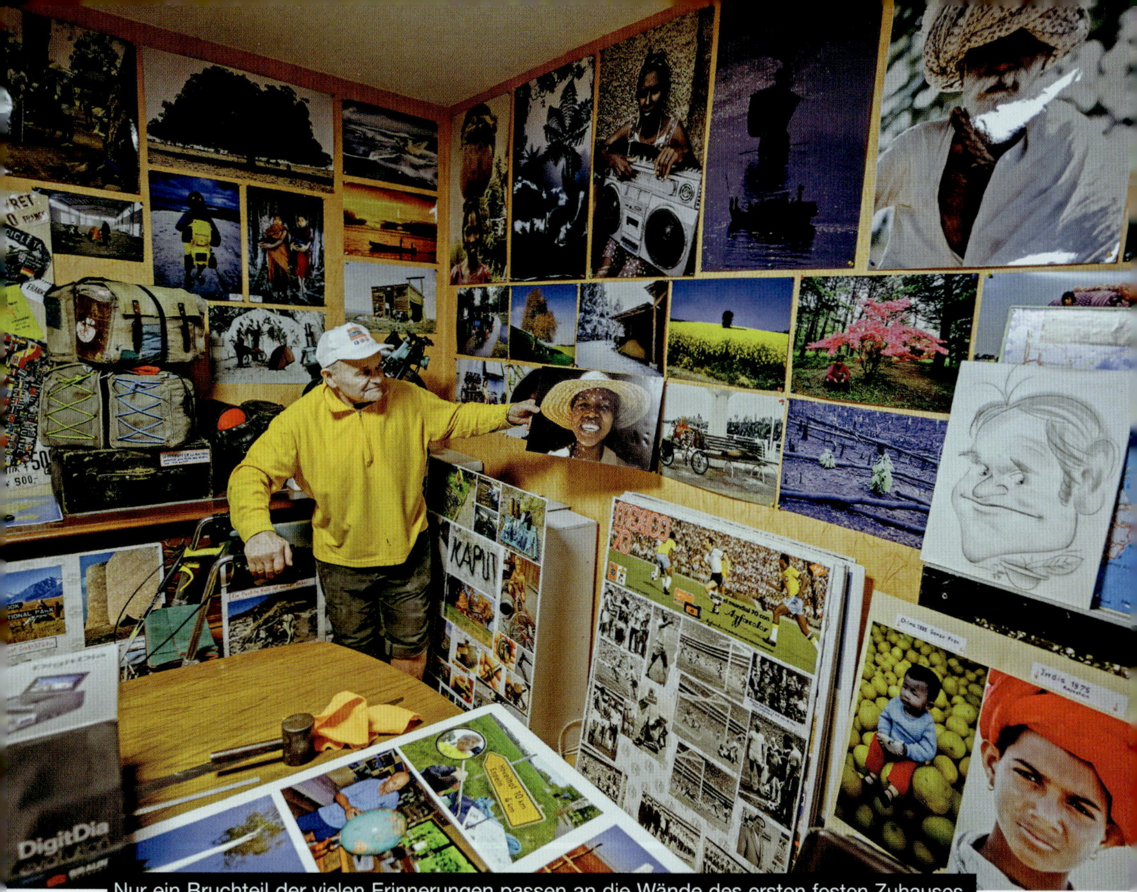

Nur ein Bruchteil der vielen Erinnerungen passen an die Wände des ersten festen Zuhauses.

Heinz: Nein, Autos! Autos! Unfälle!

Dennis: An die denkt man ja. Dass es Unfälle und Diebe gibt. Aber an Bienen würde man ja erst mal nicht denken und an Hagel wahrscheinlich auch nicht. Aber wenn man den ungeschützt abkriegt.

Alle hatten Malaria, ich nicht

Heinz: Und dann gibt es die Tsetsefliege. Die übertragen eine gefährliche Krankheit.

Dennis: In Neuseeland?
Heinz: Ne, die Tsetsefliege gibt es nur in Afrika. Die gab es dort überall. Der Mensch bekommt die Schlafkrankheit. Die Tsetsefliege ist wie eine Bremse, nur noch hässlicher. Und die fliegen mit dir mit und versuchen, sich auf dich zu setzen. Aber die sind vorsichtig, weil sie wissen, dass du weißt, wo sie sich hinsetzen. Die fliegen im Schatten von deinen Augen. Da wo die Augen nicht sehen können, da fliegen die entlang. Unter den Armen, unter dem Gepäck. Aber du weißt, dass sie da sind. Ich habe dann einen Knoten in ein Handtuch gemacht. Und du weißt, wo sie sich hinsetzen, und dann haust du mit dem Knoten auf die Seiten des Gepäcks. Und wenn du gut bist, erwischt du sie. Dann hast du kurz Ruhe. Die kommen nicht in großer Anzahl, du hast immer so sechs, sieben neben und bei dir. Aber die können dich zum Heulen bringen vor Wut. Du kriegst die nicht los.
Hauptsächlich war das in den Wildgebieten im tropischen Afrika, denn das Wild hat Abwehrkräfte gegen die. Aber wenn man in so ein Gebiet kommt, da gibt es dann Barrieren für

die Tsetsefliegen. Und einmal bin ich in Gambia in so ein Gebiet mit den Tsetsefliegen reingefahren und ich kam nicht durch. Dann bin ich am Straßenrand stehen geblieben und habe mir lange Sachen angezogen, damit die nicht an meinen Körper rankamen. Und wenn ein Auto vorbeikam, wurden die aufgescheucht. Ich habe am Boden gesessen und versucht, die mit meinem Knoten abzuwehren. Aber irgendwann war ich das leid. Da musste ich irgendwie mit einem Auto wieder zurück zum Eingang mitfahren.
Ich bin auch gestochen worden von denen, aber nicht krank geworden. So ein Stich hat richtig wehgetan. Da bin ich so alert gewesen. Sobald die erste in meine Nähe kam, war ich hellwach. Ich bin manchmal eingeschlafen, aber sobald die kamen, war ich munter. Die sind auch noch cleverer. Wenn die sich auf deine Haut setzen, merkst du das ja und schlägst nach denen. Aber die setzen sich auf deinen Ärmel und kommen ganz langsam heruntergekrabbelt, bis an deine Haut ran. Und wenn sie zustechen, merkst du das. Dann weißt du sofort, was los ist. Dann kannst du nur hoffen, dass sie nicht die Krankheitserreger haben. Sonst sind Durchfälle das Schlimmste.

Dennis: Ja, da haben wir eben schon einmal drüber geredet. Wer wie oft Durchfall hatte. Ich habe aufgehört zu zählen, als es zweistellig wurde. Und ich war ja nur zwei Jahre unterwegs. Aber ich denke, so 10- bis 15-mal hatte ich das.
Heinz: Ich habe einen Monat in Indonesien nichts halten können. Bin trotzdem noch die Berge hoch. Auf dem Merapi, dem Vulkan, bin ich trotzdem noch gewesen. Aber einen Monat so schlimm Durchfall. Dann bin ich nach Singapur, und da wurde es besser.

Dennis: Und was hast du dir alles eingefangen. Malaria?
Heinz: Alle hatten Malaria, ich nicht.

Dennis: Na ja, so ganz verhindern kann man das in so langer Zeit ja nicht. Vielleich hattest du ja mal Malaria und keine starken Auswirkungen.
Heinz: Die Mücken, die Malaria übertragen, kommen tagsüber nicht. Die kommen in der Nacht. Und die Zeit, wenn du anhältst, die ist gefährlich. Du nimmst ein Repellent, aber das hält nicht, und dann musst du aufpassen, dass die nicht mit ins Zelt kommen. Ein Zelt ist da meistens eh zu heiß, ich habe dann oft nur einen Moskitoschutz aufgebaut. Da kamen sie nicht rein. Und dann habe ich auch darunter gekocht. Man muss da eh aufpassen mit den ganzen Viechern. Sonst hast du plötzlich den ganzen Topf schwarz voller Insekten. Aber das habe ich oft gemacht. Im Zelt zu kochen, ist da fast unmöglich mit der Hitze. Oder du musst kalt essen.

Dennis: Toast mit Ameisenmarmelade.
Heinz: Ja, Ameisen sind eine andere Geschichte. Die Einheimischen im Amazonas, die wussten immer, wo man das Zelt aufbauen kann. Wenn wir anhielten, haben die sich einfach mal umgeguckt und haben dann oft gesagt: »Hier können wir nicht zelten.« Weil da irgendeine Ameisenart war, die so aggressiv ist. Da hätten wir uns die ganze Nacht drüber geärgert. Die kommen überall hin und die können noch so klein sein, aber wenn die beißen, das tut weh. In Australien sind ja auch überall Termitenhügel, und wenn der ersten Regen im Jahr kommt, versuchen die, einen neuen Staat zu gründen. Im Inneren wachsen denen Flügel, und auf einmal kommen die raus und fangen an zu fliegen. Und das Hinterteil von der Termite ist pures

Protein, das essen die Aborigines gern. Aber wie können die die Termiten fangen, wenn die in der Luft sind? Die bauen einen Schirm über den Termitenhügel, und wenn die Termiten losfliegen, fliegen die unter den Schirm, knallen runter und in einen extra aufgestellten Eimer. Und dann haben die Menschen etwas zu essen. Das ist richtig lecker.

Ich habe alles gegessen

Dennis: Ich war ja nicht überall, aber ich habe alles gegessen, was mir angeboten wurde.
Heinz: Die Chinesen essen wirklich alles. Aber an eine Sache erinnere ich mich in Kambodscha. Als ich nach Sukon kam, so 75 Kilometer nördlich von Phnom Penh, wo alle hingehen, um frittierte Taranteln zu essen.

Dennis: Ah, davon habe ich nur gehört.
Heinz: Der Ort ist für seine essbaren Taranteln bekannt, und ich bin da auch mal durchgekommen. Aber das war morgens, und das war natürlich nicht die beste Zeit. Da standen die dann mit Hunderten von Taranteln. Aber zum Frühstück ist das ja nicht das Richtige. Nebenan standen die mit den Cashew-Früchten. Das sind richtig süße Früchte. Die habe ich gegessen, aber nicht die Taranteln. Daneben gab es Grashüpfer, die hätte ich auch essen können oder sollen. Aber zum Frühstück … Ich bin ja extra dahingefahren, um das zu sehen. Aber ich habe dann trotzdem keine gegessen. Du hattest ja eine versteckte Kamera in einem Brillengestell. Hast du die benutzt?

Habe ich danach meine Kamera noch oder gibt es dann Ärger?

Dennis: Ja, einmal. Nein, zweimal an irgendwelchen Grenzen, wo ich dachte: »Ähh.« An Grenzen steht ja auch oft »Filmen verboten«.
Heinz: Du wirst ja schon eine Erlaubnis zum Filmen gebraucht haben, oder!?

Dennis: Ich habe schon manchmal gefragt, ob das okay ist. Das war so das Problem. Die tricky Situationen, die du so gern noch skandalös filmen möchtest, da überlegst du noch kurz: »Habe ich danach meine Kamera noch oder gibt es dann Ärger?« Und dann war es eher so: »Wahrscheinlich habe ich sie nicht mehr oder es gibt Ärger.« Dann lasse ich es lieber. Deswegen zeigt mein Film auch eher die guten Situationen mit Leuten, die dann natürlich kein Problem mit dem Filmen hatten.
Heinz: Ich habe auch erlebt, dass die Leute wissen, dass sie Geld für Aufnahmen kriegen können, und dann böse waren, wenn sie nichts bekamen. Die Massai zu fotografieren, das kannst du vergessen. Die kommen sofort mit einem Speer auf dich zu.

Dennis: Das ist ja auch ein sehr touristisches Beispiel.
Heinz: Ja, klar.

Dennis: In meinem Film war das ja nichts Touristisches. Wenn ich da in Armenien in der Hütte hocke, dann ist das ja ein Alltagsding. Da kommen ja nicht 200 Touristen am Tag vorbei, sondern eher niemals.
Heinz: Du bist ja in dem Moment schon akzeptiert worden. Es gibt so Sachen. In Kalkutta gab es bei der Salvation Army sonntags kostenloses Essen. Da war eine lange Schlange von Bett-

lern, tolle Aufnahmen. Von wegen, du. Da hast du sofort Ärger, aber wie! Da kam die Polizei. Das war ein derartiger Menschenauflauf. Einem Engländer haben sie sofort die Kamera aus der Hand gerissen und einen haben sie einfach mitgenommen. Ich hatte meine Kamera geschützt, die haben sie mir nicht wegreißen können, und dann konnte ich noch schnell genug wegkommen.

Dennis: Ich hatte ja auch die Drohne dabei. Aber im Iran zum Beispiel wusste ich, hier gibt es echte Probleme, wenn die denken, ich bin ein Spion, und da habe ich es nicht drauf angelegt. Da reise ich durch 40 Länder, warum muss ich jetzt unbedingt von dem Land auch noch eine Drohnenaufnahme haben? Dann lässt man es halt einmal aus. Ich habe von anderen Reisenden gelesen, die vor ein paar Jahren für Instagram oder so als Influencer oder was auch immer die reißerischste Aufnahme haben wollten. Die sind dann halt mit der Drohne da herumgeflogen, wurden dabei erwischt und saßen dann ein paar Wochen oder Monate im Knast. Muss halt nicht sein.
Heinz: Vor allem, wenn du viel Armut hast, da hat es die Polizei oft nicht gern, wenn du miserable conditions fotografierst. Dann kann es sein, dass sie dir erst mal den Film wegnehmen.

Dennis: Eine Speicherkarte ist ja klein. Kann man schnell in der Schuhsohle verstecken.
Heinz: Im Iran waren die Menschen ja sehr modern und sehr aufgeschlossen. Aber das System nicht. Das ist schwierig.

Dennis: Genau. Das Militär.

Die Menschen waren ja immer großzügig

Heinz: Die Menschen waren ja immer großzügig. Ich war ja auch lange im Iran und die haben immer die Rechnung bezahlt. Oft sogar, ohne es mir zu sagen. In deinem Film wird ja auch klar, dass du einen ganz anderen Eindruck bekommen hast. Dass du eine bestimmte Vorstellung von dem Iran hattest und in Wirklichkeit war das vor Ort gar kein Problem.

Dennis: Ja. Aber wenn ich jetzt Berichte aus dem Iran sehe, wie gefährlich es da ist, dann bekomme ich wieder das Bild vermittelt: Der Iran ist ein heißes Pflaster, da kannst du eigentlich nicht hin.
Heinz: Auf der anderen Seite bist du ja ein Fremder und das ist eine ganz andere Sache. Fremde werden ganz anders behandelt.

Dennis: Ja, aber das wird hier gar nicht gezeigt. Die Gastfreundschaft erlebst du halt als Reisender. Aber wenn du hierbleibst und Nachrichten guckst, da wird immer nur berichtet, wenn irgendeine Scheiße passiert.
Heinz: Wenn man im Westen sieht, was das Fernsehen und viele andere Medien bringen, das ist ja immer nur herausgepickt. Und das kommt in einer Sequenz, dass du denkst, alles Schlimme passiert da täglich. Aber China zum Beispiel ist ein riesiges Land und du kannst Monate fahren, bis du Ähnliches siehst. Das heißt natürlich nicht, dass dir nicht auch etwas passieren kann.
Guck mal hier, die alte Überschrift: »Heinz will wieder heim«. Das habe ich mal gesagt, vor vielen Jahren. Ich wollte immer wieder heim. Jedes Jahr wollte ich wieder heim. Ich wusste ja gar nicht, wann ich nach Hause wollte, und deshalb habe ich immer gesagt: »Nächstes

oder übernächstes Jahr«, oder: »Ich muss noch dahin und dann will ich nach Hause.« Das ging ja leicht. Das kann ich ja jedes Jahr sagen. Aber ich kann nicht sagen: »Kann sein, dass ich in 20 Jahren nach Hause komme.« Das ist doch undenkbar. Unmöglich. Kannste nicht sagen, ist doch klar. Also sagt man das Naheliegende.

Dennis: Um die Hoffnung aufrechtzuerhalten für die Leute, die gewartet haben?
Heinz: Genau. Mein Vater hat ja 20 Jahre lang gesagt: »Ich kann jeden Moment sterben, komm nach Hause!«

Dennis: Das hättest du ja auch sagen können, dann hätte er zu dir kommen müssen.
Heinz: Ich habe ihn ja nach Japan eingeladen und hätte alles bezahlt. Da sagte er: »Was soll ich denn in Japan? Das kostet viel Geld, schick mir lieber das Geld.«

Dennis: Bei mir war das so in meinem Kopf, zweieinhalb Jahre.
Heinz: Im schneidenden Wind in Südamerika hast du deine Mutter angerufen und gesagt, du kommst heim. Das ist keine Weltreise.

Dennis: Ich glaube, das ist es schon. Aber irgendwie fühlt man sich nicht weit entfernt.
Heinz: Abgebrochen hast du.

Dennis: Nee. Zweieinhalb Jahre hatte ich mir überlegt und habe nicht daran gedacht, dass, wenn man im Sommer in Europa losfährt, dass man dann im Winter wiederkommt. Als mir das klar geworden ist, habe ich gedacht: »Dummkopf.« Und ich wollte schon die Runde machen und im Sommer nach Hause kommen und mit der Familie und Freunden Party machen. Also dachte ich: »Zwei Jahre oder drei Jahre.« Drei Jahre hätte Afrika bedeutet, und ich dachte, das würde noch einmal alles in den Schatten stellen. Ich hatte ja in den zwei Jahren schon so viel erlebt. Verrückt war das.
Heinz: Du wolltest deinen Film sehen.

Dennis: Ich wollte meinen Film sehen. Es reichte erst mal für einen Film und das Buch.
Heinz: Das hast du ja auch richtig gut gemacht.

Dennis: Afrika wäre noch mal so ein Megading geworden.
Heinz: Das kommt jetzt.

Dennis: Ja, schauen wir mal. Ich habe Bock, aber noch wenig vorbereitet. Aber braucht man ja auch nicht.
Heinz: Brauchst du nicht. Fährst einfach los.

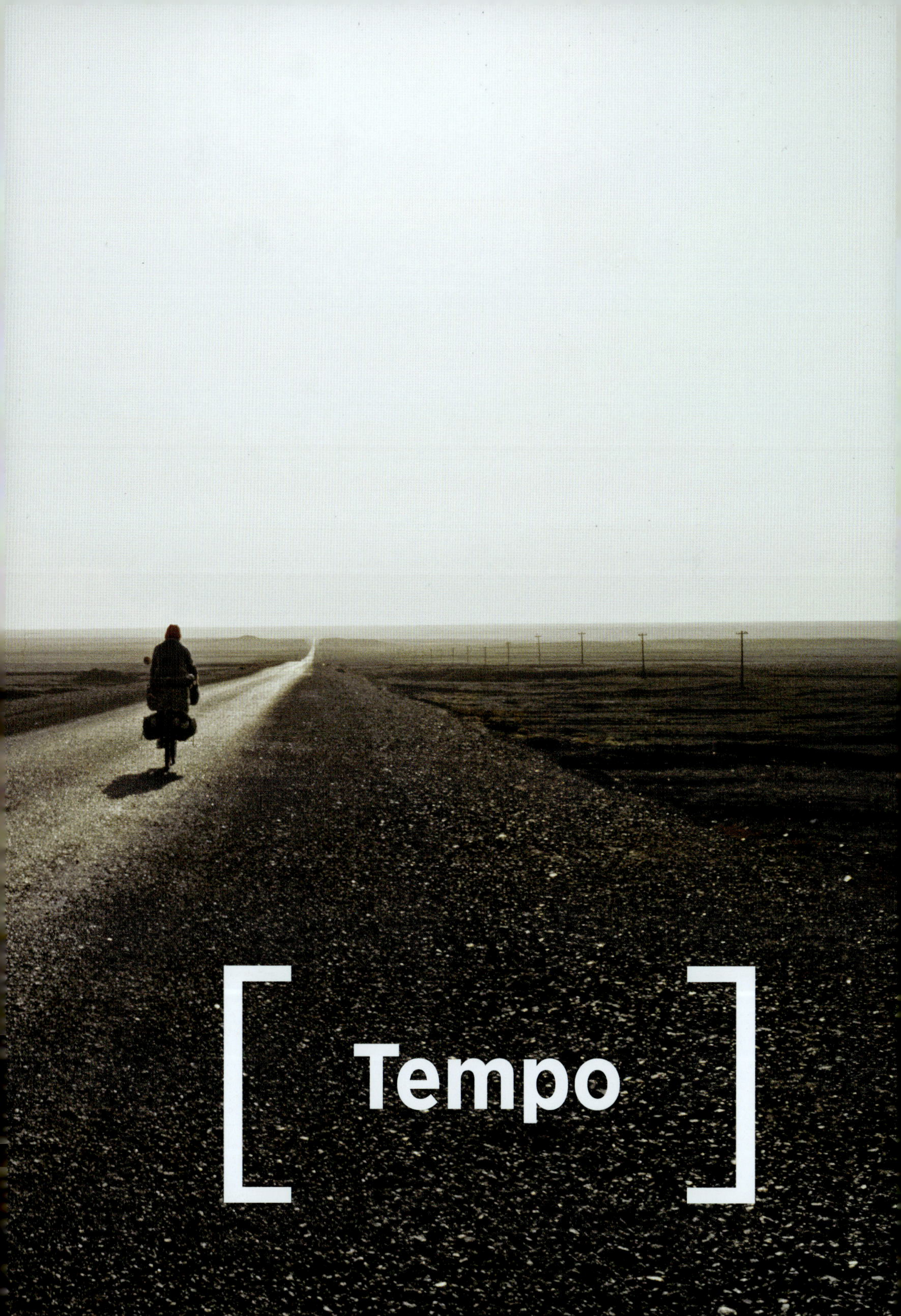

[Tempo]

»Wenn mir jemand in den ersten Wochen in Südamerika gesagt hätte, dass ich drei Jahre bleiben würde, hätte ich geantwortet: ›Unmöglich!‹ Aber das war während einer Zeit, als ich anfing, langsamer und langsamer zu reisen.«

Nachdem sein Schiff im Hafen Rio de Janeiros angelegt hat, macht sich Heinz im April 1964 zunächst auf den Weg in Richtung Süden. Durch Uruguay nach Argentinien und weiter nach Chile. Da in diesen Ländern besonders viele deutsche Einwanderer leben, kann er sich hier bestens vermarkten. Wenn er nicht von einem deutschen Klub an den nächsten weiterempfohlen wird, dann hat er folgende Strategie. Erstens das Rad sichtbar abstellen, zweitens ein bisschen mit den anderen kicken, drittens ein Bierchen mit ihnen trinken, viertens einen Vortrag vereinbaren, fünftens den Vortrag halten. In der Regel wird ihm spätestens dann ein herzlicher Empfang bereitet.

Immer seltener schreibt Heinz Briefe nach Hövelhof. Alle paar Monate erreicht die Eltern ein Brief, in dem er beispielsweise mit monatelanger Verspätung einen Unfall in der Atacama-Wüste erwähnt. Obwohl er beteuert, sich bald mehr Zeit für ausführlichere Erzählungen seiner Abenteuer nehmen zu wollen, bleibt es bei diesen Versprechen.

Auf Chile folgt Bolivien. Die Fahrt von La Paz durch das Hochland macht ihm enorm zu schaffen. Um sich an die dünne Luft zu gewöhnen, verbringt er einige Wochen am Titicacasee, 3.812 Meter über dem Meeresspiegel. Trotzdem wird ihm bei der Weiterfahrt durch die peruanischen Anden oft schwarz vor Augen. Belohnt wird Heinz dann aber durch das einzigartige Erlebnis der Inkastätten Cusco und Machu Picchu. Staunend wandert er durch die Ruinen von Machu Picchu und denkt an die Karl-May-Romane zurück, die er als Junge heimlich mit der Taschenlampe unter der Bettdecke gelesen hat.

In über 4.800 Meter Höhe geht es über den Paso Ticlio, wo der Schnee fußhoch liegt, und dann größtenteils wieder bergab in Richtung Lima. In einem kleinen Dorf bei Lima verwickeln peruanische Kommunisten den jungen Deutschen in eine hitzige Diskussion und entreißen ihm seine gesamten Papiere. Da eine Weiterfahrt ohne Ausweis unmöglich ist, meldet er den Diebstahl der Polizei und setzt eine Belohnung aus. Drei Tage lang sucht Heinz überall, bis er seine gestohlene Tasche in einem reißenden Fluss wiederfindet. Alle Papiere sind zwar nass, aber noch da.

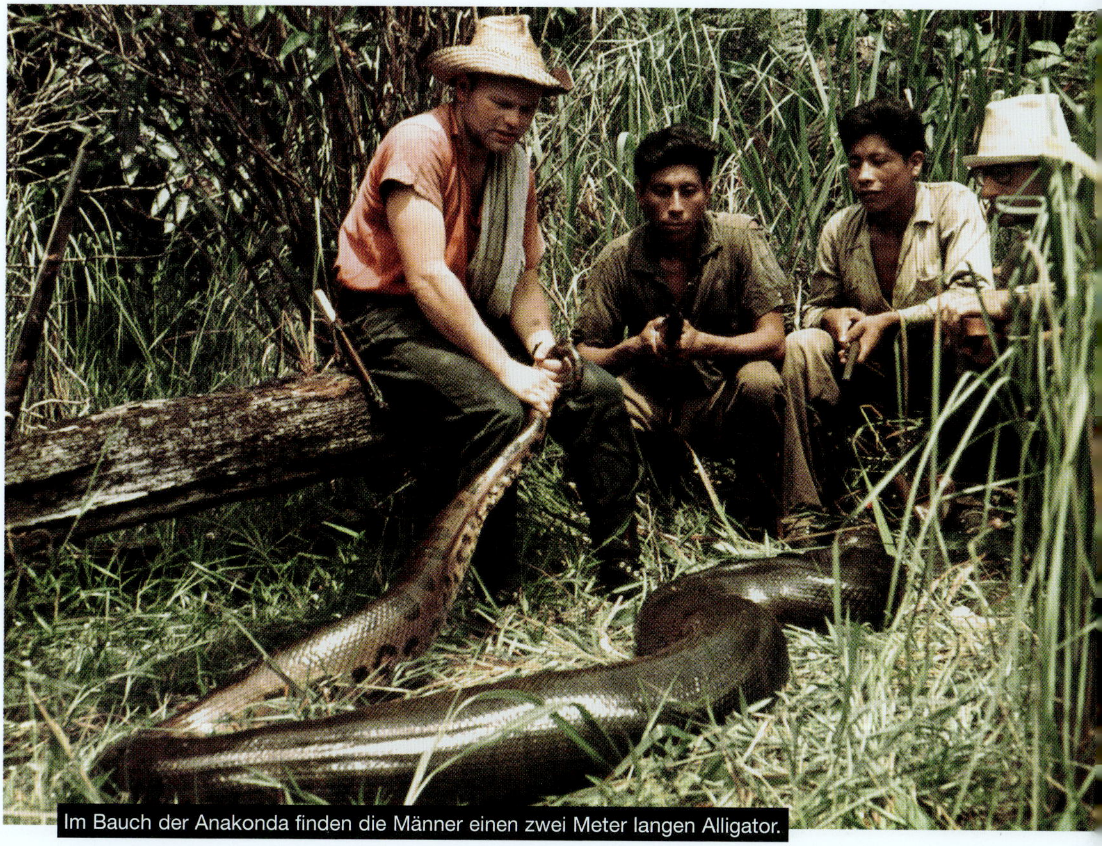
Im Bauch der Anakonda finden die Männer einen zwei Meter langen Alligator.

»Es gibt keine feste Entfernung, die ich jeden Tag zurücklege. Die Entfernung richtet sich ganz nach dem Geschehen eines Tages und den Umständen der Strecke. An einem normalen Tag über gute Straßen würde ich durchschnittlich etwa 120 Kilometer fahren. Oft jedoch, auf sehr schlechten Straßen, ging meine Leistung auf 30 bis 60 Kilometer zurück.«

Zeit für den Amazonas. Von Lima aus startet Heinz zu seiner ersten Bootsreise über die Arme des gigantischen Stroms. Über den Rio Ucayali gelangt er nach Belém, eine pulsierende Hafenstadt in Brasilien. Von hier aus geht es mehrere Wochen per Anhalter auf eine abenteuerliche Fahrt durch Schlamm und über marode Brücken. Über Recife nach Sao Salvador, weiter nach Brasília, Cuiabá und Porto Velho wieder zurück in Richtung Lima, wo das Fahrrad auf ihn wartet. Als die Regenzeit einsetzt, erreicht er die peruanische Grenze, sodass er von Puerto Maldenado nach Quince Mil fliegen kann und von dort aus mit einem LKW zurück nach Lima gelangt.

»In einer großen Fernsehschau berichtete ich über meine Abenteuer im brasilianischen Urwald. Nach einem Vortrag im deutschen Club in Quito lud mich ein Deutsch-Amerikaner, Dr. Paulik, zu einer Goldsuche im Urwald ein. Vier Wochen war das Camp ohne Lebensmittelnachschub und Nachrichtenverbindung. In diesen vier Wochen aßen wir alles, was wir schossen. […] Widerwillig aß ich Affen- und Krokodilfleisch. Als nach ein paar Tagen ein Helfer Lebensmittel brachte, trübte meine überschwängliche Freude eine traurige Nachricht aus der fernen Heimat: Meine Mutter war gestorben.«

Nicht nur psychisch, auch körperlich fordert diese Expedition bei 30 bis 35 Grad und extremer Luftfeuchtigkeit Heinz sehr. »Zu Fuß, mit dem Kanu, dem Floß oder größeren Schiffen durchquerte ich große Teile der Urwaldgebiete des Amazonas. Das wirkliche Abenteuer ist, wenn man total von der Welt abgeschnitten ist, total auf sich angewiesen ist, wo das Leben an den eigenen Fähigkeiten und eigenen Entscheidungen hängt. Das Leben im Urlwald war nicht gerade angenehm. Es war heiß und feucht und oft langweilig. Man sieht weniger Tiere, als man sich vorstellt. Man denkt an Jaguare und Riesenschlangen. An marschierende Ameisen und Insekten überall. In Wirklichkeit ist es nur ein grünlicher Vorhang. Es ist fast unmöglich, irgend etwas genau zu unterscheiden, es sei denn, ein Einheimischer zeigt einem genau, wo man hinschauen muss. Versuch selber einmal, eine Schlange zu sehen. Man sucht, man wird müde, man gibt auf. Wirkliches Glück müsste man haben, einen Jaguar oder einen Tapir zu sehen. Trotz vieler Monate im Urwald konnte ich nie einen lebenden Jaguar sehen.«

Zurück in Bogotá schnappt sich Heinz sein Tripad und radelt weiter nach Caracas. Mittlerweile neigt sich das Jahr 1966 dem Ende zu, und inzwischen sind die Olympischen Sommerspiele in Mexiko im übernächsten Jahr sein Ziel. In Caracas schlägt er ein Jobangebot als Werkzeugmacher für 2.000 Mark im Monat dankend aus. Er möchte dort nicht bleiben, sondern den Canaima-Nationalpark im Süden des Landes besuchen, wo einige der weltweit höchsten Wasserfälle von den Tafelbergen stürzen. Und dann möchte er Panama sehen und dann Costa Rica. In Guatemala erlebt er aktive Vulkane. In Mexiko faszinieren ihn die Maya-Ruinen. Endlos viele neue Ziele sieht er vor sich, und er weiß, dass er eine Menge Zeit benötigt, sie mit dem Fahrrad zu erreichen. Das ist ihm anscheinend sehr recht. Sollen die anderen zu Hause jeden Tag das Gleiche machen und vom Alltag ermüden. Auf Heinz warten noch einige Abenteuer.

> »Hier hatten wir viel Zeit zum Jagen. Unter anderem wurde ein Puma erlegt, der gerade ein Reh riss.«

»Nach und nach kam ich zu der Überzeugung, dass es einfach nicht genug war, so ganz schnell durch ein Land hindurchzufahren. Es wäre nicht fair den Bewohnern gegenüber, wenn man das Land loben oder verurteilen würde, aufgrund eines einzigen Vorfalls, sei er positiv oder negativ. So entschied ich mich, immer zwischen zwei und sechs Monaten zu bleiben, je nach Größe des Landes.«

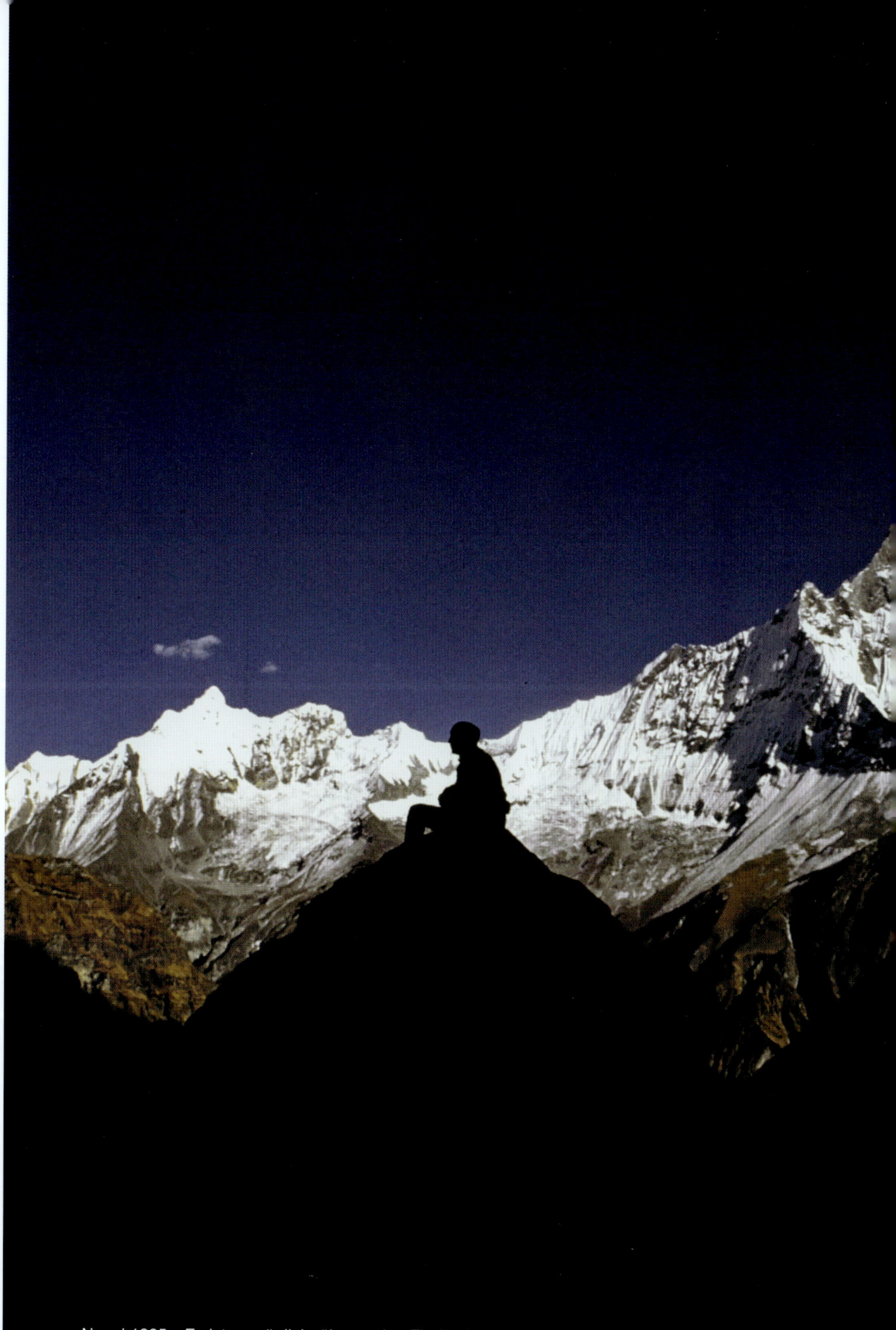

Nepal 1995. »Es ist unmöglich, über meine Eindrücke in allen Ländern zu reden.«

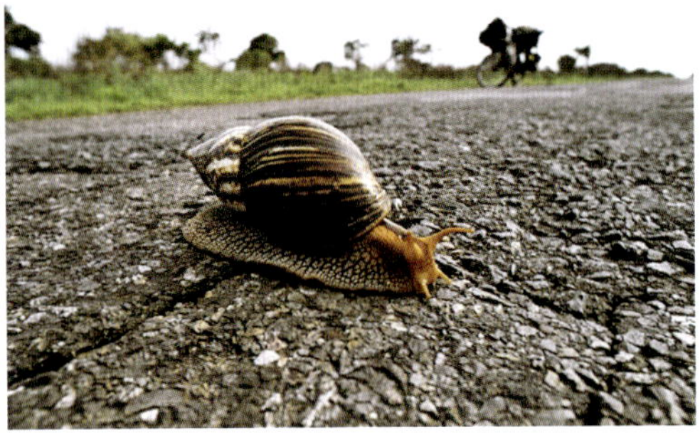

Am abenteuerlichsten ware
die vielen Reisen und
Expeditionen in den Urwald

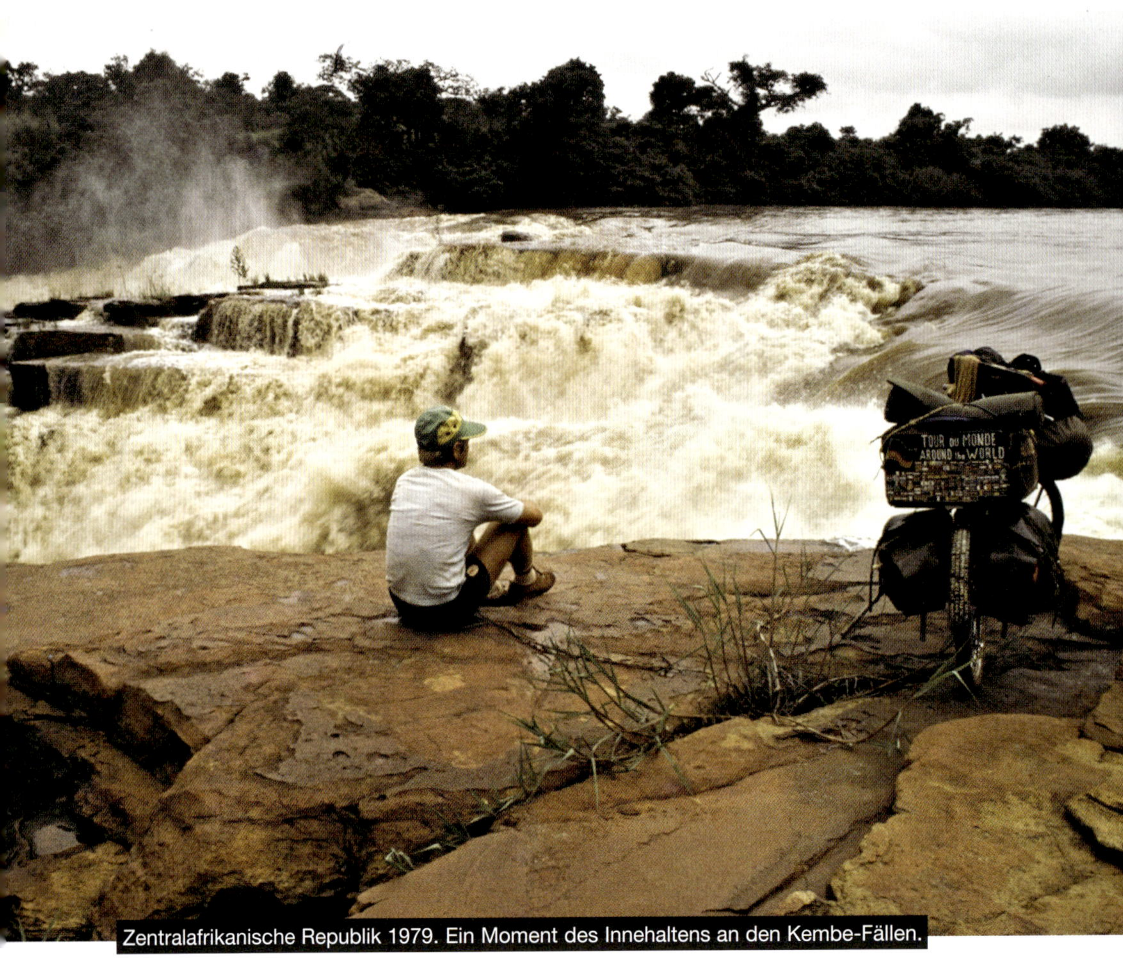

Zentralafrikanische Republik 1979. Ein Moment des Innehaltens an den Kembe-Fällen.

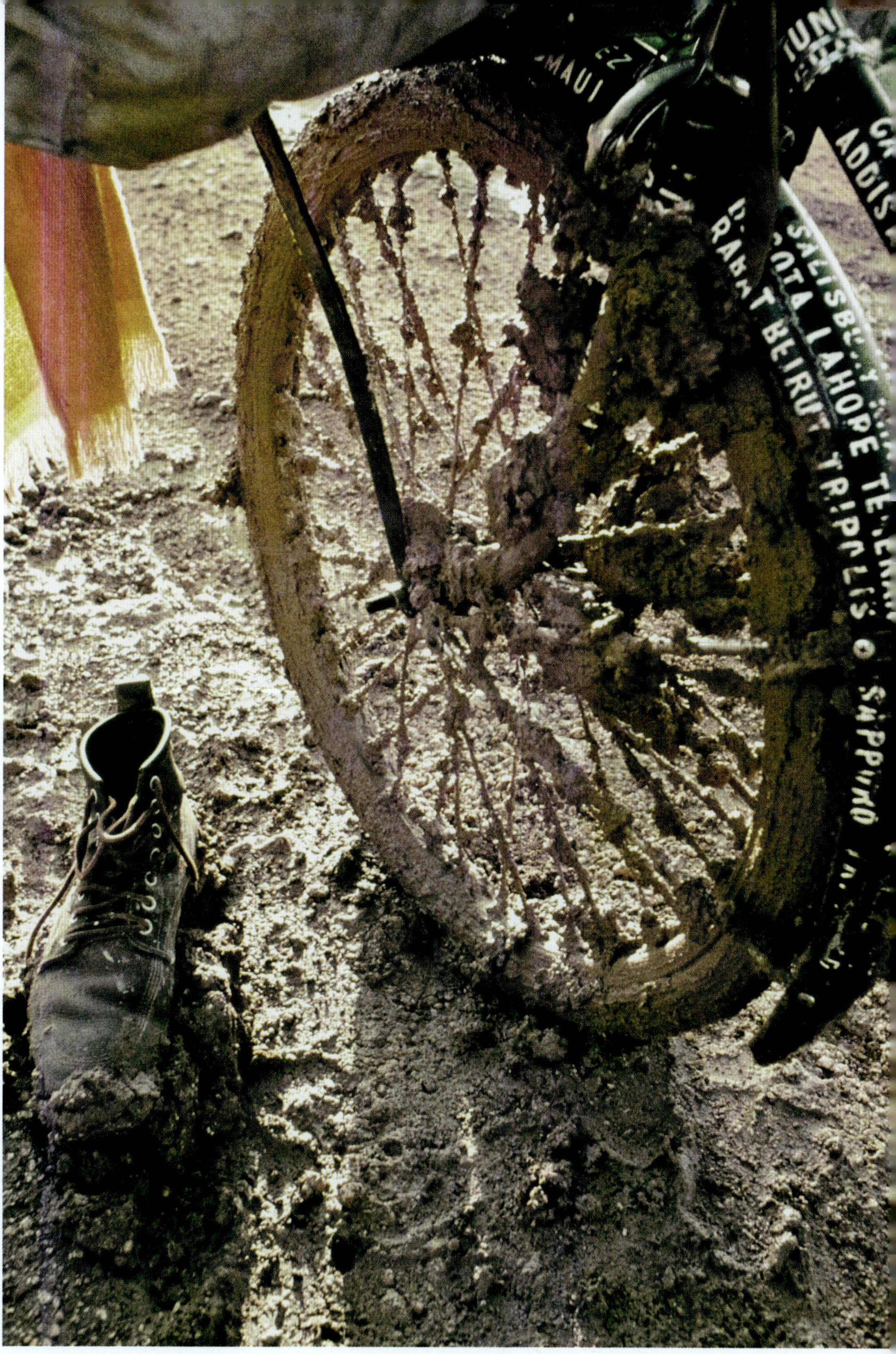
MAUI
ADDIS
LAHORE

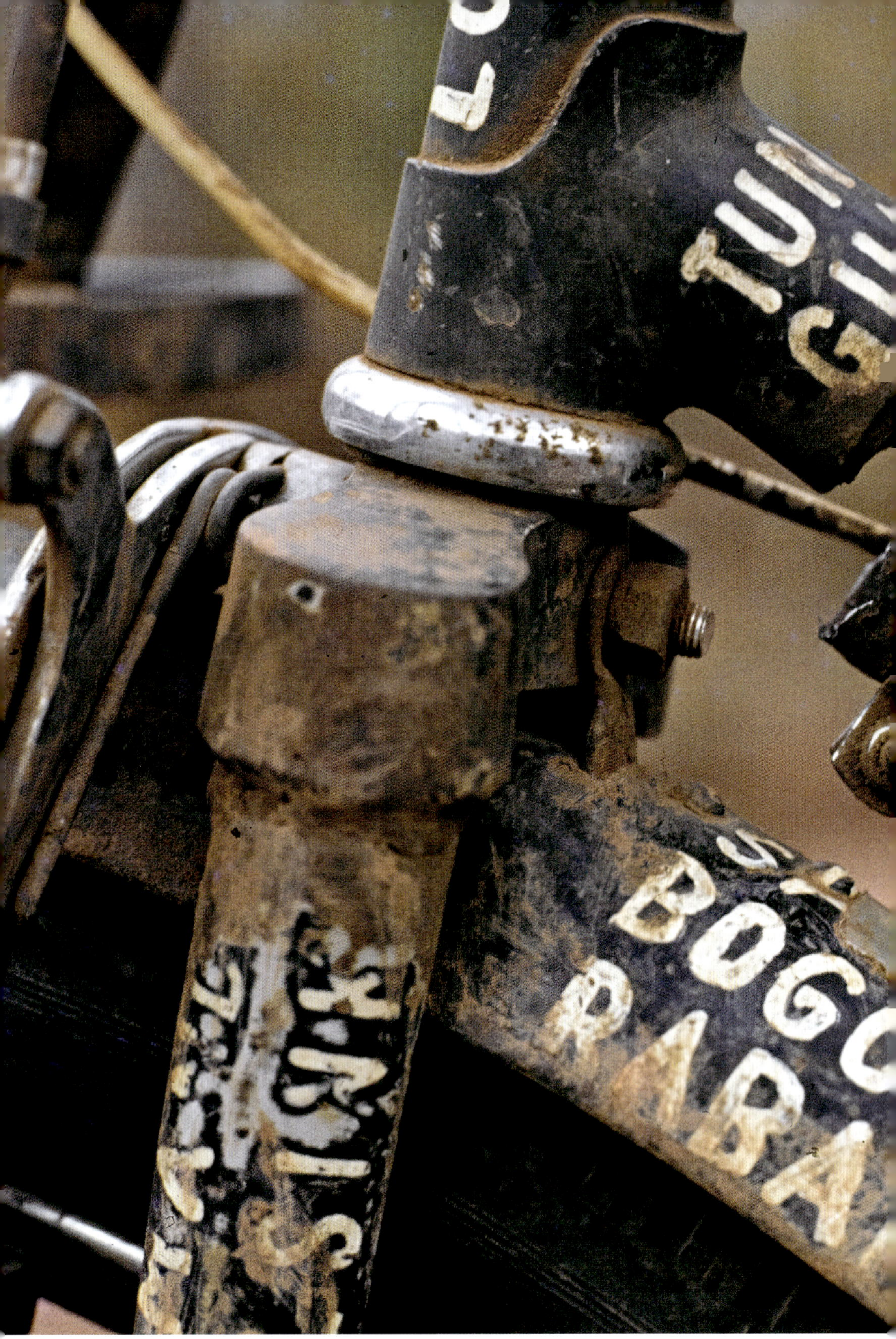

Das Fahrrad

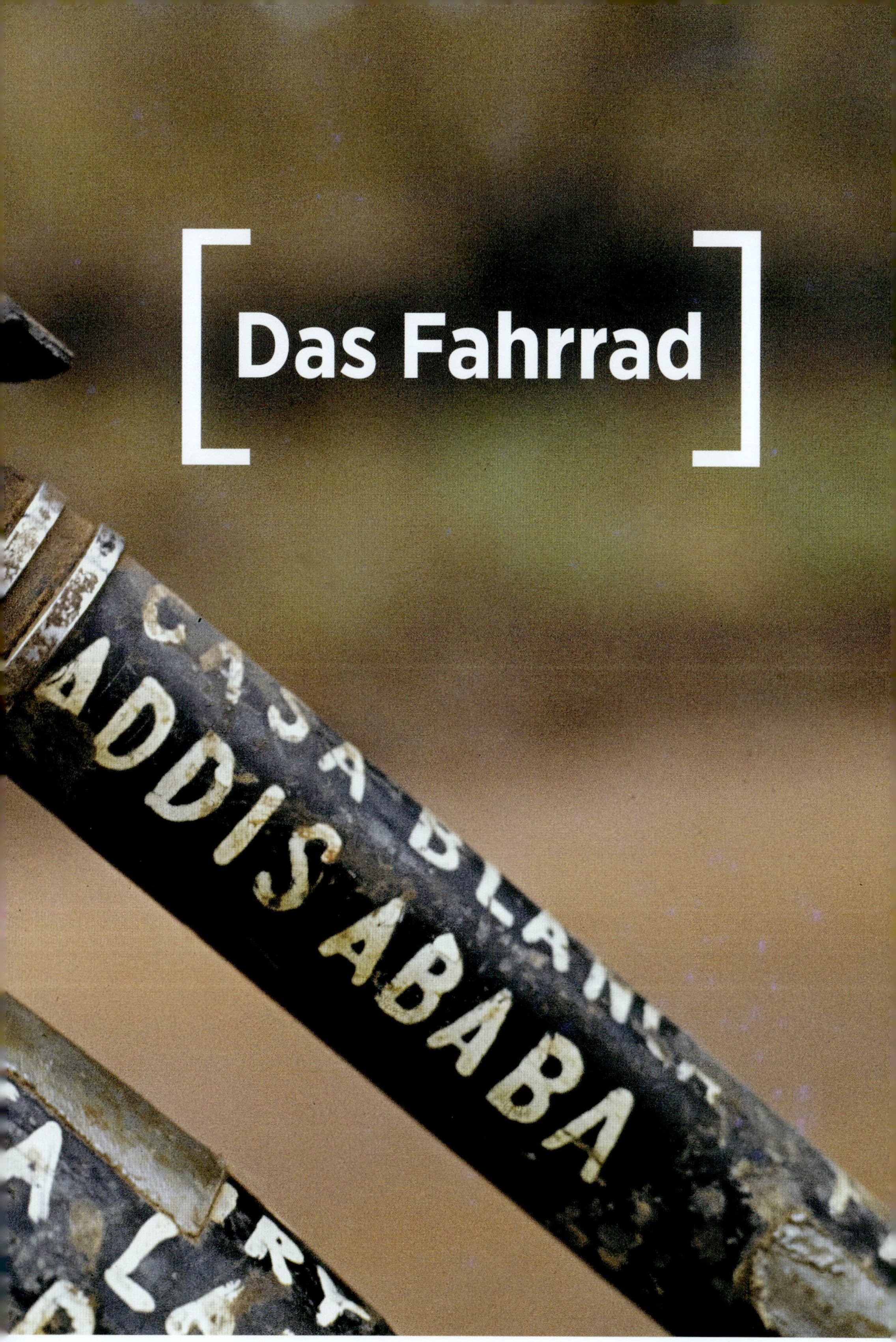

»Das Fahrrad erwies sich als ein gutes Verkehrsmittel. Ich war unabhängig und frei auf dem Rad. Es ist eine billige und sportliche Art der Fortbewegung, eine ideale Weise, die Welt zu sehen. Langsam genug, um Land und Leute kennenzulernen, und schnell genug, um auch größere Entfernungen zu überbrücken. Ich betrachte es auch als eine Herausforderung an die Leistungsfähigkeit des menschlichen Körpers.«

Zu Beginn der Sechzigerjahre macht sich Heinz auf die Suche nach einem Fahrradhersteller, der seine geplante Zwei-Jahres-Tour nach Tokio sponsern möchte. Doch seine Anfrage stößt auf taube Ohren. Einzig die Firma Tripad aus Paderborn zeigt sich willens, ihn zu unterstützen. Heinz hatte auf mehr gehofft, ein Tripad entspricht in seinen Augen eher der Mittelklasse und ist nicht das, was er sich für sein Abenteuer wünscht. Doch für ihn wird das Rad mit extra verstärkten Rohren, einem soliden Gepäckträger und besonders dicken Speichen aufgemotzt. Er ist zufrieden, denn auf vorherigen Reisen musste er ständig gebrochene Speichen austauschen oder den Gepäckträger reparieren. Die zusätzliche Stabilität fügt dem Rad natürlich Gewicht hinzu. 25 Kilogramm wiegt es ohne Gepäck. Je nach Region oder Proviant bis zu 75 Kilo, wenn es voll beladen ist.

Ausgestattet ist das Rad mit 26-Zoll-Laufrädern, einer Rücktrittbremse und einer Torpedo-Nabenschaltung mit drei Gängen. »Nie hatte ich das Gefühl, dass die drei Gänge nicht genug waren, und ich war froh über die geringe Wartung, die die Schaltung erforderte.«

Zu Beginn fährt Heinz noch mit einem ganz normalen Lenker. Doch 1973, elf Jahre nach seinem Start, beschert ihm die krumme Haltung

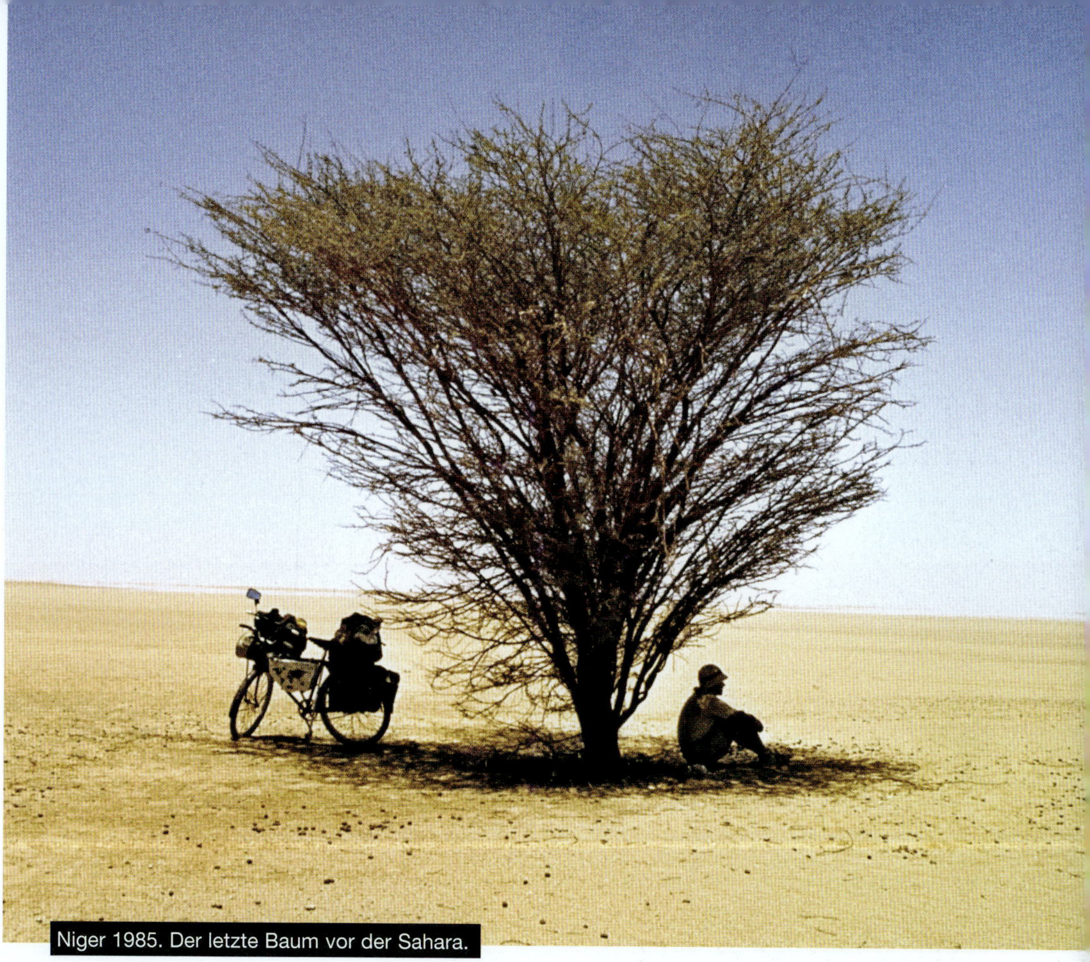

Niger 1985. Der letzte Baum vor der Sahara.

Rückenschmerzen. Also baut er eine zweite Lenkstange als Erhöhung an die vorhandene. Ab jetzt fährt er das Tripad nur noch mit einem auf diese Weise erhöhten Lenker.

Obwohl eine genaue Statistik über die verbrauchten Reifen im gesamten Reisezeitraum fehlt, kann Heinz sagen, dass er einen Reifen nach durchschnittlich 2.160 Kilometer Strecke wechseln musste. Selbstverständlich hängt das auch von der Beschaffenheit der Straßen und der Qualität der Reifen ab. Nicht überall auf der Welt sind die passenden Reifen für das Herrenrad zu bekommen, und so muss sich Heinz immer wieder Lösungen einfallen lassen, die den Reifen an der Felge halten. Hier bringt ihn Australien erstmals in ernsthafte Schwierigkeiten, denn es lassen sich einfach keine passenden Reifen finden. Und der bestellte Nachschub aus Deutschland kommt nicht an. Heinz fummelt ein bisschen herum und merkt, dass sich die australische Größe 13/8 über seine gewohnten Reifen ziehen lässt. Pragmatisch wie er ist, fährt er die nächsten 5.000 Kilometer auf dieser Doppelbereifung.

Heinz sagt, er habe keine emotionale Beziehung zu einem Fahrrad, doch es wirkt trotzdem, als verstärke sich seine Bindung zum Tripad mit jedem zurückgelegten Kilometer. Er vergleicht es mit einem Pferd, das er am Ende eines langen Tages versorgen muss, bevor er sich um das eigene Wohl kümmert. Immer wieder erneuert er alle austauschbaren Teile, sodass heute nur noch Rahmen, Gabel, Gepäckträger und die hintere Bremse original sind. Den

Rahmen lässt er unzählige Male schweißen. Die drei Gänge und das enorme Gewicht des Rads zwingen Heinz bei Steigungen oft zum Absteigen, doch bei diesen Gelegenheiten entdeckt er eh die spannendsten Dinge am Straßenrand. Außerdem gehört das Tripad zum Image von Heinz Stücke, keine Frage.

Seine Erfahrung lehrt ihn, dass allein das Fahrrad oft für ein kostenloses Essen sorgt. Häufig stellt er es in Sichtweite ab, denn das macht die Menschen neugierig. Viele sind dann geneigt, den Radfahrer zum Essen einzuladen oder noch eine Runde Bier zu bestellen. Auch wenn die Aufmerksamkeit, die das Rad erregt, ihm eine nette Gesellschaft für den Abend beschert, findet er das gut.

»Das Gepäck ist gleichmäßig verteilt über das ganze Fahrrad. Auf dem Schild in der Mitte befindet sich eine Weltkarte mit der gefahrenen Strecke, und auf dem Rahmen und anderswo stehen die Namen von gesehenen großen Städten. Ein Schild mit den Farben meines Landes und mit den Worten, dass ich um die Welt fahre, befindet sich an der Rückseite des Hauptgepäcks. Es hat viele Leute angeregt, anzuhalten und die Frage zu stellen: ›Du fährst wirklich um die Welt?‹«

In den insgesamt 40 Jahren, die Heinz mit seinem Tripad unterwegs ist, wird es ihm sechsmal gestohlen. Und sechsmal bekommt er es wieder zurück. Es verschwindet 1966 in Bogotá, Kolumbien. Dann 1971 in San Francisco, einige Tage, bevor er die USA in Richtung Japan verlassen will. Die lokalen Radio- und Fernsehsender unterstützen die Suche nach dem Fahrrad. Dennoch dauert es ganze vier Tage, bis Heinz es wieder in den Händen hält. Es folgen Diebstähle in der Türkei, auf den Philippinen und in Sibirien. Zum letzten Mal wird das Fahrrad 2006 im Süden Englands geklaut. Der inzwischen 66-jährige Heinz ist auf dem Weg nach Grönland und hat gerade die Fähre Calais–Dover verlassen. Er sucht sich einen passenden Platz für sein Zelt und will ein paar Stunden schlafen, bevor es weitergeht. Als er das Zelt verlässt, ist das Tripad weg. Wer denkt denn, dass er mit diesem Fahrrad weit kommt? Zu auffällig ist es, zu schwer für einen Laien. Heinz läuft zur nächsten Siedlung und findet einen hilfsbereiten Anwohner, der die Nachricht über den beraubten Weltreisenden gleich an die lokalen Medien weiterleitet. Innerhalb kürzester Zeit macht die Nachricht die Runde und sorgt für die Rückkehr des Fahrrads. Es wird in einem Park gefunden. Interessanterweise stellt sich dieser Diebstahl auch als eine der besten Werbekampagnen heraus, die Heinz auf seiner Reise erlebt, denn die Nachricht geht um die ganz Welt. Bereits kurz darauf titelt der *Guardian*: »Day 15,996: bike stolen in Portsmouth. Day 16,000: nice ride with newspaper chap.«

Den ersten Reifen muss Heinz zähneknirschend bereits am zweiten Tag seiner Reise wechseln.

Im November 2001 lässt sich Heinz erstmals seit 1962 auf ein anderes Fahrrad ein. Mit dem Modell der Pariser Manufaktur Ran-

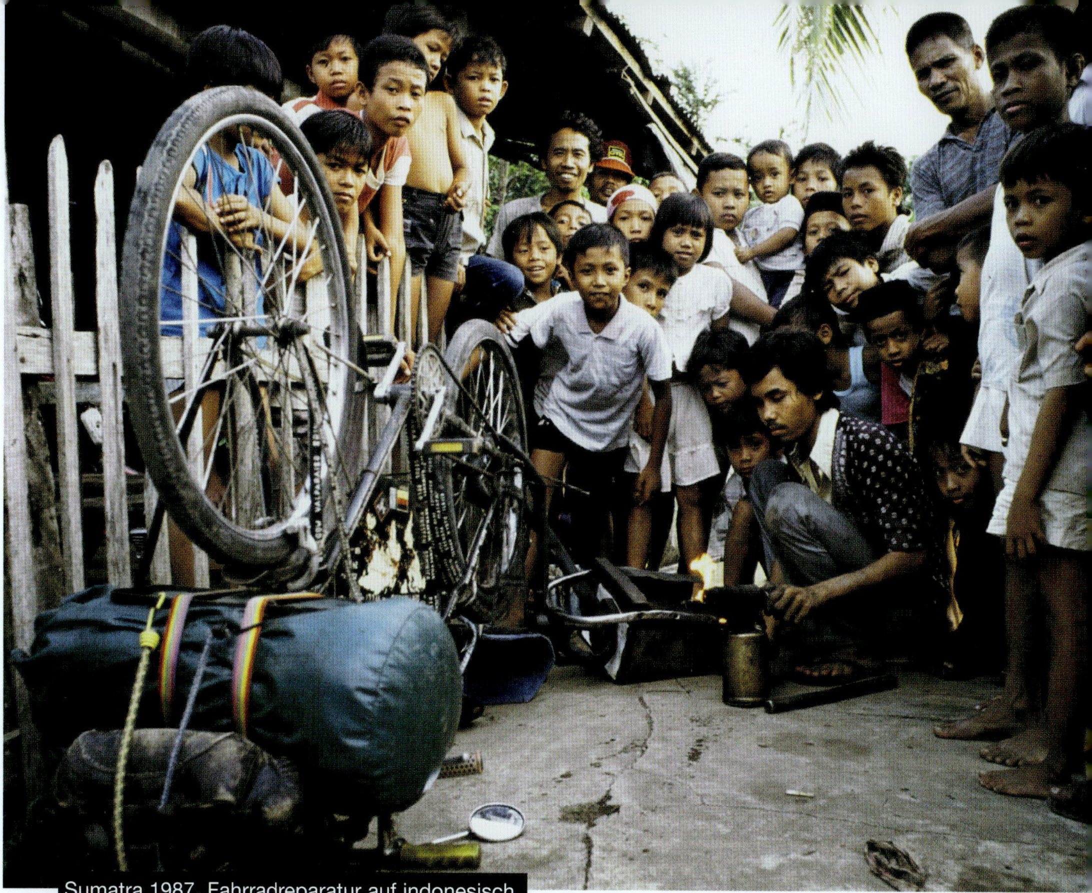

Sumatra 1987. Fahrradreparatur auf indonesisch.

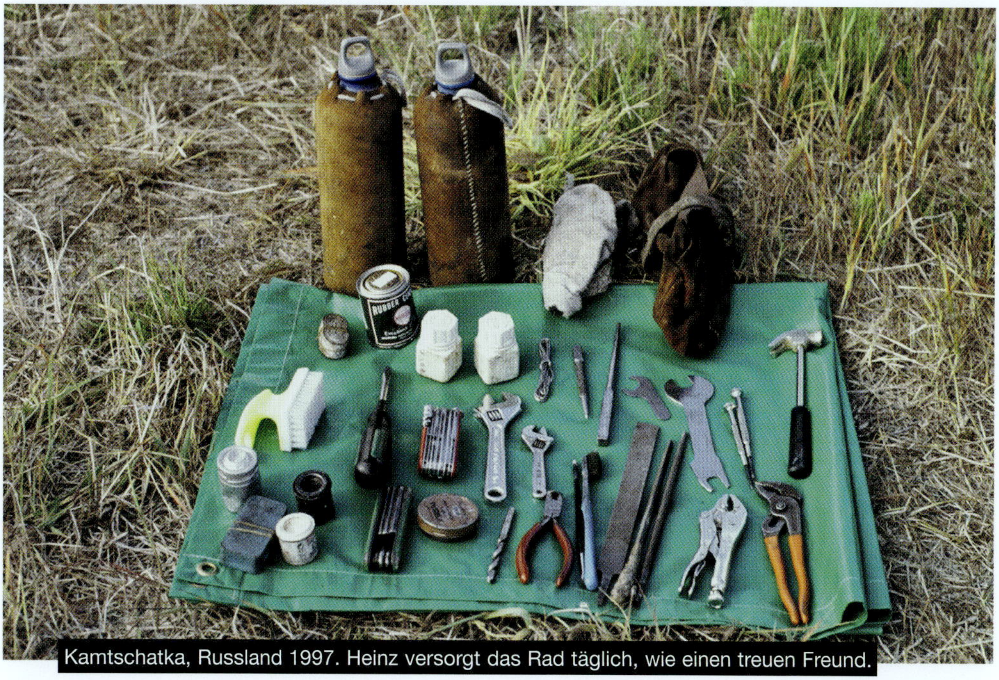

Kamtschatka, Russland 1997. Heinz versorgt das Rad täglich, wie einen treuen Freund.

do Cycles spart er zehn Kilogramm Gewicht, was ein klarer Vorteil auf Flügen ist. Immer häufiger steigt er ins Flugzeug, um zu bisher noch nicht besuchten Inselstaaten oder Territorien zu gelangen. Und immer seltener sind die Fluggesellschaften bereit, eine Ausnahme für den Radreisenden zu machen und auf die Extrakosten für das schwere Rad zu verzichten. In den folgenden fünf Monaten checkt er das Rando 14-mal kostenlos ein. Außerdem erfährt er auf 6.000 Kilometer Strecke den Luxus einer 21-Gang-Schaltung.

Als er im Anschluss daran im Sommer 2002 mit einem Liegerad der Firma Hase Bikes auf den Trans-Canada Highway aufbricht, schreibt Heinz: »Meinem vertrauten alten Rad gegenüber komme ich mir fast ein bisschen verräterisch vor. Dafür darf es im Schaufenster von Rando Cycles in Paris bestaunt werden«.

Von der Leichtigkeit eines moderneren Rads in der Praxis überzeugt, legt sich Heinz als Nächstes ein Klappfahrrad zu. Ein Bike Friday. Er fährt damit, bis er sich 2010 von Brompton sponsern lässt. Als er das kleine Faltrad in Albuquerque, New Mexico, abholt, um damit seine erste Tour durch Nordamerika zu starten, ist er skeptisch. Die Reifen sind ihm zu dünn, der Rahmen zu klein. Doch das Brompton und die vom Hersteller finanzierten Round-The-World-Tickets überzeugen ihn. So bleibt er bis 2013 dabei.

Heinz ist also kein Fahrradfanatiker, der sich für die neuesten Modelle und Technik interessiert. Und obwohl ihm Fahrräder eigentlich nicht wichtig sind, sind sie es doch. Denn ohne ein Fahrrad hätte er nie die erste Tour ins Sauerland, die folgenden Trips innerhalb Europas, die Reise nach Indien und dann den Start in Richtung Afrika verwirklicht. Sein Lebensweg wäre ein anderer geworden.

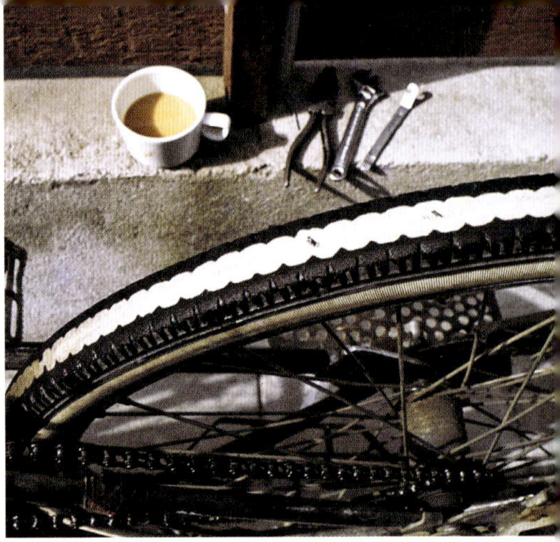

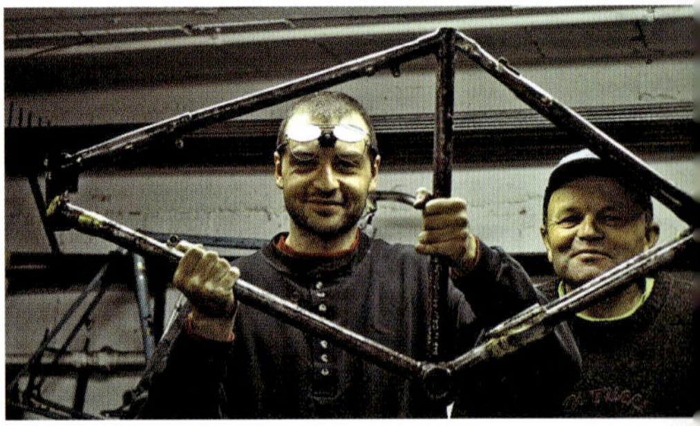

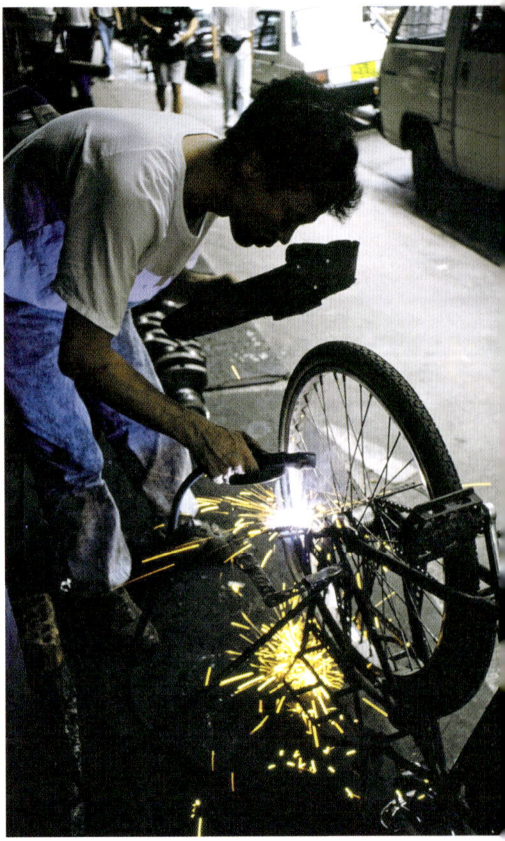

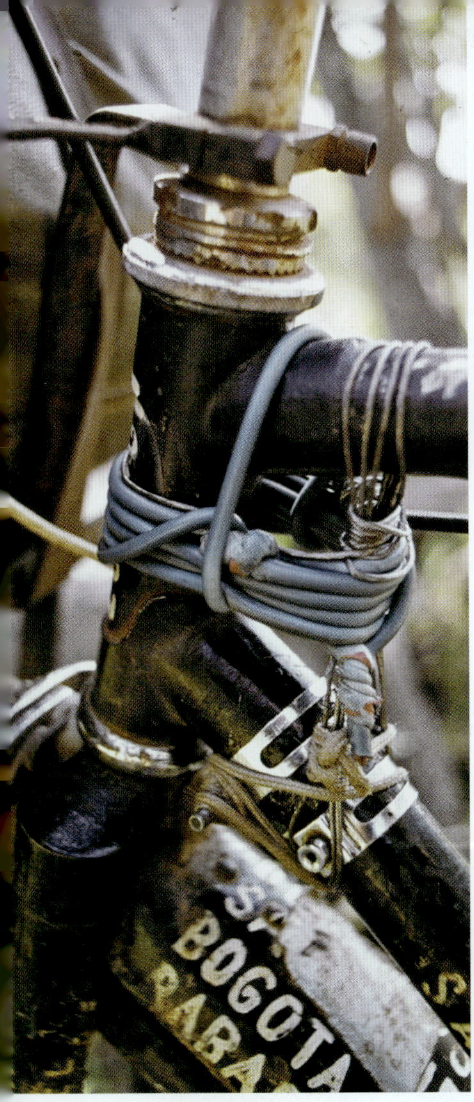

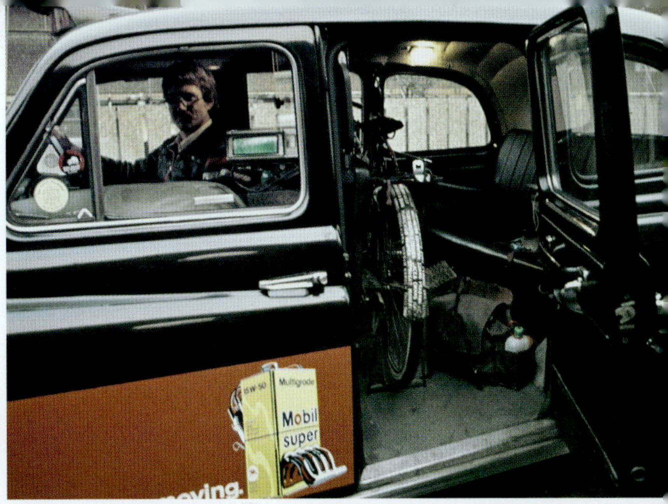

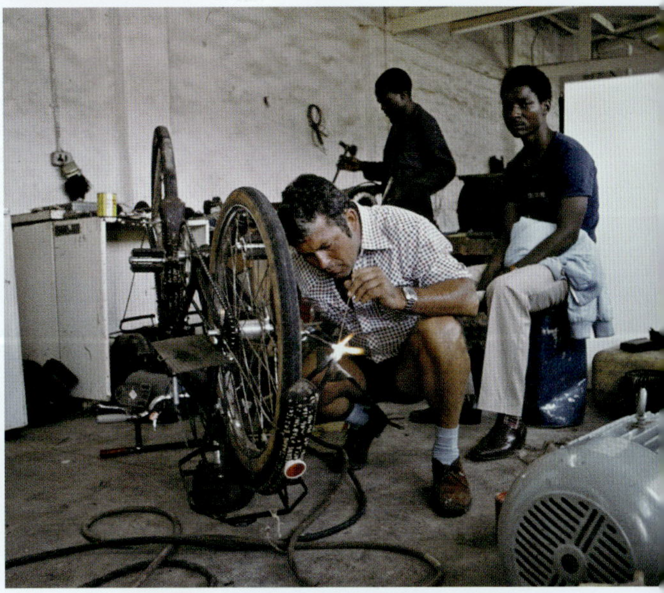

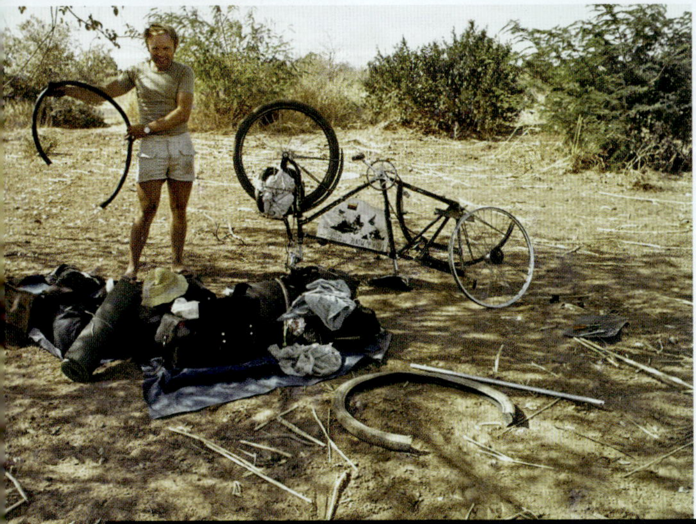

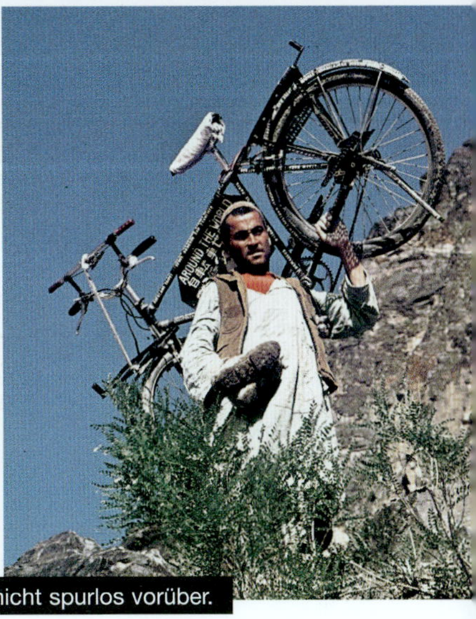

Auch am stabilsten Rad gehen die Jahrzehnte und Kontinente nicht spurlos vorüber.

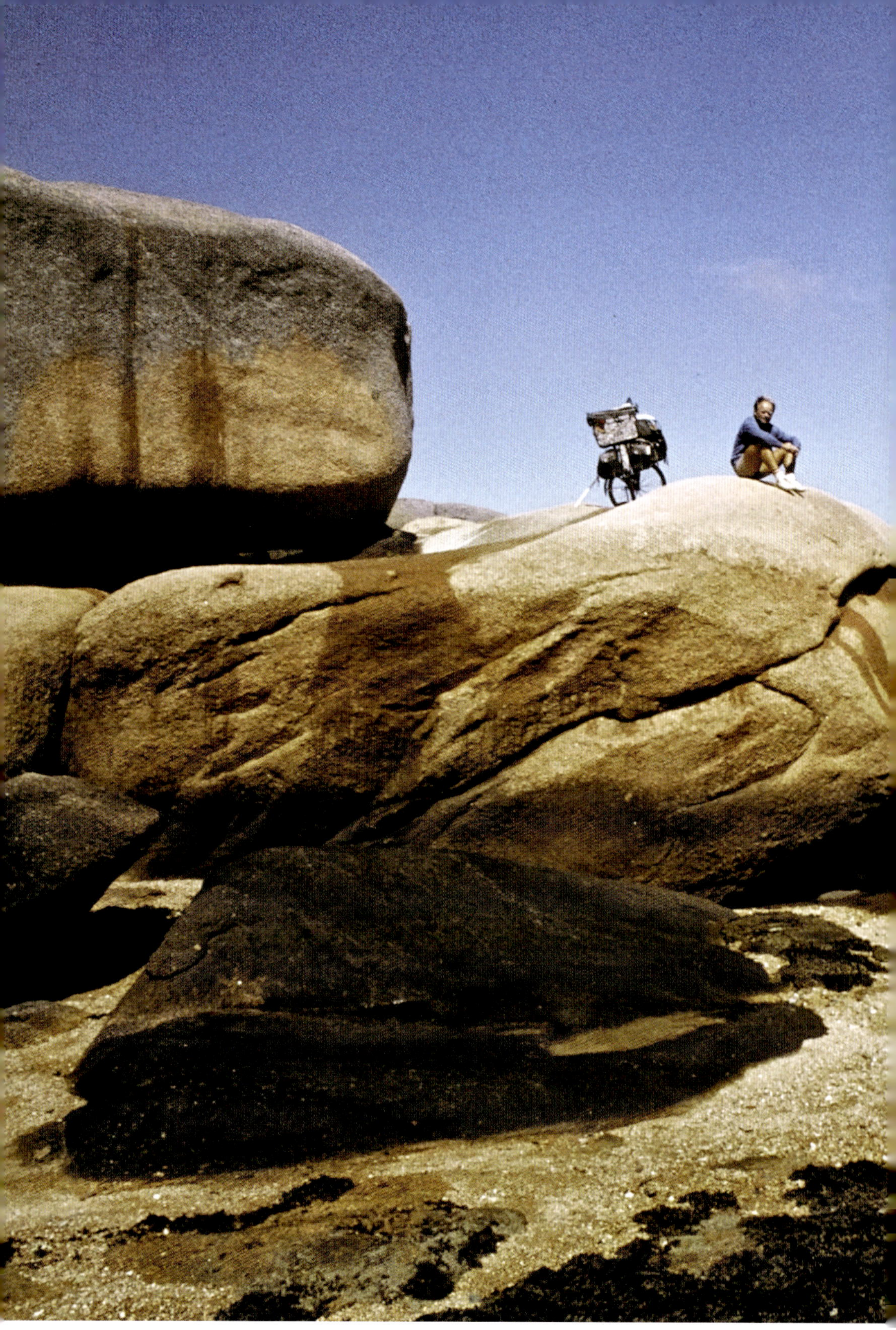

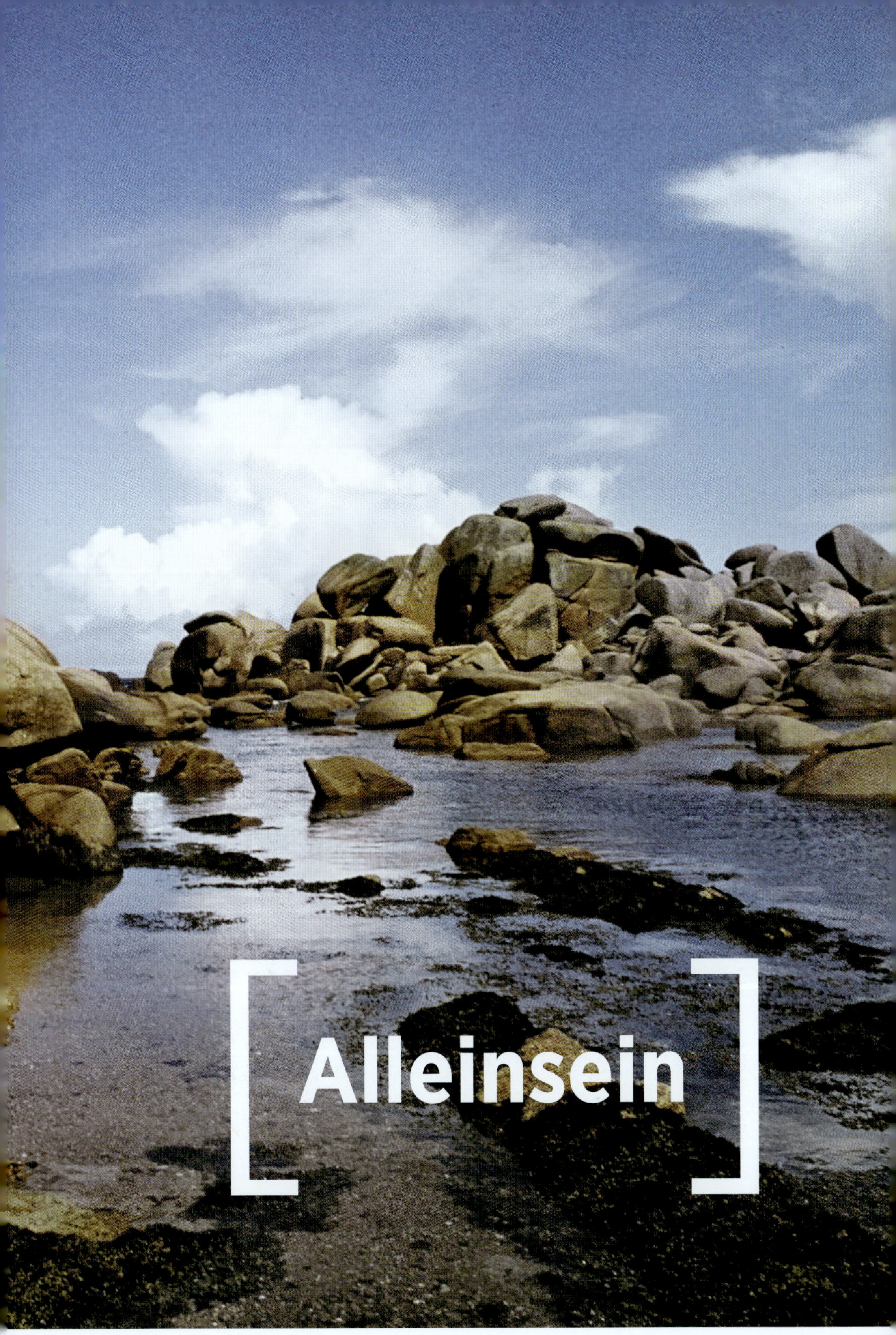

Alleinsein

»Ich ziehe es vor, allein zu reisen, weil es für mich äußerst wichtig ist, meine eigene Geschwindigkeit zu bestimmen und einzuhalten. Außerdem, im Falle einer falschen Entscheidung, kann ich niemand außer mich selbst beschuldigen. Ich glaube auch, dass ein Einzelreisender mehr lernt, weil er, um nicht allein zu sein, immer neue Kontakte schließen muss. Auch bekommt man als Einzelperson mehr spontane Einladungen, eine Arbeit ist leichter zu finden oder eine Passage auf einem Schiff. Heute weiß ich, dass es richtig war, allein zu fahren, obwohl ich am Anfang gern einen Mitfahrer gehabt hätte, wenn ich jemand hätte finden können. Das heißt nun nicht, dass ich grundsätzlich allein fahre, und hin und wieder hat es sich schon so ergeben, einen Reisegefährten für kurze Zeit zu finden.«

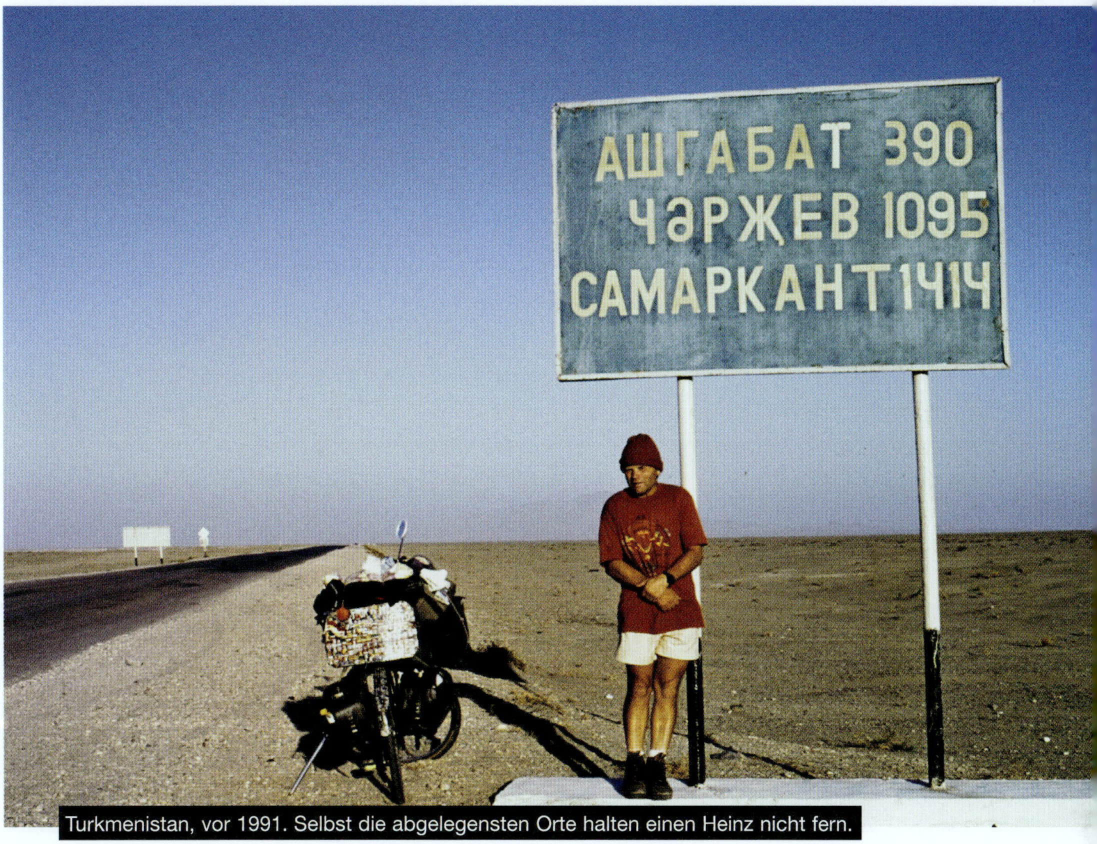

Turkmenistan, vor 1991. Selbst die abgelegensten Orte halten einen Heinz nicht fern.

Heinz lebt, zurück in Hövelhof, allein. Doch wer denkt, dass er den ganzen Tag allein in seinem Bungalow verbringt, der irrt. Fast täglich stehen Besucher vor seiner Tür, und ab mittags klingelt immer wieder das Telefon. Freunde aus der ganzen Welt rufen an, um auf dem Laufenden zu bleiben und zu hören, wie es ihm geht. Zum Beispiel meldet sich Valentin, ein Mann, den er 1982 zufällig auf der Fähre nach Sardinien getroffen hat. Der damals 20-Jährige ist von Bayern aus mit seinem Freund auf einer Motorradtour, als sie Heinz auf der Überfahrt vom Festland treffen. Zwei Tage später, an der Ostküste der Insel, begegnen sich die drei Männer wieder. Sie schlagen ihre Zelte zusammen auf und verbringen einen lustigen Abend voller spannender Erzählungen miteinander. Valentin hat zu dieser Zeit einen großen Traum, den von einer langen Radreise quer durch Afrika. Zu gern möchte er einmal in seinem Leben von Deutschland aus bis ans Kap der Guten Hoffnung radeln. Heinz gibt ihm Tipps und macht ihm Mut, es einfach zu tun. Einfach losradeln. Am kommenden Morgen verabschieden sich die Männer.

Drei Jahre später begegnen sich Heinz und Valentin zufällig auf dem Campingplatz Chez Alice in Lomé, Togo, und staunen nicht schlecht. Drei Wochen bleiben sie dort gemeinsam hängen. Der Campingplatz gilt als eine Art Treffpunkt für viele Sahara-Reisende, die hier nach dem Trip ihre Autos wieder verkaufen, daher ist immer etwas los. Ständig kommen neue Abenteurer vorbei, man trinkt gemeinsam Bier und tauscht Geschichten aus. Auf den knapp 200

Kilometern bis Porto-Novo, der Hauptstadt von Benin, leisten sich die beiden Deutschen noch Gesellschaft, dann verabschieden sie sich voneinander. Das ist immerhin fast 40 Jahre her, und trotzdem meldet sich Valentin, der inzwischen in Rumänien lebt, regelmäßig, war sogar schon einmal zu Besuch.

Seine außergewöhnliche Fähigkeit, eine Verbindung zu Menschen aufzubauen, davon berichtet im Grunde jeder, der Heinz begegnet. Sein breit gefächertes Interesse hilft ihm, das passende Gesprächsthema zu finden. Hat der Besucher familiäre Wurzeln in einem anderen Land, dann war Heinz sicher schon da und weiß etwas Gutes darüber zu erzählen. Oder es sind die Reisepläne. Irgendeinen gemeinsamen Nenner findet Heinz immer, sei es für einen Austausch oder auch mal eine angeregte Diskussion.

Doch auch ein Heinz Stücke hat mal genug vom Small Talk und von neuen Bekanntschaften, weshalb er in diesen vielen Jahren oft allein unterwegs ist. In menschenarmen Regionen oder weil gerade keine Zeit für neue Begegnungen und Besuche ist. Mit sich selbst ist er zufrieden und hält es gut in der eigenen Gesellschaft aus. Die Unterhaltung, die er in solchen Zeiten benötigt, um gesund zu bleiben, liefern ihm sein Radio oder das *Time Magazine*. Vermutlich bezeichnet er beides daher auch nicht als Luxus, sondern als Notwendigkeit.

»Einsam fühle ich mich nicht, weil ich eine lebhafte Vorstellung habe und mich beschäftige mit Plänen für die Zukunft oder Erinnerungen an vergangene Länder. Ich träume am lichten Tage von glücklichen oder beschämenden Momenten. Oder ich höre meinem Kurzwellenradio zu.«

Seine Freiheit ist Heinz enorm wichtig. Nicht nur wenn es darum geht, dass er reist, sondern auch in seinen Entscheidungen, was die nächsten Schritte angeht. Er möchte selbst die Verantwortung für alles übernehmen, was seine Reise betrifft, denn es ist seine Route. Obwohl er so gesellig ist, so sagt er selber, möchte er ein Leben ohne Verpflichtungen, Anhänge oder Bindungen leben, in dem ihm niemand vorschreibt, was er zu tun hat.

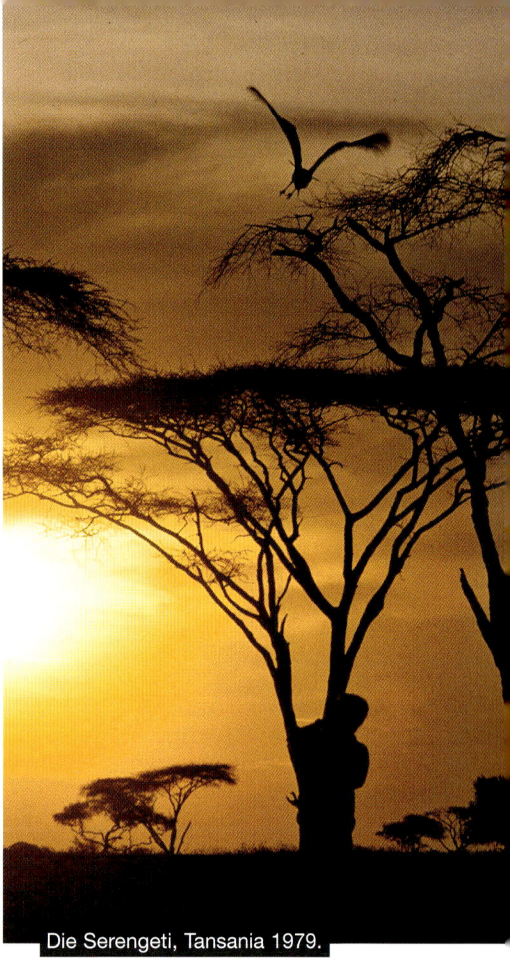
Die Serengeti, Tansania 1979.

Ein Mensch, der Angst vor dem Alleinsein hat, wäre sicher auch nicht zu einem solchen Abenteuer aufgebrochen. Es erfordert Mut und Kraft, sich wie Heinz komplett von der gewohnten Gemeinschaft loszulösen und einen so individuellen Weg zu gehen. Auch bei Heinz war es ein jahrelanger Prozess, bis er sich freigestrampelt hatte. Die Strenge und die vielen Pflichten seiner Kindheit, Freundschaften und moralische Werte. Doch es war notwendig, um das zu tun, was er tun wollte. Ihn als Einzelgänger zu bezeichnen, das täte ihm unrecht, denn er hat Interaktionen mit Menschen nie gemieden. Im Gegenteil: Obwohl Heinz nicht Teil einer festen sozialen Gemeinschaft war, hat er den Kontakt zu Menschen gesucht und immer wieder erfolgreich hergestellt, denn er liebt sie.

Auch während seiner achtjährigen Beziehung mit Zoya, einer alleinerziehenden Mutter aus Belarus, ist Heinz viel allein unterwegs. Zwar treffen sich die beiden seit ihrer ersten Begegnung 1992 in Minsk immer wieder, doch das Reisen aufgeben kann oder möchte er nicht. Zoya kann nicht Fahrrad fahren und weigert sich, es zu lernen. Sie findet es spannend, zusammen mit Heinz einige Flecken der Welt zu erkunden, die sie sonst vielleicht nicht besucht hätte. Doch Heinz' ständige Abwesenheit macht sie auf Dauer unzufrieden, und so heiratet sie schließlich einen anderen Mann. Für Heinz ist sie in der Zeit ihrer Beziehung die wichtigste Frau in seinem Leben geworden, und die Trennung trifft ihn bis ins Innerstes. Alles erscheint ihm im ersten Moment sinnlos, doch er weiß, dass auch das vorübergehen wird.

Dass er es sein Leben lang schafft, sich in unserer vernetzten Welt seine Eigenständigkeit zu bewahren und lediglich die Hilfe von Einzelpersonen in Anspruch zu nehmen, darauf ist Heinz stolz. Er möchte keine Versicherungen, keine Mitgliedschaft in einer Krankenkasse und auch keine Sozialleistungen. Wie sagt er selber? »I am a one-man enterprise working my way through the labyrinth of society. Alone but never lonely.«

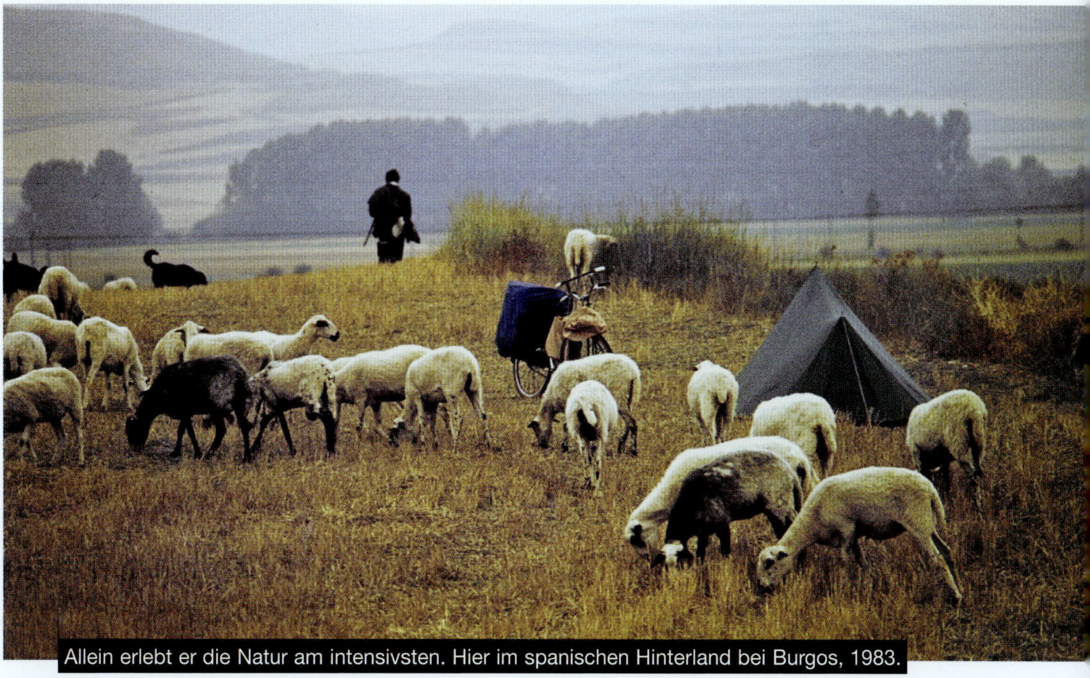

Allein erlebt er die Natur am intensivsten. Hier im spanischen Hinterland bei Burgos, 1983.

Bilder

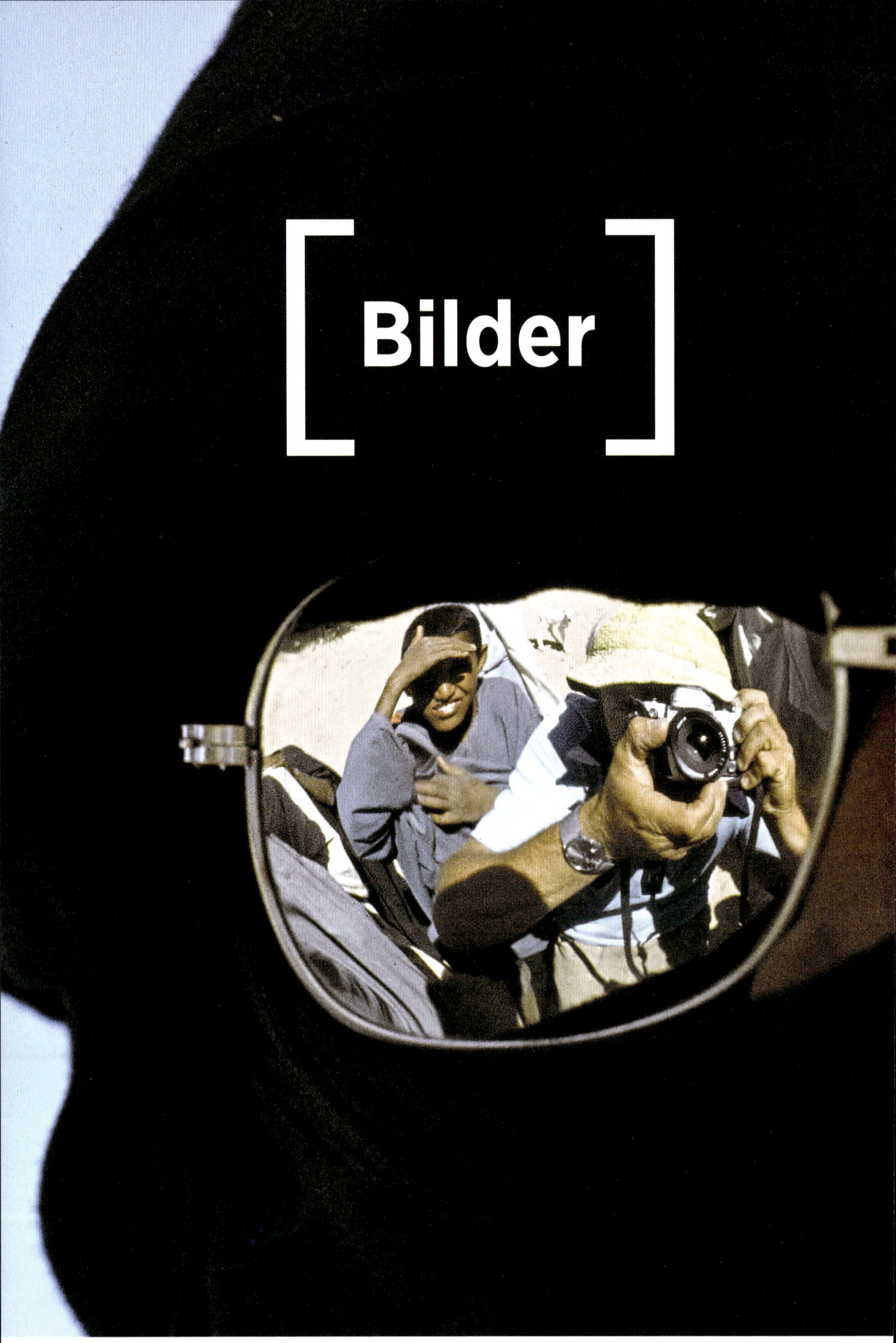

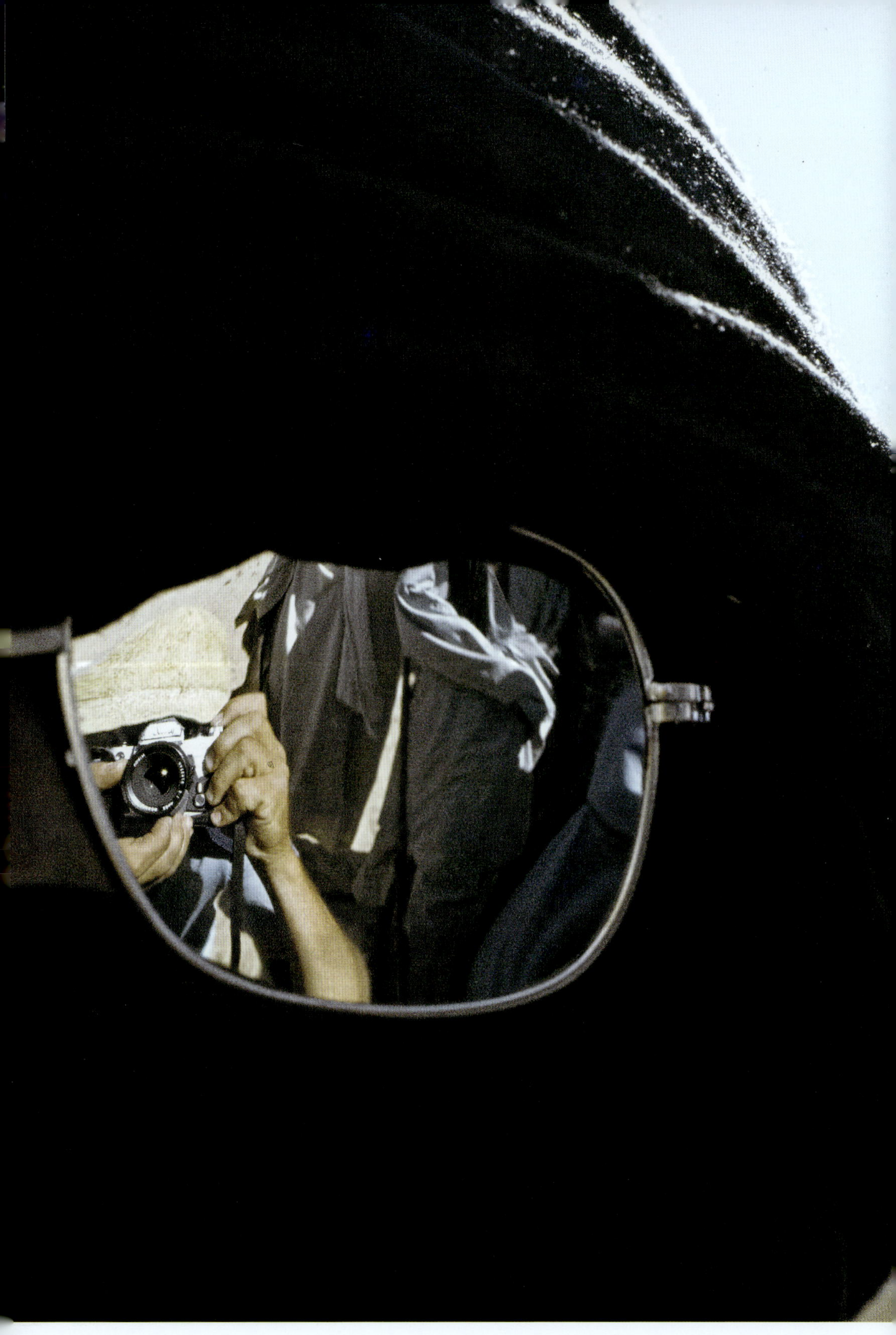

»Wohin es auch ging, immer wieder habe ich versucht, die Menschen, ihr Leben und ihre Umgebung mit einer Kamera einzufangen.«

Es ist 1990 und Heinz hat bereits seit fast zwei Jahren China-Radreise-Erfahrungen gesammelt, als er in der Region Tibet von der chinesischen Polizei aufgegriffen wird. Mal wieder, kann man sagen, und sicher denkt Heinz das auch. Denn in den vergangenen Monaten hat er immer wieder die Aufmerksamkeit der Volkspolizisten erregt und ist unzählige Male kontrolliert worden. Hin und wieder hat man ihn auch aufs Revier mitgenommen. Bisher war das aber nie ein Problem. Bisher konnte er die Staatshüter jedes Mal von seiner Harmlosigkeit überzeugen, konnte immer wieder aufs Rad steigen und weiterfahren. Die Reise durch dieses riesige und exotische Land ist auch ohne derartige Störungen herausfordernd genug.

Da ist zum einen die Sprache, die extrem schwierig zu lernen ist. Und auch wenn Heinz sich alle Mühe gibt, die richtige Betonung zu finden, es ist schwer. Wenn er nach dem Weg zu einer Stadt fragt, weiß er nie, ob man ihn verstanden hat, und so bekommt er ständig falsche Antworten. Oder vielleicht sind die Antworten richtig, aber er versteht sie falsch. Wenn man erst einmal mit dem Fahrrad 200 Kilometer in eine Richtung gefahren ist, um dann zu merken, dass es die verkehrte ist, dann ist das frustrierend und schreit nach Verbesserung. Heinz besorgt sich Landkarten, die so detailliert sind, wie nur eben möglich. Jede Stadt sollte möglichst darauf verzeichnet sein. So kann er darauf zeigen, wenn er beispielsweise an einer Kreuzung nach dem richtigen Weg fragt, und ist weniger auf sein Chinesisch angewiesen.

Eine weitere Herausforderung stellen die Übernachtungen dar. Und das soll bei einem so anspruchslos reisenden Menschen schon etwas heißen. Meistens kommt er in Hotels unter, in denen außer ihm nur Chinesen sind. Klingt erst mal unproblematisch, bis ab vier Uhr morgens das traditionelle chinesische Reinigungsritual, das Spucken, durch den Hof hallt. Es ist eine alte Tradition, geräuschvoll allen Schleim aus den Tiefen der Lungen hochzuziehen, die viele Chinesen als notwendige Reinigung betrachten. Wenn viele dieser Traditionalisten aufeinandertreffen, hilft Heinz auch nicht mehr sein Kopfkissen über dem Kopf.

Dass auch das Essen in China nicht selten Überwindung kostet, muss nicht ausführlich beschrieben werden. Schnell runter damit, bevor man wirklich weiß, was da zusammengemischt wurde. So lautet Heinz' Devise, wenn er unsicher ist, ob er mal wieder Hund oder Hirn in der Schüssel hat.

Nun aber wird er wieder einmal verhaftet und auf ein Polizeirevier gebracht. Die chinesischen Ordnungshüter in Tibet sind in

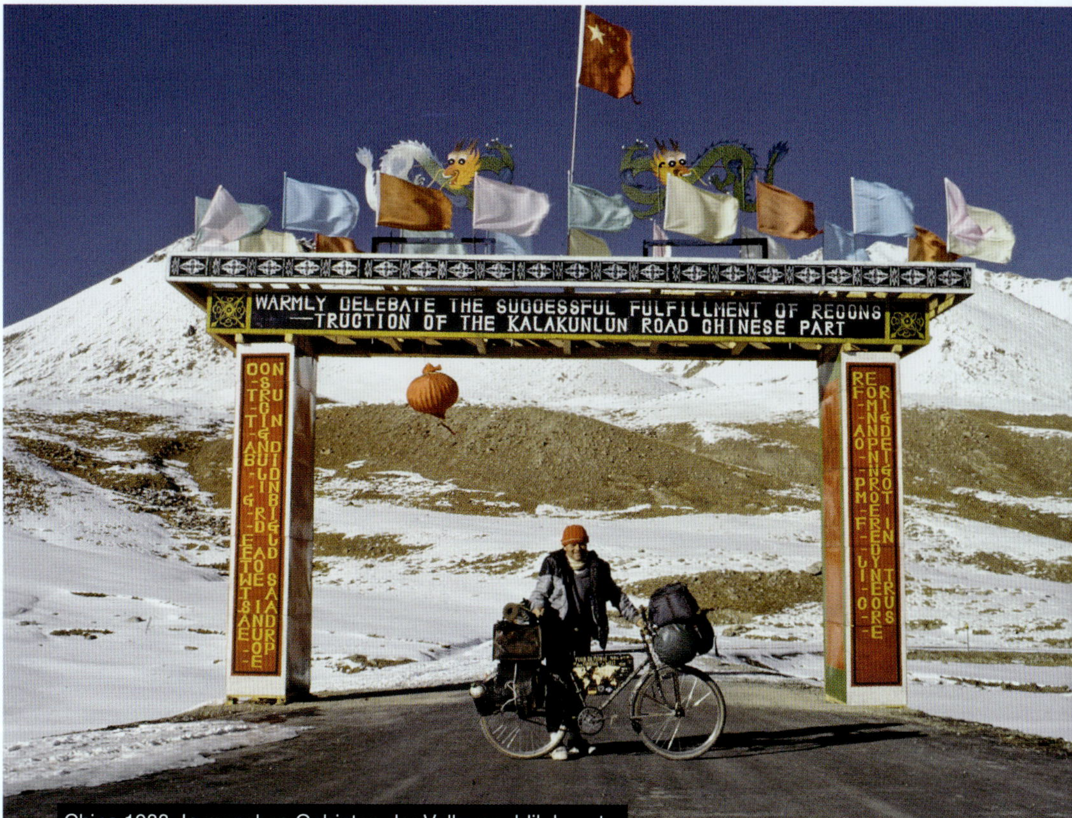

China 1988. In manchen Gebieten der Volksrepublik konnte Heinz gut reisen, viele hatten keine Struktur für Touristen.

diesem Fall besonders streng. Seine Taschen am Fahrrad werden durchwühlt, seine Bilder beschlagnahmt und vernichtet. Ein Glück, dass er ein Dutzend Filmrollen unter seine schmutzige Wäsche gestopft hat. Davon abgeschreckt, durchsucht der Polizist seine Satteltaschen nicht bis in alle Tiefen und findet nur den Film, der gerade in der Kamera steckt. Mit einem kleinen Bestechungsgeld entkommt Heinz dieser Situation diesmal jedoch nicht. Vielmehr landet er vor Gericht. Trotz aller Probleme mit der Kommunikation macht er dem Richter und den Polizisten klar, dass er kein Geld für eine Strafe oder eine Zugfahrt ins Ausland besitzt. Was sie mit der Handvoll Travellerschecks in seinen Sachen gefunden haben, begreifen sie glücklicherweise nicht. So wird er letztendlich freigelassen und mit einem Transporter an die Grenze zu Nepal gebracht. In Kathmandu lässt er sich einen neuen Reisepass ausstellen. Einen, in dem die Stempel seiner Ausreise und sein Status als chinesische Persona non grata nicht vorhanden sind. Zum Glück ist man dort nicht digital aufgestellt, und so weiß niemand von seinen bisherigen »Verurteilungen«. Mit dem neuen Pass in der Tasche und einem Flug nach Hongkong ist er bald wieder in China. Die Filmrollen übergibt er in Lhasa zwei Touristinnen, die sie problemlos nach Hongkong überführen.

Fotografiert Heinz anfangs noch, um Andenken zu schaffen und Erinnerungen zu festigen, so lernt er schnell den kommerziellen Wert seiner Bilder kennen. Bereits nach seiner

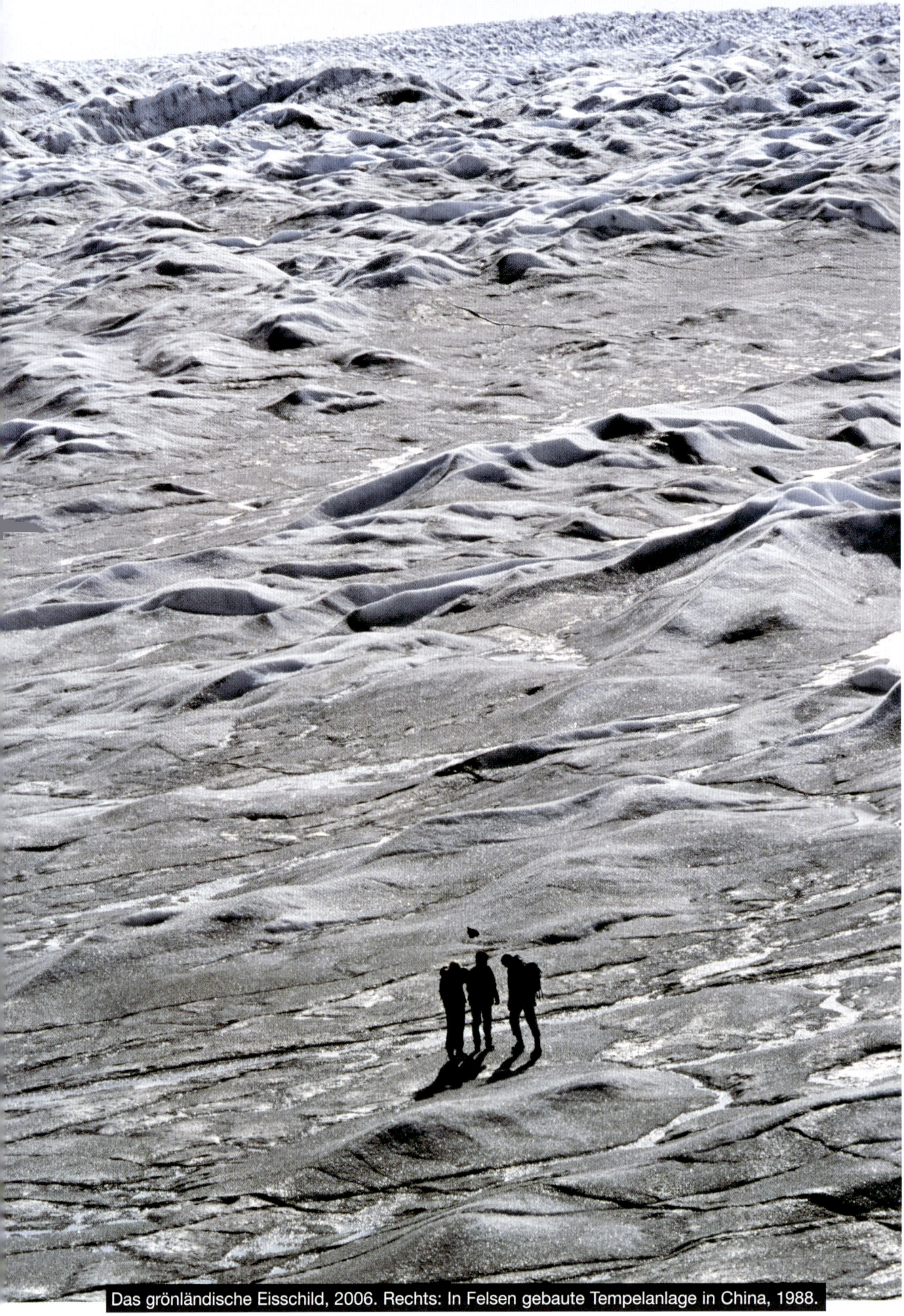

Das grönländische Eisschild, 2006. Rechts: In Felsen gebaute Tempelanlage in China, 1988.

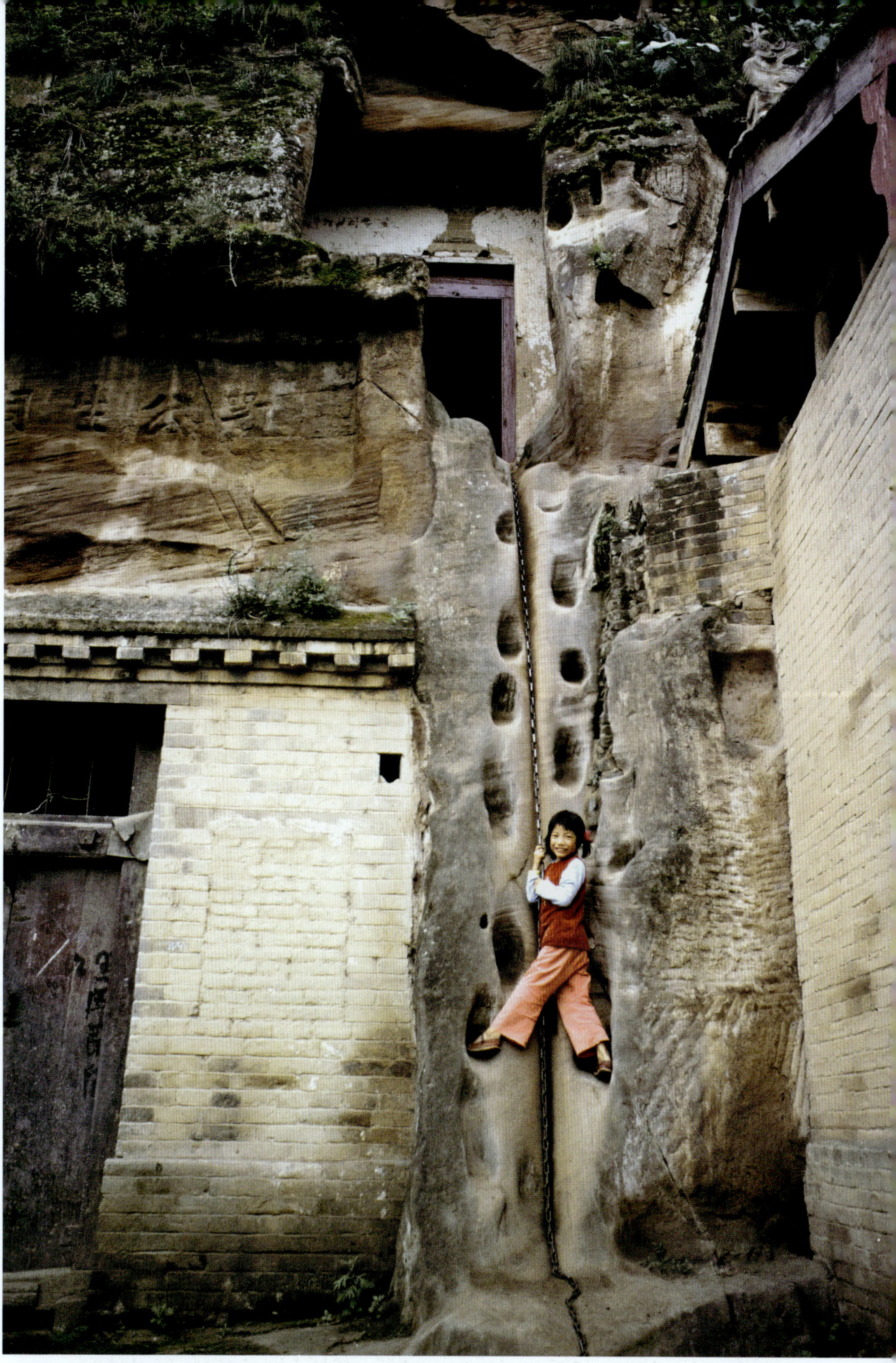

ersten Tour nach Indien verdient er mit Diavorträgen Geld und kann damit seine Reisekasse schneller füllen als ursprünglich erwartet. Und auch unterwegs findet er überall begeisterte Zuschauer, denen er seine Aufnahmen nur zu gern zeigt und über seine Reise berichtet.

Mit dem Verkauf seiner Bilder verdient sich Heinz zunächst nur ein bisschen Kleingeld, bis er 1971 in Japan eine weitere Broschüre, ein Heftchen mit seinen Fotos und etwas Text, drucken lässt, die er erfolgreich verkauft. Er findet viel Unterstützung und erreicht eine gewisse Popularität. Heinz lernt schnell ein bisschen Japanisch und verkauft so viele Broschüren, dass er Japan im November 1972 »mit vielen guten Erinnerungen und der Tasche voll Geld« verlässt.

Heinz besitzt einen guten fotografischen Blick für das passende Motiv und hat eine Begabung für den richtigen Bildaufbau. Beides verfeinert er fortwährend. Er legt Wert auf eine gute Ausrüstung und lernt mit der Zeit, alles, was ihm begegnet, immer besser fotografisch in Szene zu setzten. Außergewöhnliche Orte für sein Zelt, markante Gesichter, beeindruckende Landschaften und kunterbunte Alltagsszenen. 1978 nimmt ihn daher die Fotoagentur Frank Spooner Pictures of London in ihr Portfolio auf und sichert ihm auf diese Weise ein kleines regelmäßiges Einkommen.

Einen anderen Streifzug in die Arbeitswelt als Fotograf hat ihm sein Talent schon vorher ermöglicht. 1970, bei der neunten Fußballweltmeisterschaft in Mexiko, steht Heinz Stücke als akkreditierter Fotograf im Pulk der Berichterstatter. Geld verdienen und live dabei sein, während Pelé zu Höchstformen aufläuft und die Brasilianer alle anderen in die Tasche stecken – da kann ein Leben in Hövelhof einfach nicht mithalten. Noch über 50 Jahre später wird das Foto, auf dem sich der ehemalige Stürmer aus Ostwestfalen und die Legende Pelé die Hände schütteln als Souvenir in seinem Ausstellungsraum zu sehen sein.

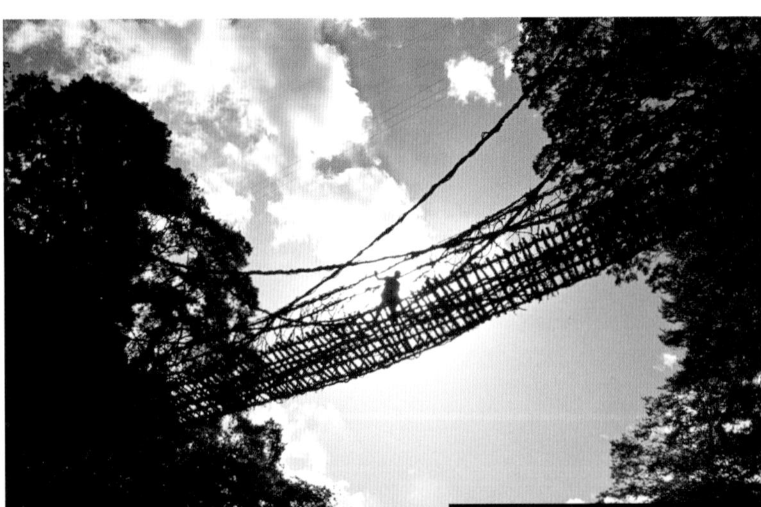

Japan 1972. Hängebrücke über den Katsura.

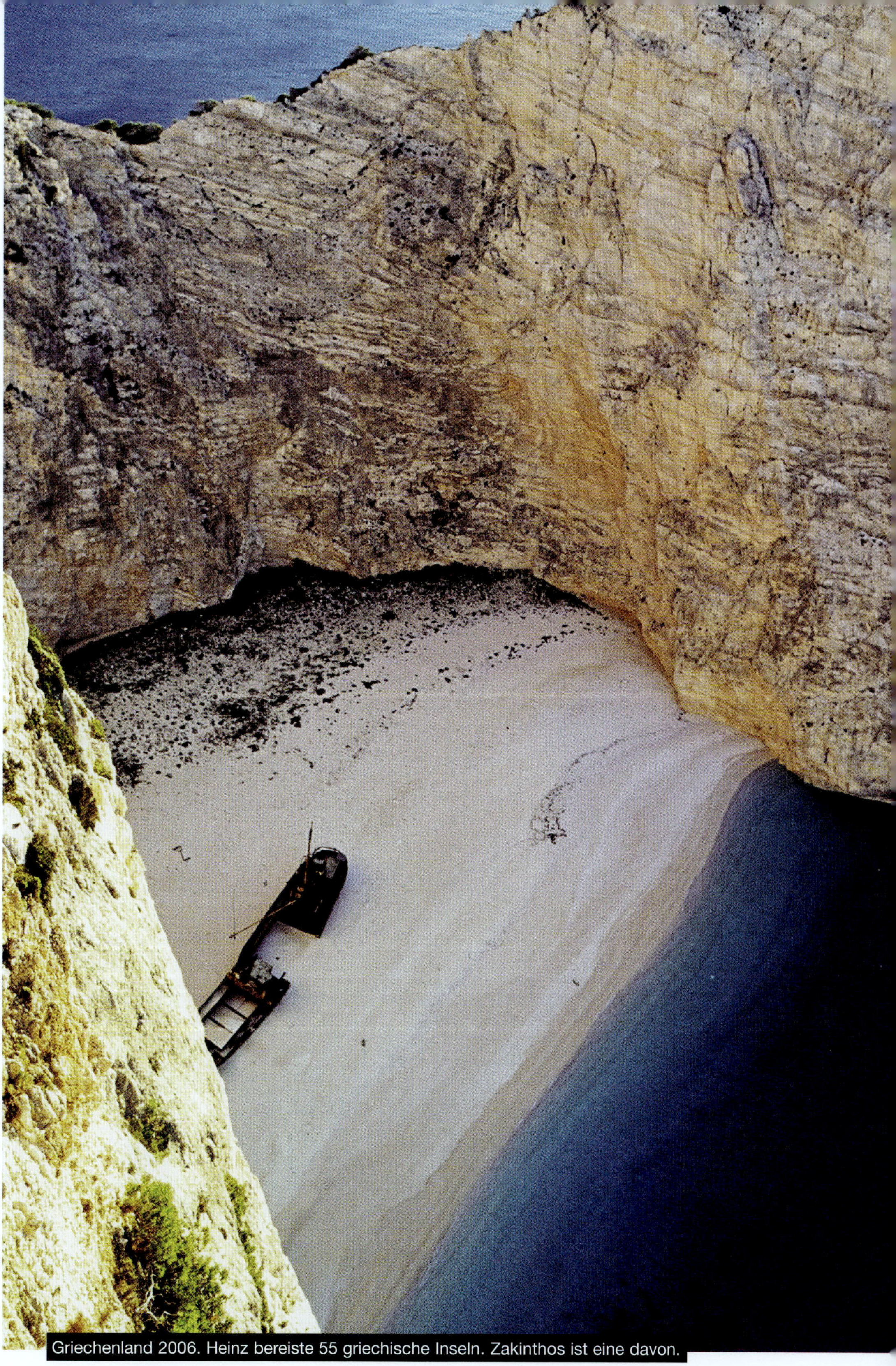

Griechenland 2006. Heinz bereiste 55 griechische Inseln. Zakinthos ist eine davon.

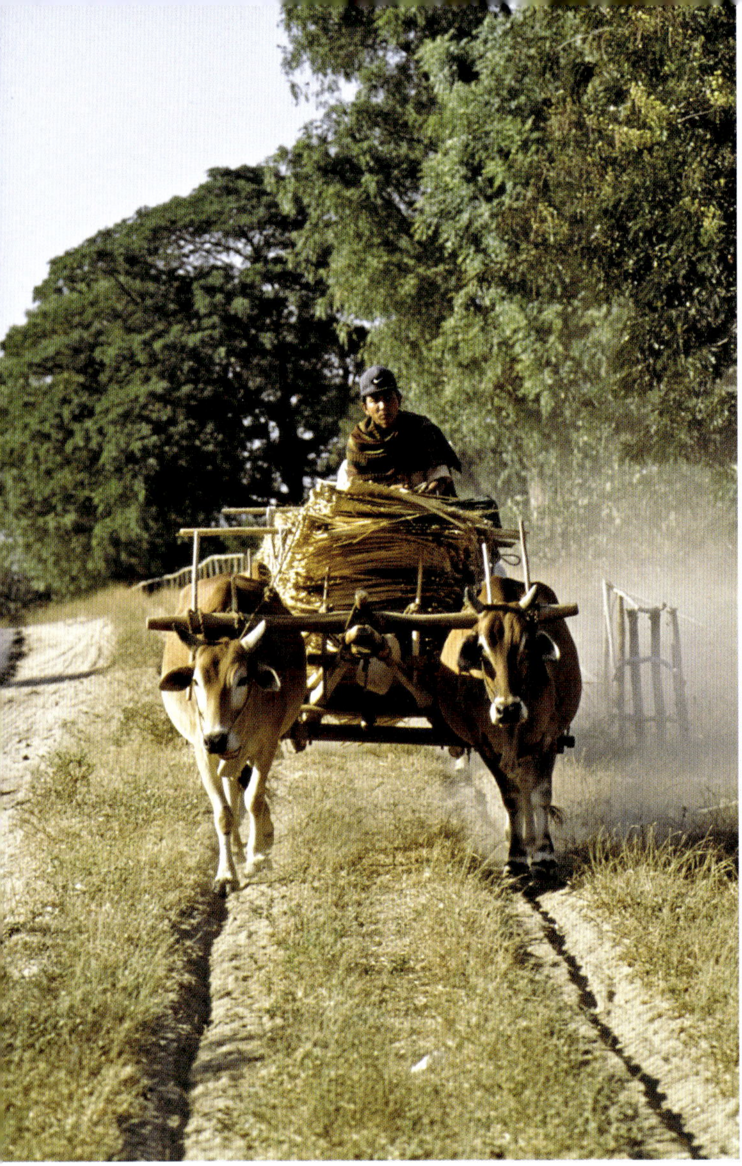

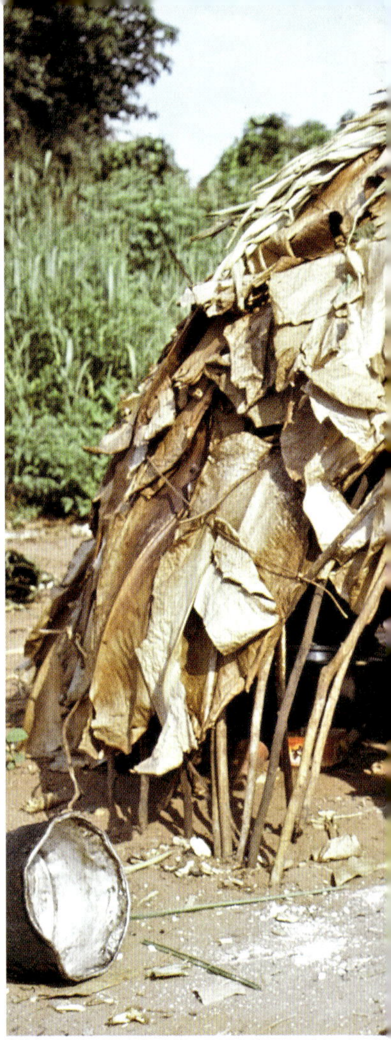

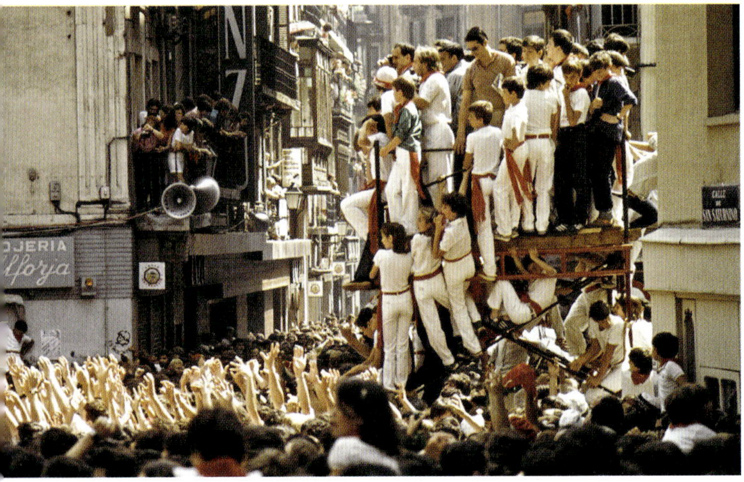
OJERIA
lforja

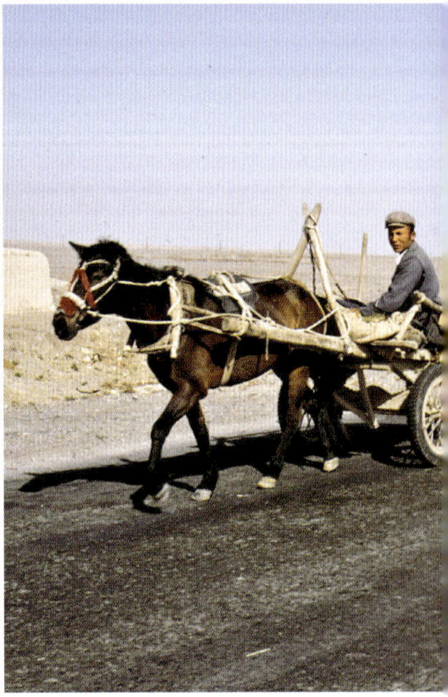

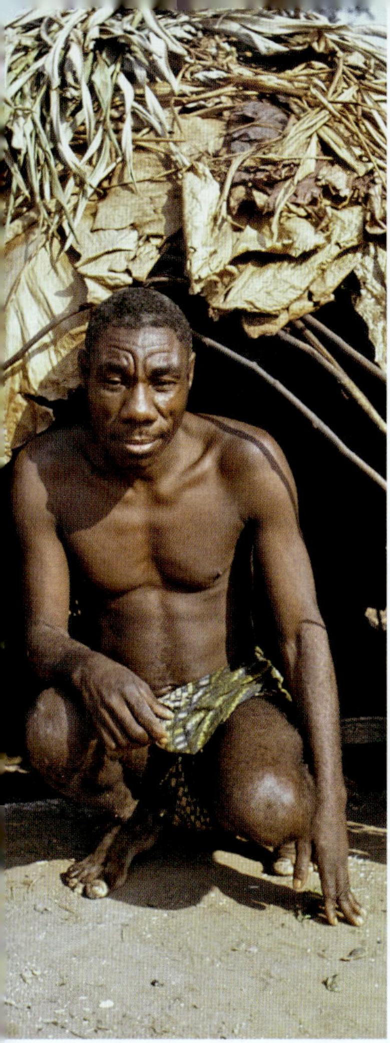

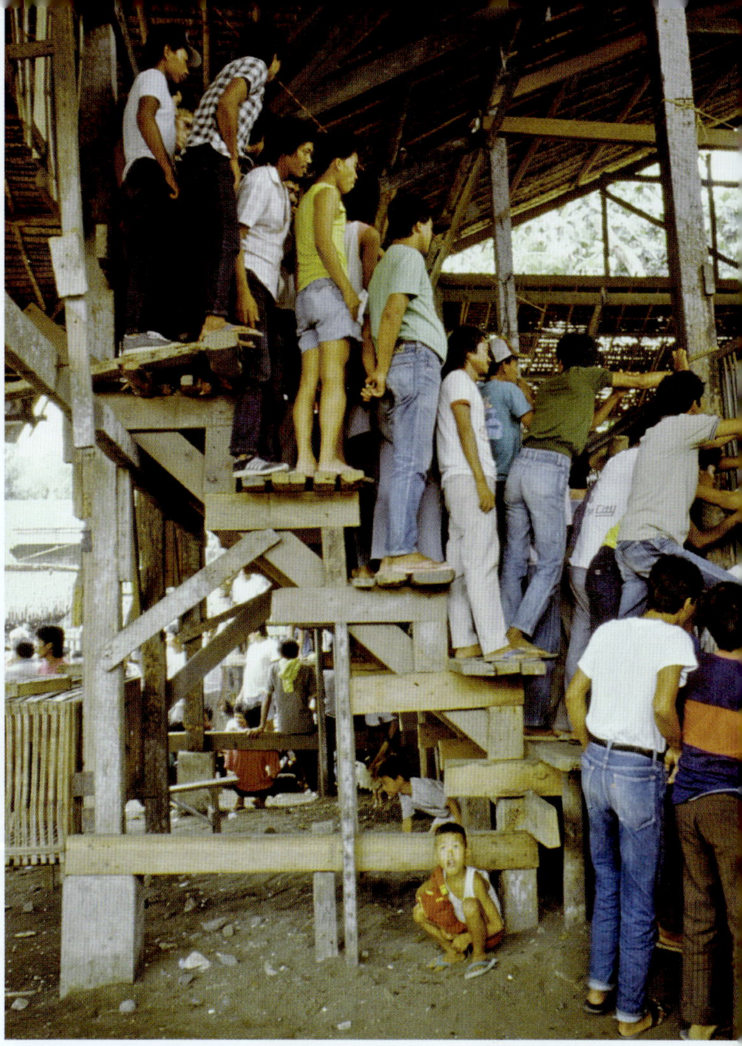

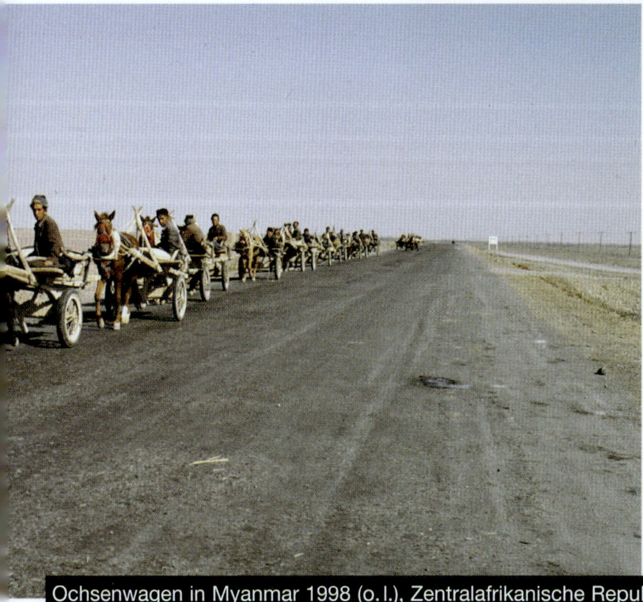

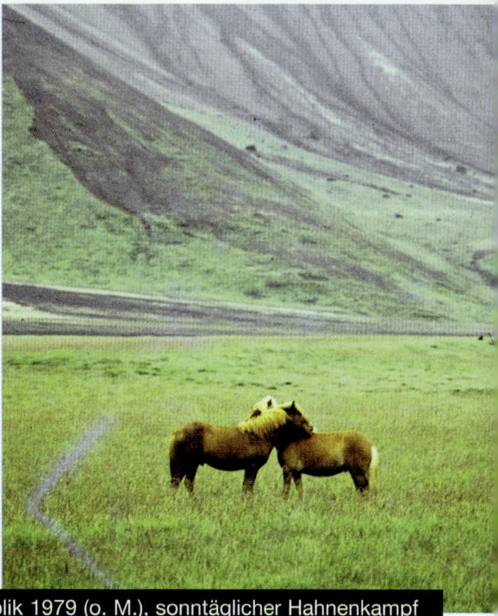

Ochsenwagen in Myanmar 1998 (o. l.), Zentralafrikanische Republik 1979 (o. M.), sonntäglicher Hahnenkampf auf den Philippinen 1988 (o. r.), Islandpferde 1979 (u. r.), China 1988 und spanische Menschentürme 1983 (u. l.).

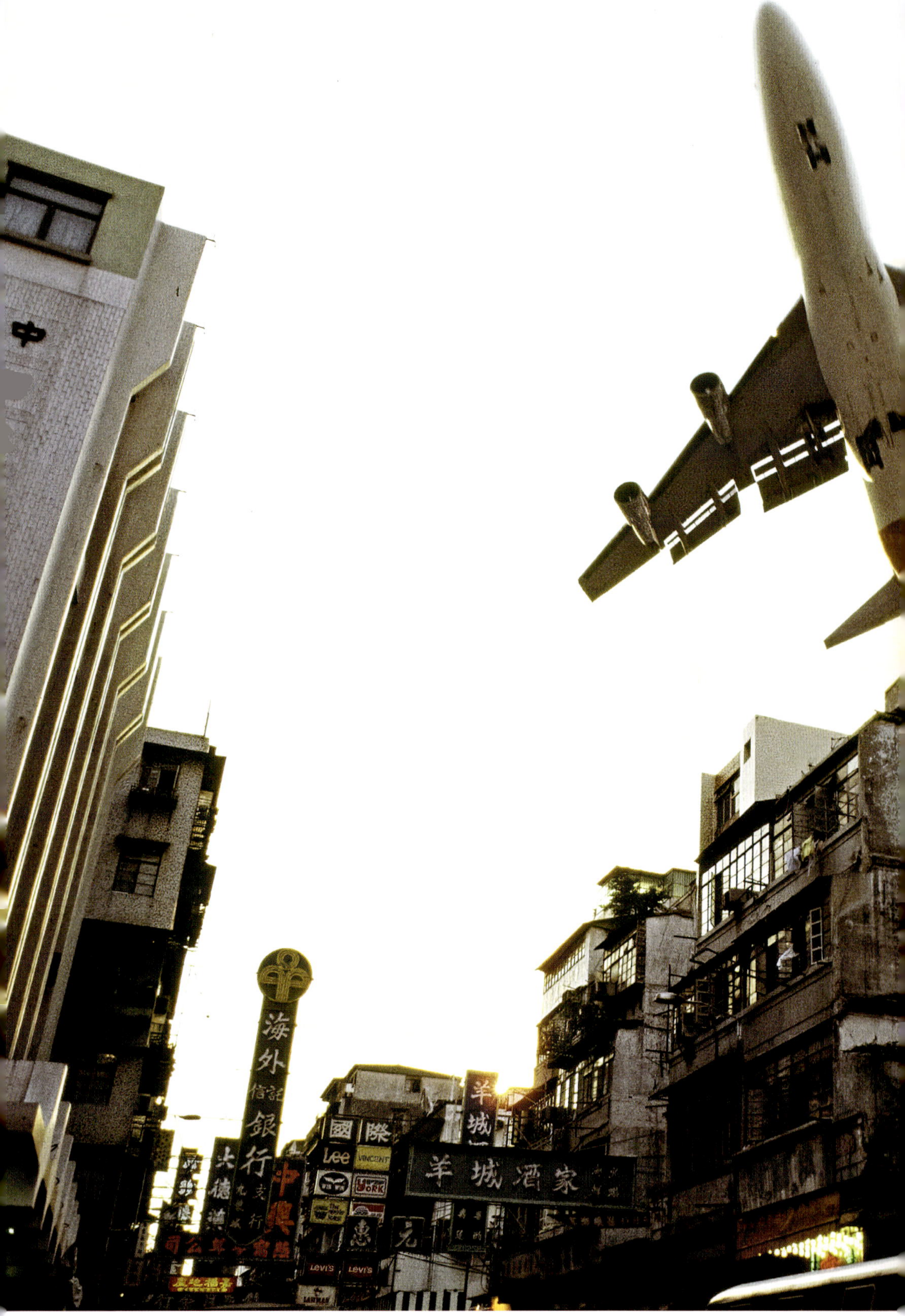
海外
信託
銀行
國際
Lee
VINCENT
YORK
羊城
羊城酒家
Levi's
Levi's

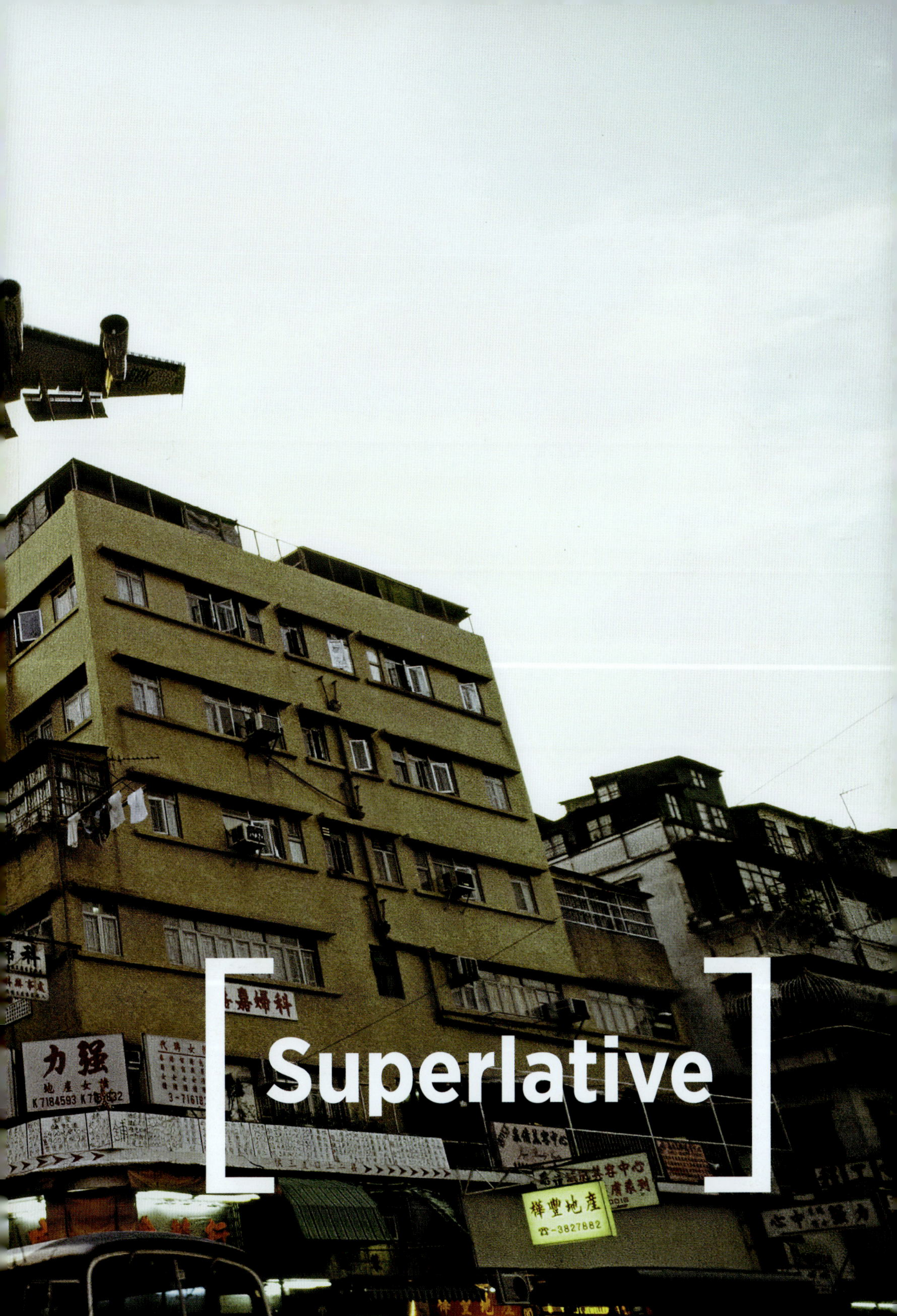

Superlative

»Eine Frage, die mir am häufigsten gestellt wurde, ist: ›Wo ist es am schönsten? – Was ist das beste Land?‹ Es ist schwierig, nur eines zu nennen. Was man am liebsten hat, liegt daran, was man am liebsten tut oder sieht. Für die einen sind es die Berge oder die Seen oder das Meer oder die Landschaften im Allgemeinen. Für andere sind es fremdartige Kulturen, fremdartige Menschen, Tiere oder Vegetation [...]. Ich bin nicht auf der Suche nach dem Paradies. Ich bin nicht auf der Suche nach dem ›besten Land‹, wo ich mich niederlassen will. Ich bin nicht auf der Suche nach etwas Besonderem wie der Bergsteiger nach seinem Gipfel oder der Wellenreiter nach seiner Woge.«

Die Frage, wo es ihm auf seiner Reise am besten gefallen hat oder was sein größter Erfolg war, nervt Heinz. Das ist nachvollziehbar, denn erstens hat er diese und ähnliche Fragen in seinem Leben schon dermaßen oft gehört. Und zweitens, wie soll man sich denn nach über 51 Jahren Reise auf ein oder zwei Highlights festlegen?

Manchmal war die Reise für Heinz abenteuerlich und unglaublich. Eine wunderbare Aussicht, ein unglaublicher Tempel, ein bildschöner Strand oder eine besonders interessante Begegnung folgte der nächsten. Sicher schien manchmal schier kein Platz mehr in seiner Brust, um den vielen Momenten des Glücks und der Freiheit Raum zu geben. Doch genauso folgten auch regelrechte Ketten von versäumten Gelegenheiten, schlechten Nächten, unguten Gefühlen. Momente, in denen die Reise nicht leicht, sondern beschwerlich und anstrengend schien. Eine Überlebensstrategie, die Heinz in solchen Momenten immer weitergeholfen hat, ist die Wut. Sie ließ ihn in die Pedale treten und treten und treten, bis er sich besser fühlte und sich letztlich auch die Umstände besserten.

Keine Frage, oft hat er am Ende eines Tages gedacht, dass das gerade Erlebte nicht zu steigern sei. Und wurde dann mit Sicherheit irgendwann eines Besseren belehrt. Denn nur im Jetzt sind Glücksgefühle und Frust so intensiv und spürbar, wie es die Empfindungen der Vergangenheit kaum sein können.

»Zurück zur Frage des besten Landes. Da muss ich zugeben, dass es Länder gegeben hat, wo es mir persönlich besser gefiel, wo ich bessere Erfahrungen machte, mehr Freundschaften schloss, mehr Geld hatte und mehr Abenteuer erlebte. Als Kontinent und von meinem Temperament her hat mir Südamerika besonders gut gefallen. Am erfolgreichsten in vieler Hinsicht war Japan. Eine große Kultur, eine großartige Landschaft, freundliche, höfliche, ehrliche Menschen, genügend Geld ... aber ein ›Aber‹ gibt es immer, so auch in Japan. Überbevölkerung, Umweltverschmutzung und ein gaijin bleibt ein gaijin.« Ein Fremder.

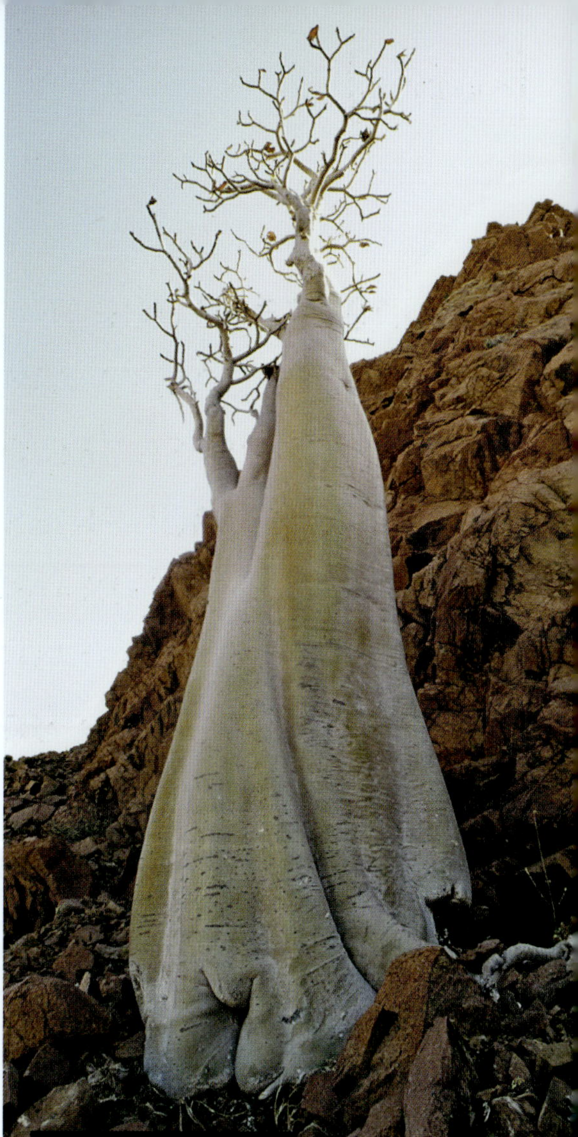
Bottle Tree in Jemen, 2005.

»Jedes Land hat seine Vor- und Nachteile. In ihrer Originalität haben mir fast alle Länder gefallen. Ich versuche, meine Augen aufzuhalten, versuche, aufnahmebereit zu sein, und versuche zu verstehen, was meines Weges kommt.«

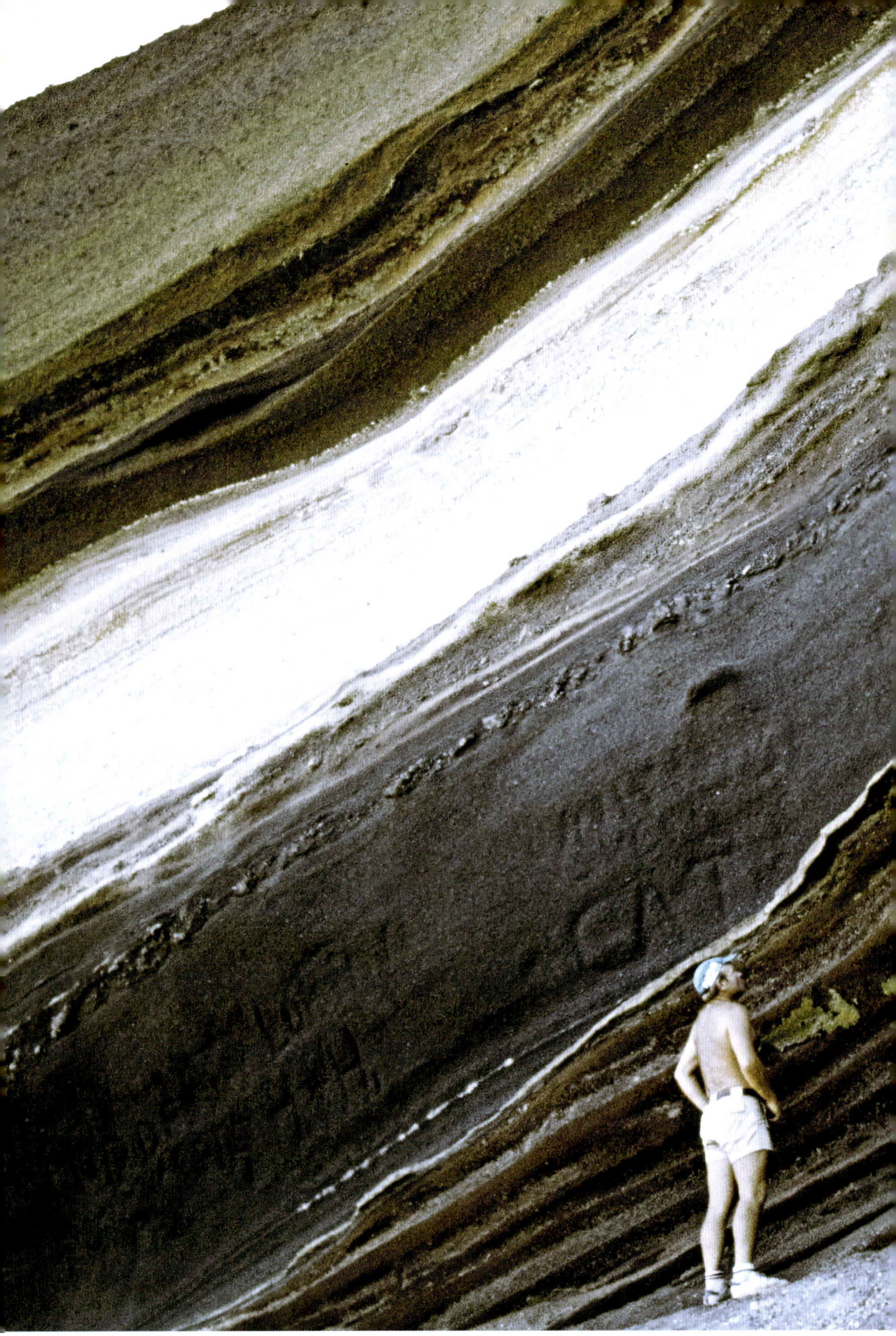

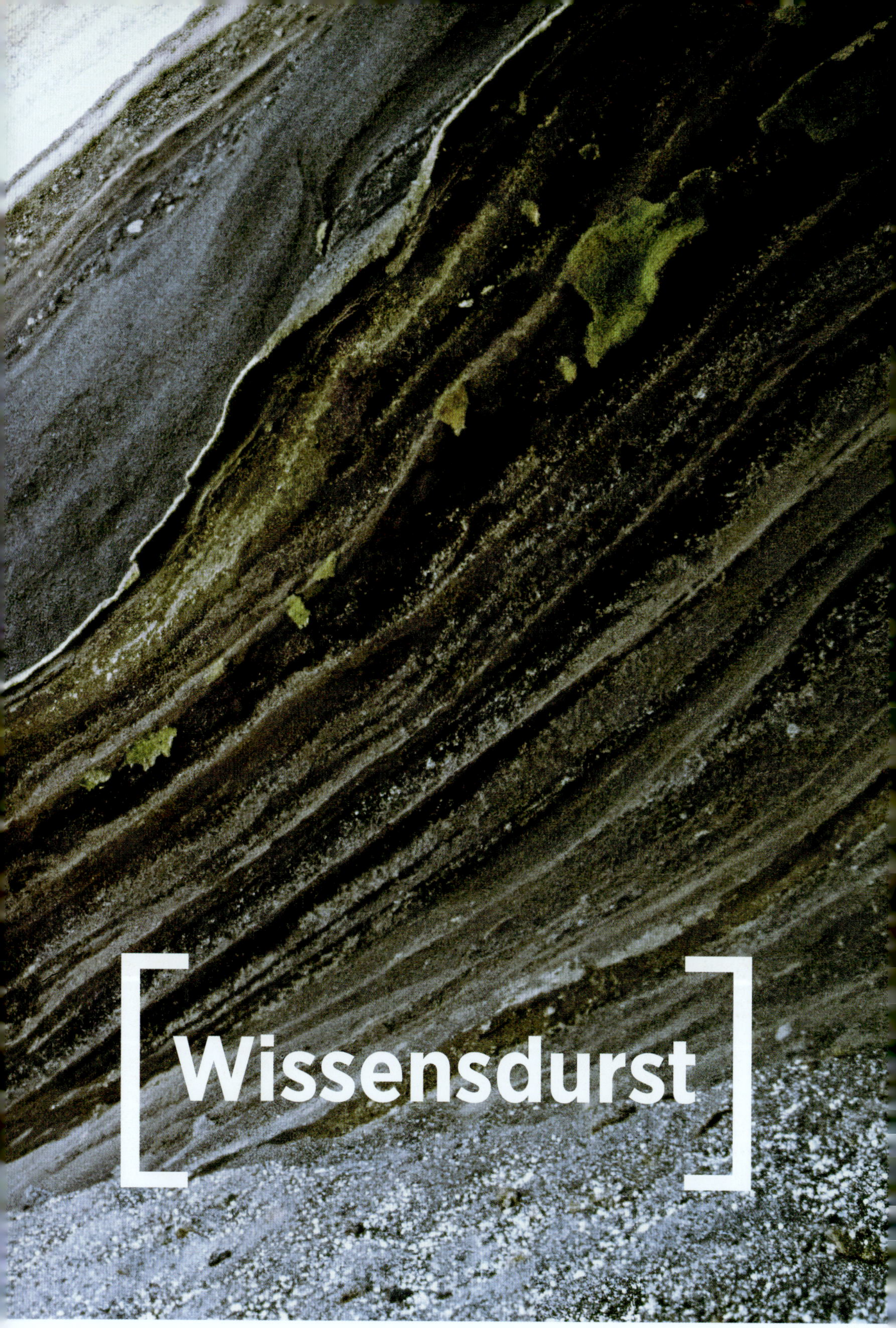

Wissensdurst

»Der Anfang liegt schon weit zurück. In der Schule war ich immer sehr interessiert an Geografie. Ich las eine Menge Bücher über Reisen und fremde Länder – auch Karl May – und wollte bald selber Abenteuer erleben.«

Um sich auf seine Abenteuer vorzubereiten, lernt Heinz schon während seiner Lehre selbstständig die ersten englischen Wörter und Sätze. Als Schulfach hat er es nie gehabt. Aber seine ersten Radtouren quer durch Europa machen ihm schnell bewusst, wie hilfreich eine gemeinsame Sprache ist. Und auch wenn Englisch natürlich noch nicht so verbreitet ist wie heute, spätestens in Indien helfen ihm seine neu erworbenen Sprachkenntnisse wirklich weiter. Genauso bei seiner Arbeit als Decksjunge auf dem norwegischen Bananenfrachter.

Später entwickelt Heinz sein eigenes System zum Sprachenlernen. Jeden Tag lernt er 20 für den Alltag nützliche Wörter. Diese schreibt er auf einer Karte, die er an den Lenker klemmt, sodass sein Blick während der Fahrt immer wieder darauf fällt. Das macht nach zwei Wochen im Land 280 Wörter, die er in der jeweiligen Landessprache beherrscht. Dabei gibt er sich Mühe, mit den Menschen zu sprechen und bei diesen Gelegenheiten auch die Sätze der anderen zu wiederholen. So prägt er sich eine alltagstaugliche Umgangssprache ein, denn er möchte ja nicht wie ein Wörterbuch klingen. Wenn dann unterwegs auch noch das Radio auf einem lokalen Sender läuft, geht es noch besser. Dann lässt sich Heinz sozusagen von einer Sprache volllaufen, bis er sie ansatzweise versteht und sprechen kann.

Englisch ist ihm in den vielen Jahren fast vertrauter geworden als Deutsch, und immer wieder schleichen sich englische Begriffe in seine Erzählungen. Sie sind einfach schneller zur Hand oder erscheinen ihm passender. Spricht Heinz Englisch, dann denkt er auch englisch. Genauso geht es ihm mit Spanisch. Springt er viel zwischen den drei Sprachen hin und her, dann merkt er oft gar nicht mehr, in welcher er eine Frage beantwortet. Anders geht es ihm bei den vielen anderen Sprachen, die er mehr oder weniger gut beherrscht. Da muss er auch mal nachdenken und übersetzen. Mit guten Kenntnissen in Französisch, Japanisch, Russisch und Chinesisch ist er als Autodidakt auf jeden Fall beeindruckend gut aufgestellt.

Doch nicht nur Sprachen bringt sich Heinz unterwegs bei. Er ist wissensdurstig und beugt jeglicher Art von Langeweile vor, indem er War-

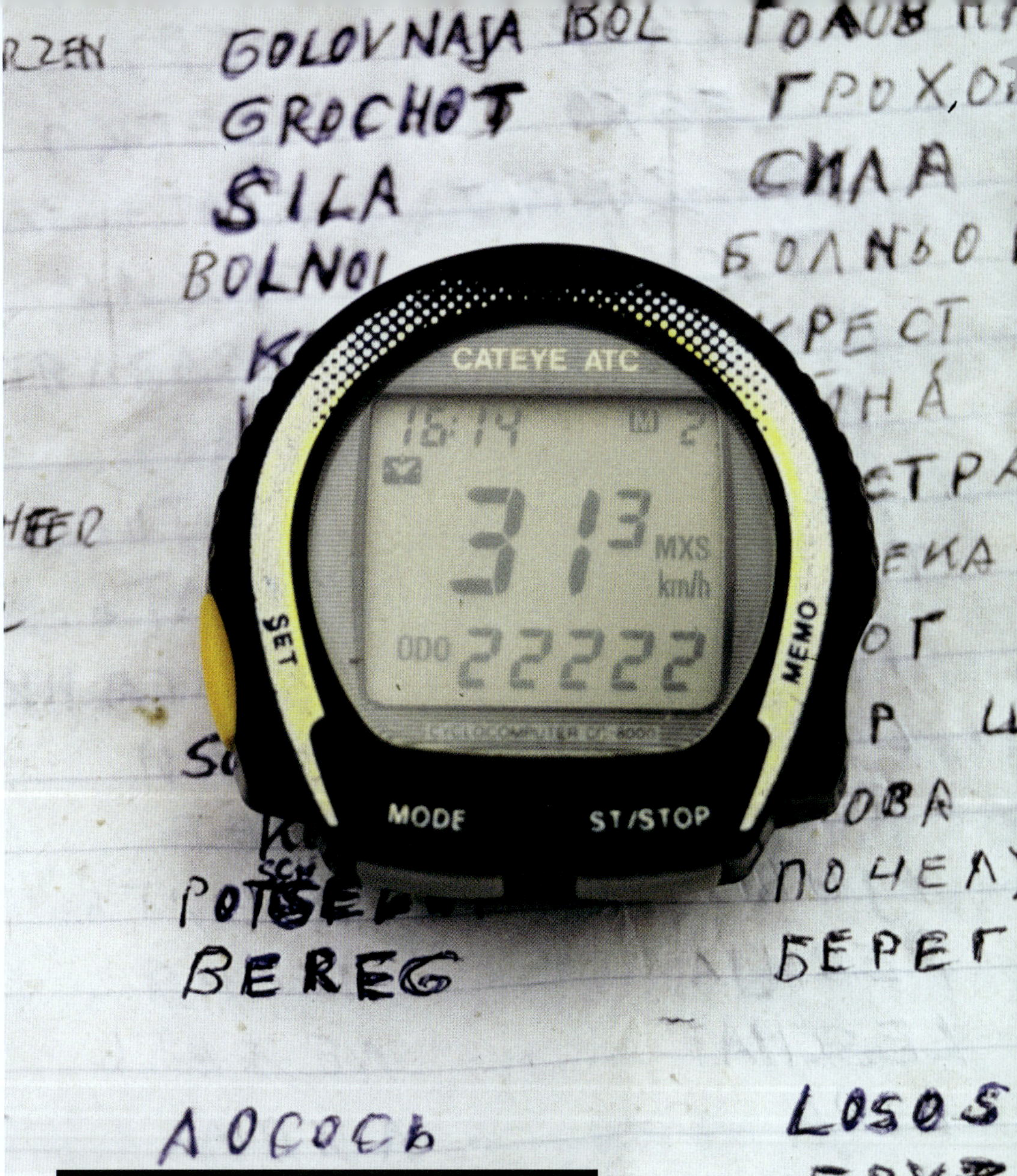

22.222 Kilometer auf dem Tacho. Ein Geschenk von Mr. Lee.

tezeiten für seine Bildung nutzt. Muss er zum Beispiel an Grenzübergängen oder in Behörden auf notwendige Dokumente zur Ein- oder Weiterreise warten, kann das auch mal Stunden und mehrere Tage dauern. Hier hat er immer eine Liste im Stil seiner Vokabelkärtchen dabei. Die zwölf olympischen Götter Griechenlands? Kein Problem. So, wie er immer wieder Orte findet, die er besuchen möchte, und Menschen trifft, die er wiedersehen will, so gibt es auch immer etwas Interessantes zu entdecken. Ein Horizont lässt sich auf viele Weisen erweitern.

Die Wissbegier bleibt. Sie hört auch nicht auf, als sein Körper ihm das Radfahren verweigert. Und so lauscht er in seinem Hövelhofer Bungalow nächtelang dem Radio, egal ob Podcast oder Hörbuch, und bleibt so auf dem Laufenden.

Gesundheit

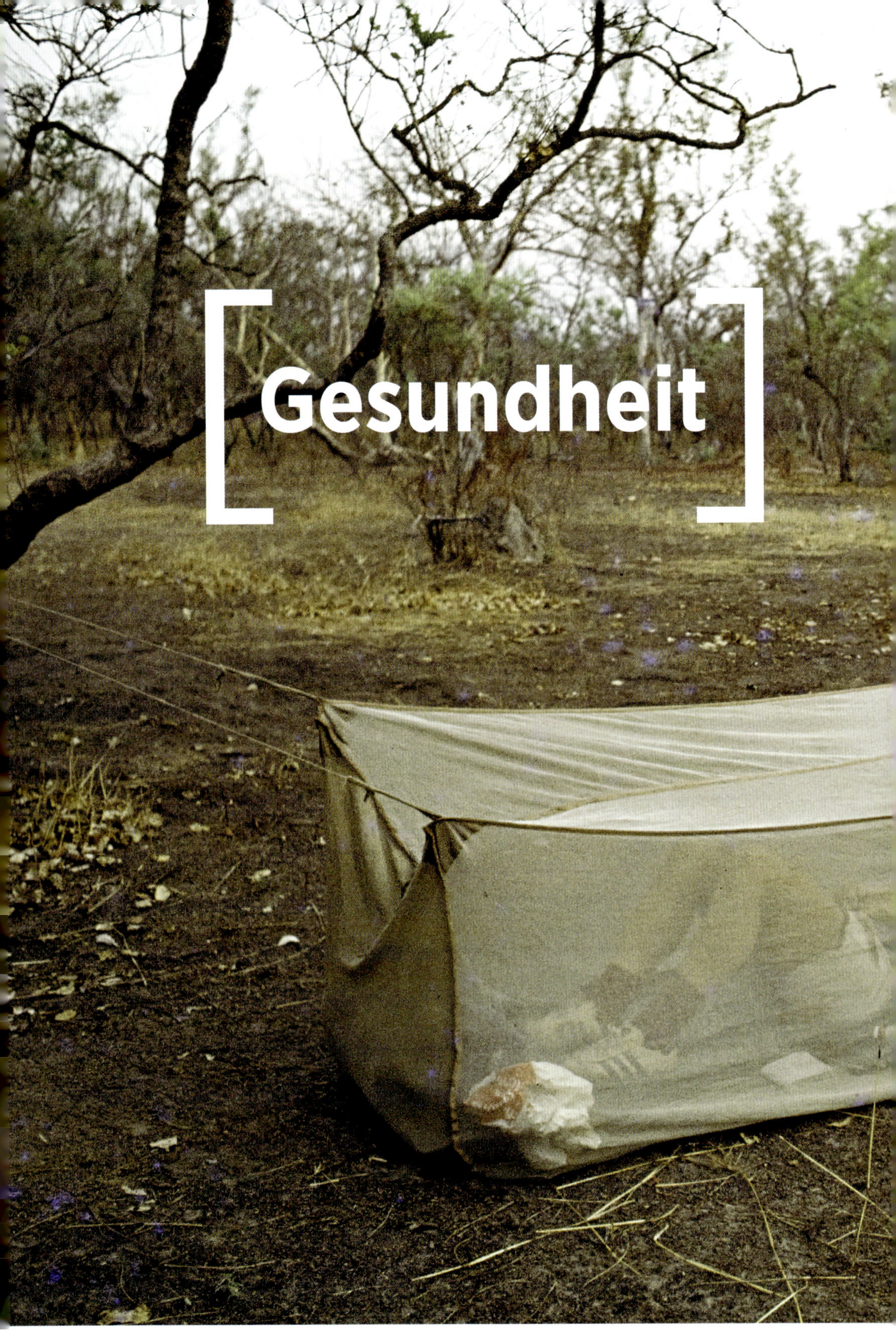

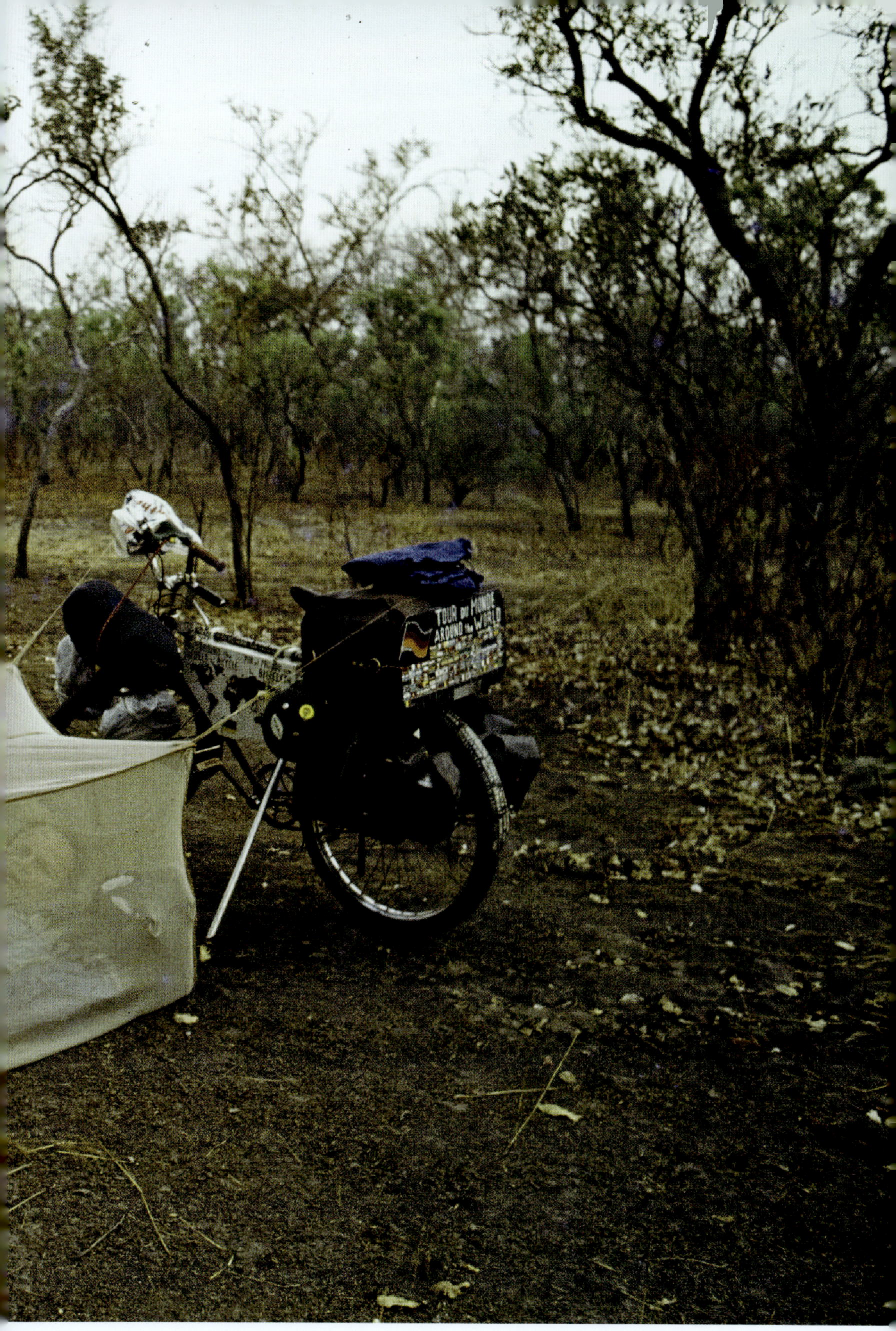
TOUR du MONDE
AROUND the WORLD

»Als ich ins Wasser kam, erfasste mich ein richtiges Jagdfieber. Stundenlang schwamm ich zwischen den in allen Farben schillernden Fischen und Korallen herum, schoss hin und wieder meine Harpune ab und konnte mich gar nicht sattsehen an dem Farbspiel.«

1963. Das Schwimmen und Speerfischen im Roten Meer bringt Heinz in Hochstimmung. Die Warnungen zweier Österreicher, er solle nicht zu lange im Wasser bleiben, da sonst eine Unterkühlung drohe, vergisst Heinz im Rausch dieser Eindrücke. Bereits am selben Abend spürt er einen leichten Schmerz in der Brust. Ein Ziehen, das er aber ignoriert. Lieber geht er in einen nahe gelegenen Klub, um Bier zu trinken und das Leben zu feiern. An diesem Abend gelingt es ihm, seine Beschwerden zu verdrängen, aber die Schmerzen verschlimmern sich. Da Heinz aber nicht noch mehr Geld für die Jugendherberge ausgeben möchte, baut er sein Zelt abseits der Stadt Hurghada auf. Dort ist es ruhig und er ist allein, doch, »wenn ich aus dem Zelt schaute, konnte ich eine Reihe von kleinen stattlichen Wochenendhäuschen sehen. Hin und wieder standen Autos davor, woran zu erkennen war, dass sie auch bewohnt wurden.« Im Zelt ist es tagsüber unbarmherzig heiß und als die Schmerzen immer schlimmer werden, sieht er keine andere Möglichkeit, als sich abends zum Klub zu schleppen, um Hilfe zu bekommen. Ein junger Ägypter bringt ihn ins Krankenhaus, wo man ihm jedoch lediglich einen Saft gegen die angebliche Magenverstimmung einflößt. Heinz' Zustand verschlechtert sich, er kann die Schmerzen bald nur noch im ruhigen Liegen aushalten. Außerdem bekommt er kaum noch Luft und ihm setzen das hohe Fieber und die Hitze zu. Da steht plötzlich eine Frau, die aus den gegenüberliegenden Häusern gekommen ist, vor seinem Zelt und erkundigt sich, ob alles in Ordnung sei. Auf Deutsch. Sie entpuppt sich als eine Ärztin aus der Heimat. Nach einer kurzen Untersuchung diagnostiziert sie eine starke Lungenentzündung und versorgt Heinz mit Antibiotika. Zehn Tage lang braucht er, bis er vorsichtig wieder in die Pedale treten kann. Mit seiner Kraft muss er noch haushalten, aber das Abenteuer geht weiter.

»100 Kilometer Radfahren am Tag, das ist die beste Medizin«, meint Heinz. Und es scheint etwas daran zu sein, denn diese Lungenentzündung ist einer der schwersten Infekte in seiner gesamten Reisezeit. Ansonsten radelt er erstaunlich gesund durch die Welt und sein Leben. Ohne Reisekrankenversicherung und regelmäßige Vorsorgeuntersuchungen. Dafür ist auf dem Fahrrad Platz für eine Reiseapotheke, die Heinz im Laufe seiner Reise immer wieder anpasst. Verschiedene Antibiotika für ernsthafte Beschwerden sowie antiseptische Salben gegen sich rasant entwickelnde Hautentzündungen im Tropenraum gehören dazu. Außerdem Schmerzmittel, auch wenn er keine Wirkung bei Kopfschmerzen feststellen kann, Elektrolyte gegen Dehydrierung, Jod für die Reinigung von Trinkwasser, Vitamin C gegen Infekte, Medikamente zur Malaria-Prophylaxe und Aspirin als Geschenk für Einheimische. Wichtig für seine Gesundheit ist in vielen Ländern vor allem ein vernünftiges Moskitonetz oder -zelt, das vor krankmachenden Insektenstichen schützt.

Langstreckenflüge sind seine Achillessehne. »Ich scheine jede Erkältung aus dem Flugzeug mitzunehmen. Es braucht nur jemand in der Kabine zu niesen und ich werde krank. Meistens trage ich schon eine Maske. Wenn ich mehrere Monate oder ein ganzes Jahr in einem Gebiet ohne dieses Virus verbracht habe, scheint meine Abwehr nicht darauf vorbereitet zu sein und ich bin sehr empfindlich.«

Nicht zu vergessen sind aber auch einige Magenerkrankungen durch mangelnde Lebensmittelhygiene und unsauberes Wasser. Er scheint das Glück trotz allem immer an seiner Seite zu haben, denn bedrohlich schwer verletzt wird er dabei nie. Auch wenn es oft nicht möglich war, versuchte Heinz, nicht mehr als 100 Kilometer entfernt von einer Siedlung zu übernachten, sodass er im Notfall Hilfe bekommen kann. Und immer wieder kommt die Hilfe auch zu ihm – fast so wie an sein Zelt in Ägypten.

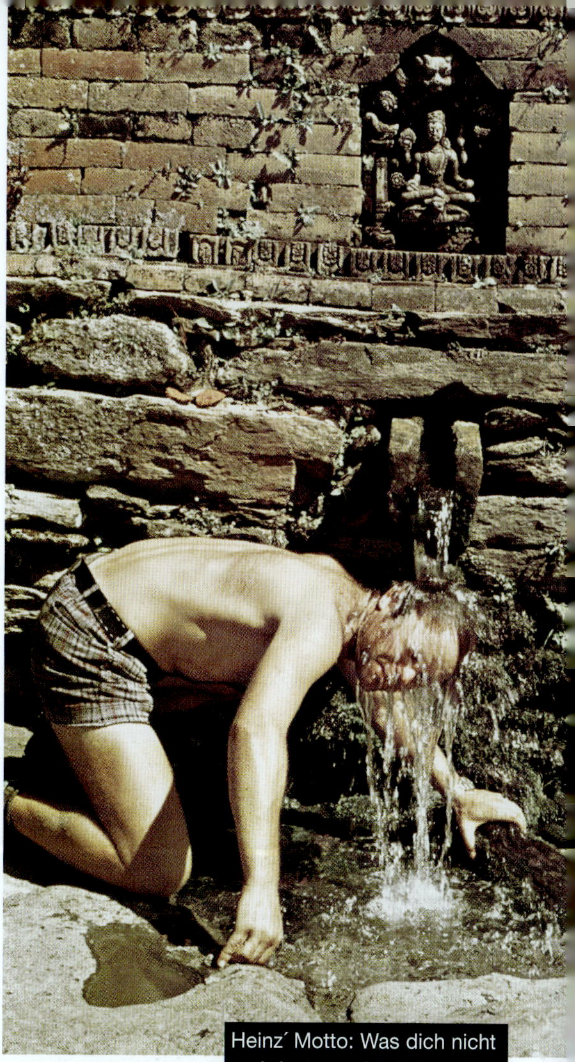

Heinz´ Motto: Was dich nicht umbringt, macht dich stärker.

»Die meisten werden den Eindruck wohl nicht los, dass ich ein Sklave geworden bin. Ein Sklave meines eignen Tuns. Das stimmt. Reisen ist das Ein und Alles meines Lebens geworden. Es ist das, was ich mit meinem Leben gemacht habe und was ich auch wirklich weitermachen kann und will. Damit muss ich mich abfinden. Ich bin stolz darauf, auf eigene Weise und auf eigenen Beinen außerhalb der Fuchtel der Gesellschaft stehen zu können, aber trotzdem im Einklang mit akzeptierten Formen der Gesellschaft.«

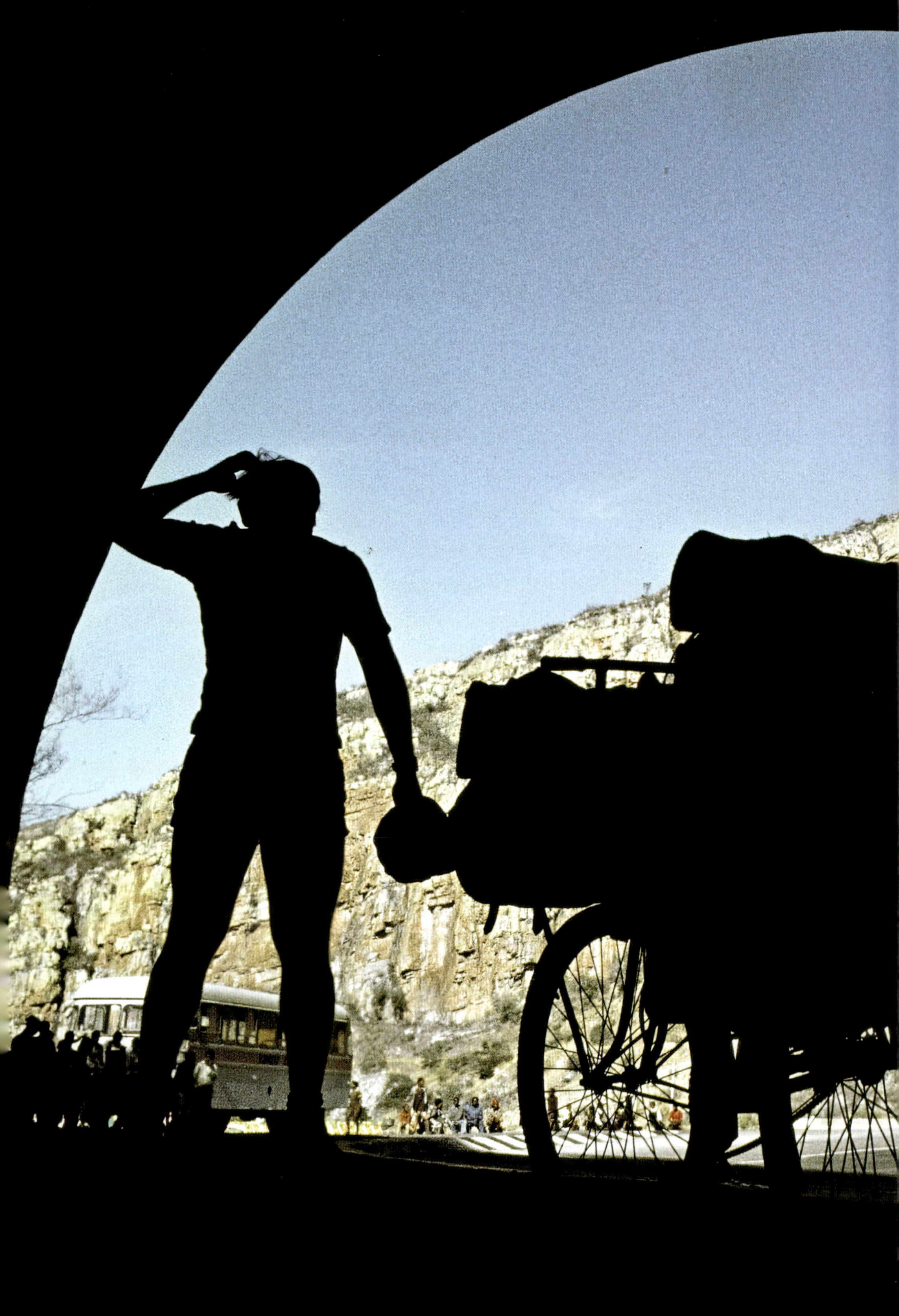

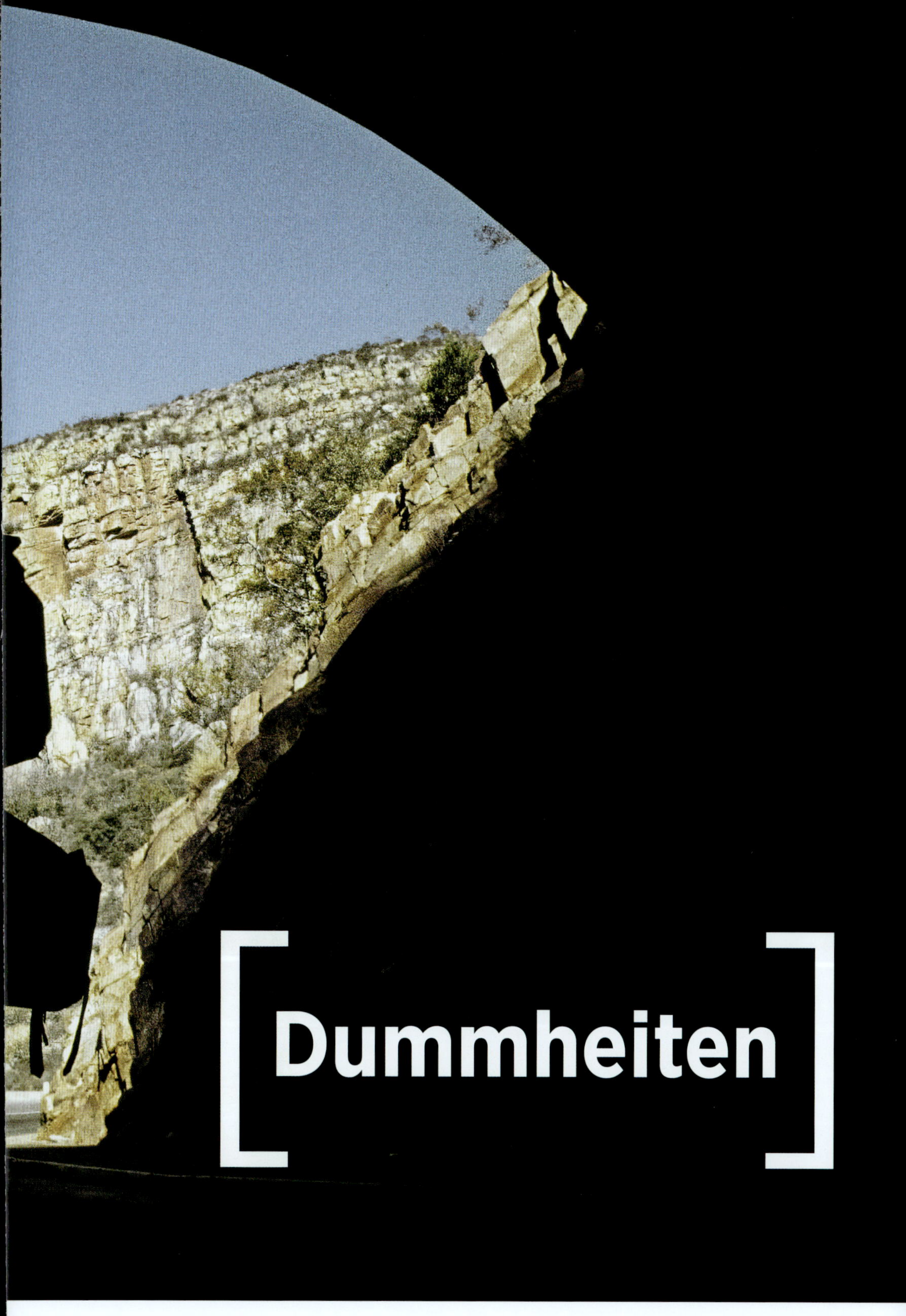

[Dummheiten]

»Meine größte Dummheit war, mich unglücklich zu verlieben.«

Das passierte zum Glück nur einmal in Heinz' Leben, aber es gibt eine ganze Liste von Dingen, von denen er jedem Reisenden abrät.

Es beginnt mit dem Wandern auf einem schneebedeckten Vulkan ohne Kopfbedeckung und Sonnenschutz. 1964 ergreift Heinz die Gelegenheit, den chilenischen Vulkan Osorno zu besteigen und verliert dabei keinen Gedanken an die UV-Strahlung und den Schnee, der die Sonne reflektiert. Hier, so nahe am Äquator, ist sie gnadenlos. Sein gesamter Kopf verbrennt, und er braucht einige Tage, um sich von der Schneeblindheit zu erholen.

Dumm ist es auch, auf Straßen zu fahren, die aus zu viel Lehm bestehen, denn das bedeutet Rutschgefahr. Das wiederum lernt Heinz erstmals 1974 in Osttimor. Zu seinem eigenen Ärger hält er sich aber nicht immer an seinen eigenen Ratschlag. Selbst 2009 lässt er sich von Peter Glöckner auf der Transamazônica noch dazu bringen, auf solch rutschigem Terrain zu fahren. Er landet im Matsch und ruiniert sich dabei auch noch die Gangschaltung.

Viele Dummheiten, von denen Heinz abrät, haben mit der Übernachtung im Zelt zu tun. Töricht ist es seiner Aussage nach, den Ort, an dem man schlafen möchte, nicht gründlich genug nach Feuerameisen und anderen Insekten abzusuchen, obwohl man damit einen übereilten Aufbruch in der Nacht verhindern könnte. Auch sollte man kein Feuer in der Nähe von Spinifex, einem in Australien verbreiteten Gras, machen. Als Heinz in der Wüste westlich vom Uluru unterwegs ist, tut er genau das. Und bekommt den Schreck seines Lebens, als plötzlich ein Ballen Gras in seiner Nähe mit einem lauten Knall explodiert.

Zwei Jahre vorher steckt er beinahe einen Tempel in Japan in Brand, als er bei Kerzenschein einschläft. 1977, in Wien, brennt aus dem gleichen Grund sein Zelt ab. Man sollte sich auch überhaupt nicht bewegen, während man im Zelt kocht, so sein Tipp. Er spricht aus Erfahrung, denn die vielen Kettenreaktionen, die er wegen einer falschen Bewegung und umgekippter Kochtöpfe erlebt hat, lassen sich nicht zählen.

Wenn in unsicheren Gebieten nachts zufällig Leute über das Zelt stolpern, dann sollte man immer (!) sofort alles zusammenpacken und einen neuen Platz suchen. Ist Heinz mal zu müde und bleibt dennoch liegen, kommt es vor, dass er kurze Zeit später wieder geweckt wird. Die Gruppe ist dann in der Regel angewachsen und bewaffnet. Richtig übel ist es 1986 in Haiti, wo auf einmal ein wütender Mob auf ihn losgeht. Auch vor Diskussionen über Politik sollte man sich hüten. 1965 in Peru, irgendwo zwischen Lima und dem Titicacasee, verliert er aufgrund eines Streits mit Kommunisten seine gesamten Papiere.

Dumm ist es auch, Schlüssel zu verlieren, sich von einem Motorrad in den Graben ziehen zu lassen, Geld zu wechseln, kurz bevor sich der Kurs vorteilhaft verändert, auf dem Rad schlafend umzukippen, das Moskitonetz eines teuren Zelts zu zerreißen und auf Trickbetrüger hereinzufallen. Auch sehr dumm ist es, ohne ausreichend Wasser in eine Wüste zu radeln, wie es Heinz tatsächlich noch nach fast 20 Jahren Reise passiert.

Besonders ungünstig ist der unüberlegte Kauf einer Waffe. 1963 investiert Heinz einen Teil des Geldes, das ihm Haile Selassie geschenkt hat, in eine kleine Handfeuerwaffe. Vielleicht, so denkt er, ist es ja doch nicht verkehrt, sich bei Gefahren damit verteidigen zu können. Doch die Pistole bringt ihn eher in brenzlige Situationen als in Sicherheit. Einmal, in Sambia (damals noch Nordrhodesien), stolpert er in einem kleinen Ort mitten im Nirgendwo völlig erschöpft und dehydriert in eine Bar. Dort kippt er direkt ein paar kühle Biere herunter und verschlingt dazu etwa zwölf Spiegeleier. Dann trinkt er noch mehr Bier. Heinz kann einiges vertragen, aber heute ist er nach sechs Flaschen Bier schon ordentlich voll. Die Anstrengung in der glühenden Hitze wird der Grund sein. Sein Hemd ist klatschnass vom Schweiß, und das Gewicht der Pistole in der Brusttasche stört ihn. Also legt er die Waffe vor sich auf den Tisch und leert demonstrativ das Magazin, denn er merkt, dass er von den anderen Gästen beobachtet wird. Die Munition sicher in seiner Tasche verstaut, drückt er anschließend den Abzug, um den Hahn zu entspannen. Da geht plötzlich ein Schuss los, und eine Kugel verschwindet in der Kneipenwand. Die Kugel im Lauf hatte Heinz vergessen. Der Laden ist voll, und es ist ein Wunder, dass niemand getroffen wurde. Heinz glüht schon wieder der Kopf, dieses Mal vor Scham. So schnell wie möglich bezahlt er, gibt ein riesiges Trinkgeld und verlässt fluchtartig das Lokal. Betrunken wie er ist, prescht er mit dem Rad davon. Es geht einen steilen Berg hinauf. Mitten in der Sonne. 40 Grad sind es mindestens. Oben angekommen kippt er einfach vom Rad und bleibt liegen. Nach einer Weile wird er von eine Entwicklungshelferin mit einem schnüffelnden Rhodesian Ridgeback geweckt. Sie fragt, ob alles okay mit ihm sei. Noch immer verlegen versichert ihr Heinz, dass es ihm gut gehe, und macht sich rasch auf die Weiterfahrt.

Auf der Suche nach Trinkwasser trifft er zu seinem unfassbaren Glück einen Mann, der ihm hilft.

Reisen schützt also vor Torheit nicht, könnte die Schlussfolgerung lauten. Aber bei genauer Betrachtung hat Heinz ja anscheinend auch vieles richtig gemacht, um einen solchen Roadtrip zu überleben. Doch natürlich verschwinden die ereignislosen Tage auch in der Masse der Erlebnisse. Heinz meint dazu: »Es ist klar, dass man über große Ereignisse berichten möchte, und es ist schwierig, die Zwischenzeit zu beschreiben.«

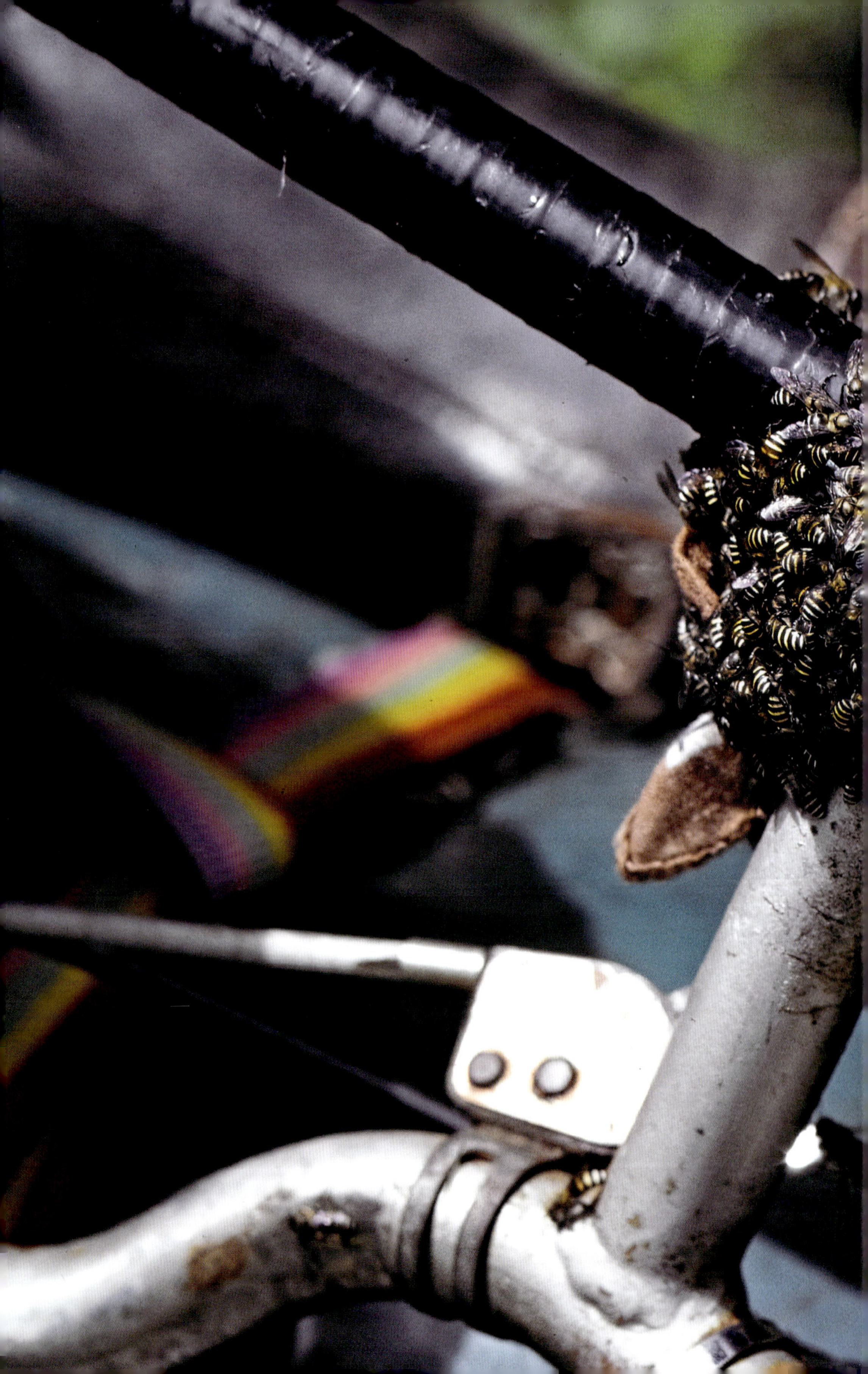

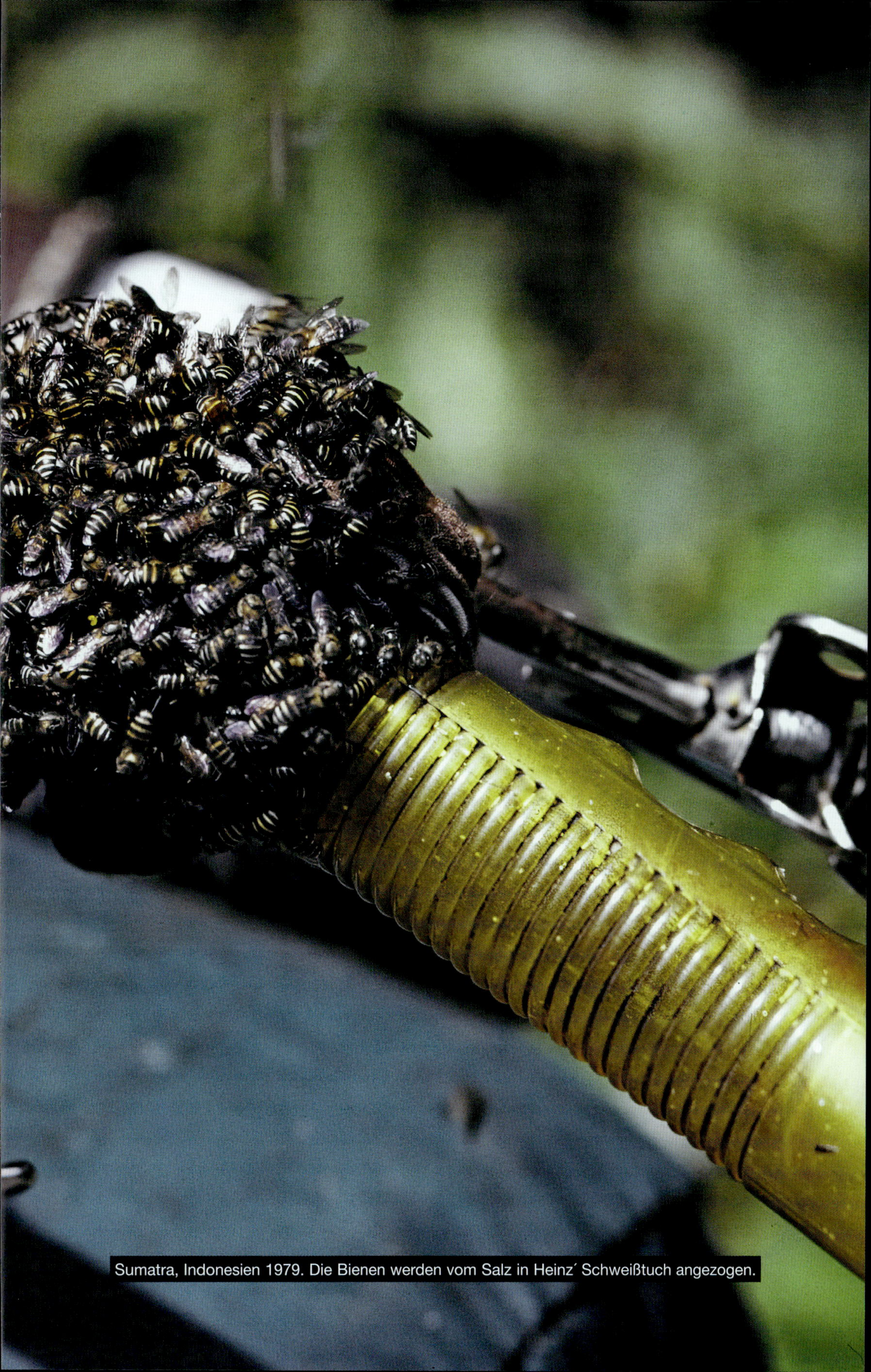

Sumatra, Indonesien 1979. Die Bienen werden vom Salz in Heinz´ Schweißtuch angezogen.

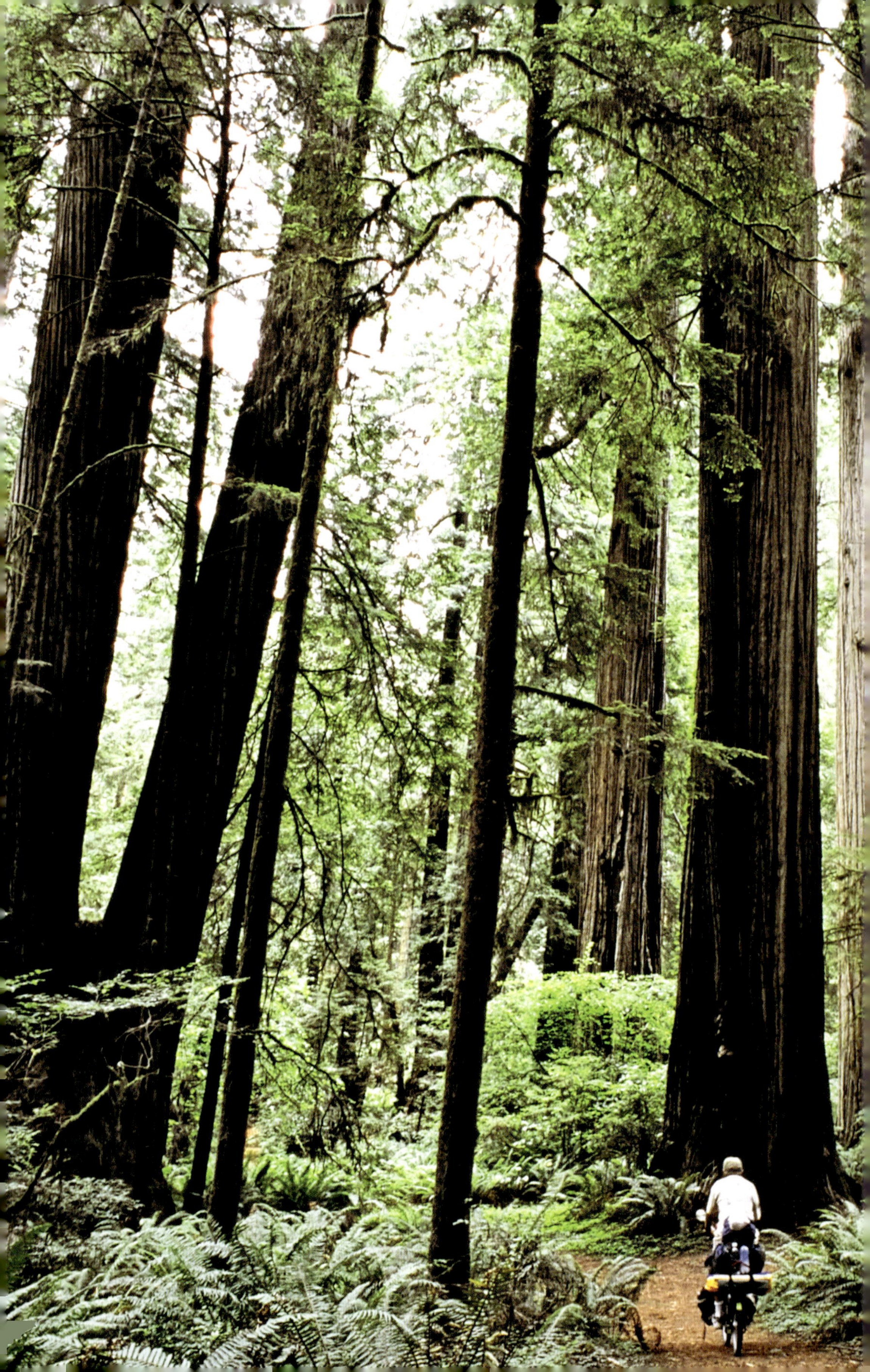

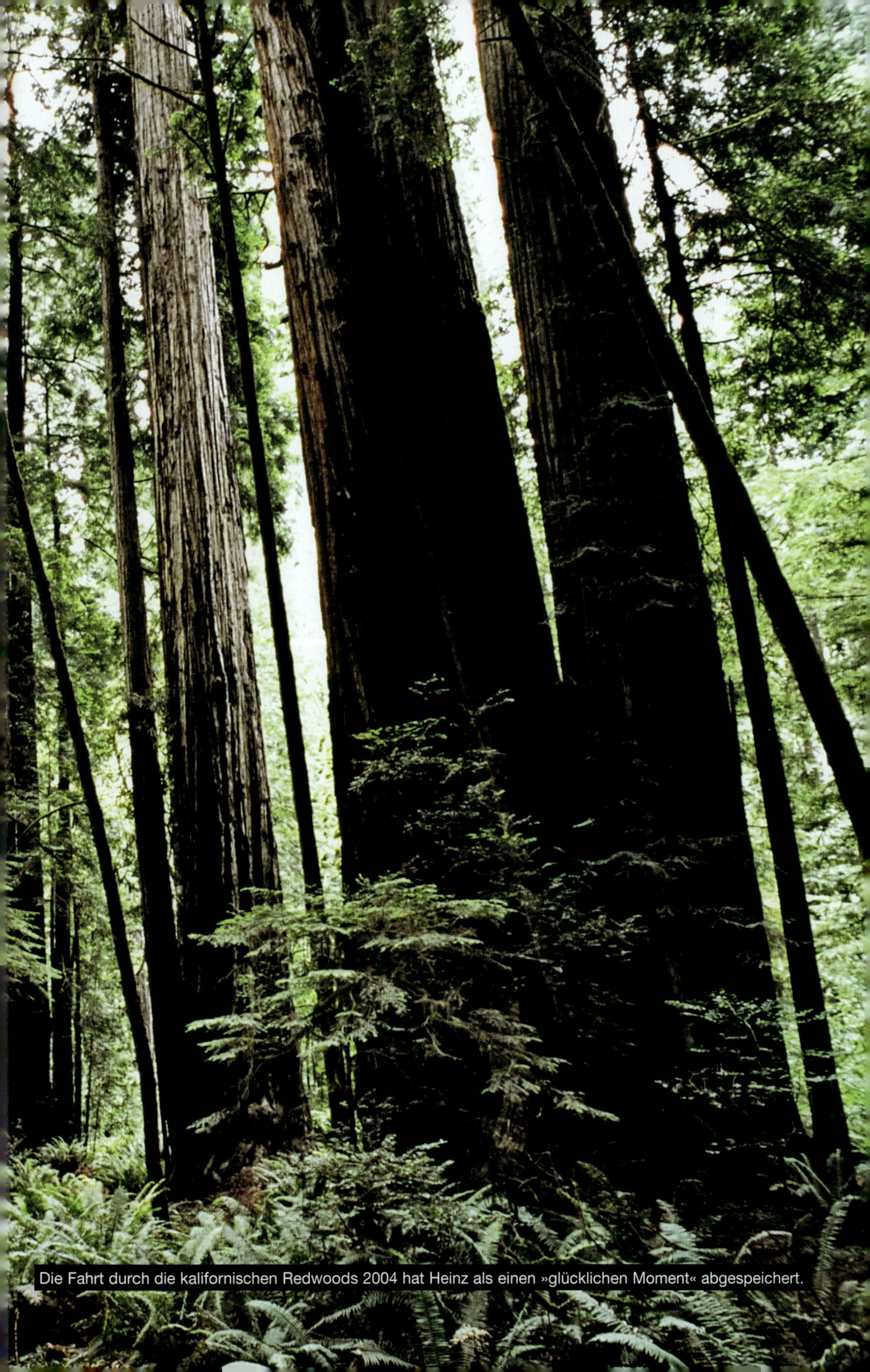

Die Fahrt durch die kalifornischen Redwoods 2004 hat Heinz als einen »glücklichen Moment« abgespeichert.

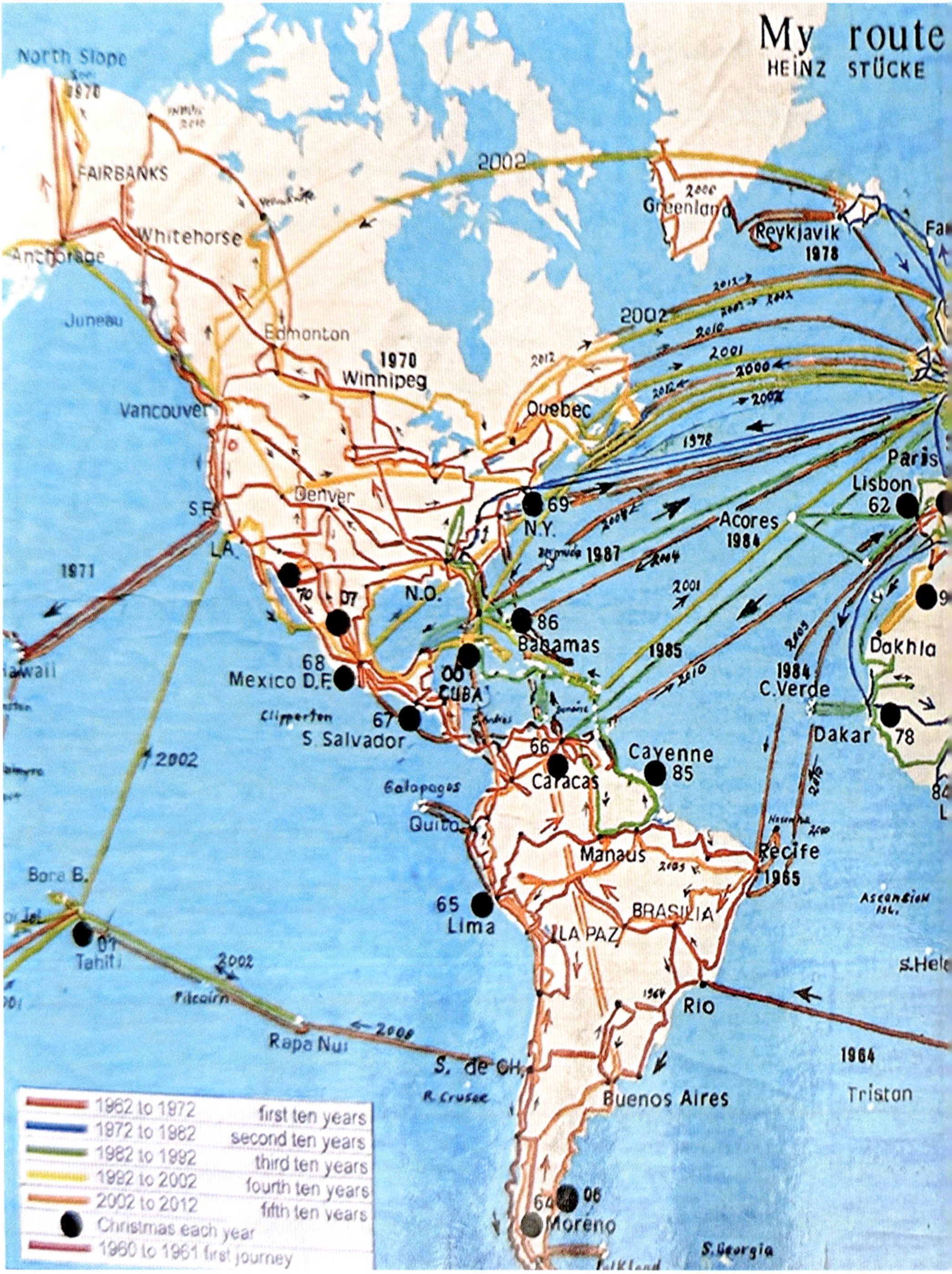

My route
HEINZ STÜCKE
1962 to 1972 first ten years
1972 to 1982 second ten years
1982 to 1992 third ten years
1992 to 2002 fourth ten years
2002 to 2012 fifth ten years
Christmas each year
1960 to 1961 first journey

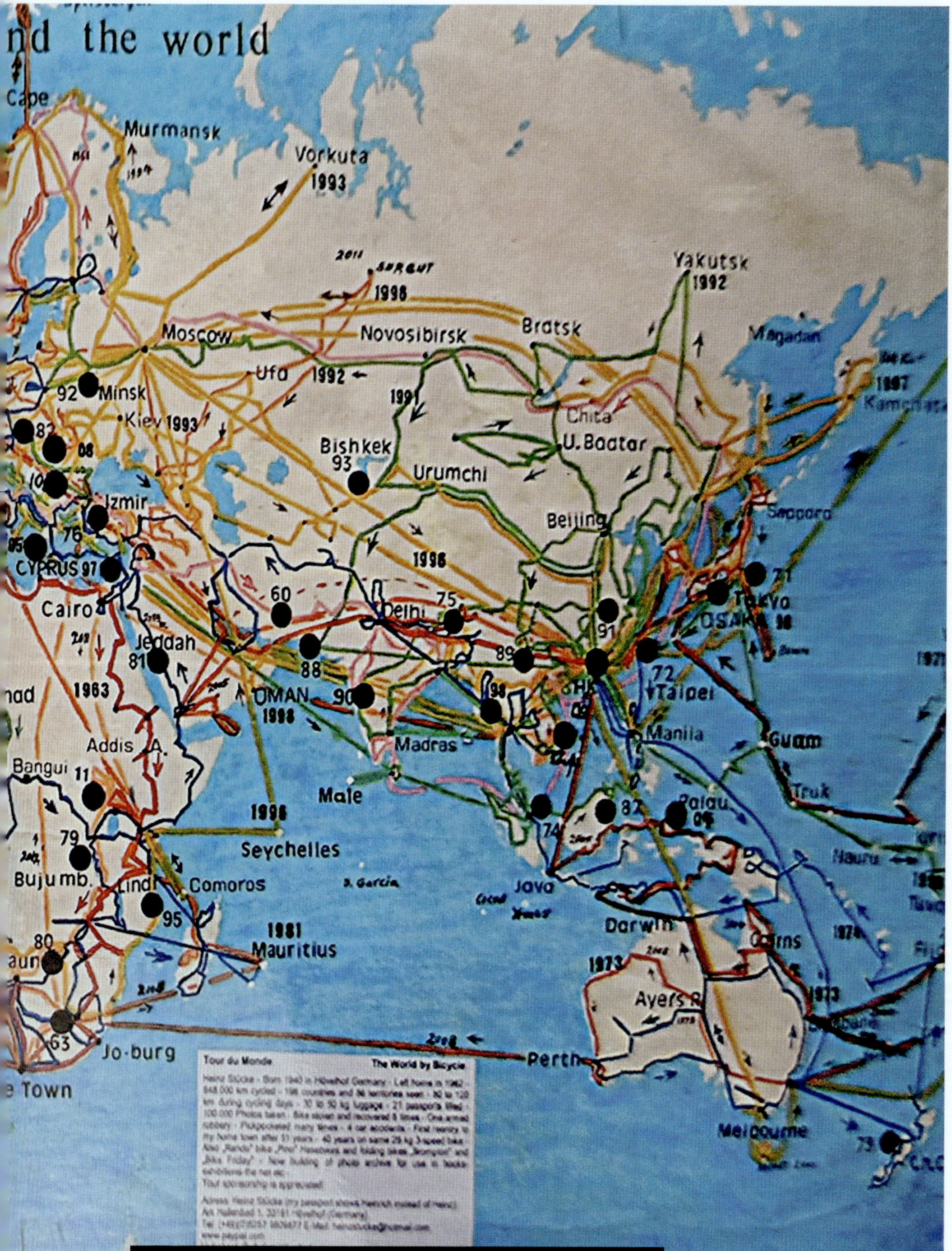

Heinz Stücke war nicht überall. Aber er war ziemlich nah dran.

Danksagung der Autorin
Als Erstes möchte ich Heinz danken, der diesem Projekt von der ersten Idee an zugestimmt hat, mich immer willkommen hieß und seine Geschichten teilte. In diesem Zusammenhang bedanke ich mich auch bei Dennis und Chris für die Gespräche. Besim bin ich dankbar für seine großartige Hilfe mit den Fotos. Danke an alle vom Team Delius Klasing, die an der Produktion dieses Buches beteiligt waren, vom ersten Entwurf bis zum Druck.

Das allergrößte Dankeschön möchte ich meiner Familie aussprechen, die sehr geduldig war und am Ende nur noch gelacht hat, wenn der Satz »Jetzt ist das Buch wirklich bald fertig« fiel. Ihr seid die Besten!

Bibliografische Information der Deutschen Nationalbibliothek
Die Deutsche Nationalbibliothek verzeichnet diese Publikation in der Deutschen Nationalbibliografie; detaillierte bibliografische Daten sind im Internet über http://dnb.dnb.de abrufbar.

4. Auflage
ISBN 978-3-667-12847-8

Text: Carina Wolfram
Fotos: Heinz Stücke, Carina Wolfram (S. 88–97), Besim Mazhiqi (S. 101)
Lektorat: Sigrun Künkele, Stephanie Jaeschke, Regine Gerst
Layout: Jörg Weusthoff, www.wundrdesign.de
Lithografie: Die Werkstatt Medien-Produktion GmbH, Göttingen
Printed in Estonia 2026

Delius Klasing Verlag GmbH, Siekerwall 21, D - 33602 Bielefeld
Tel.: 0521/559-0
E-Mail: info@delius-klasing.de
www.delius-klasing.de

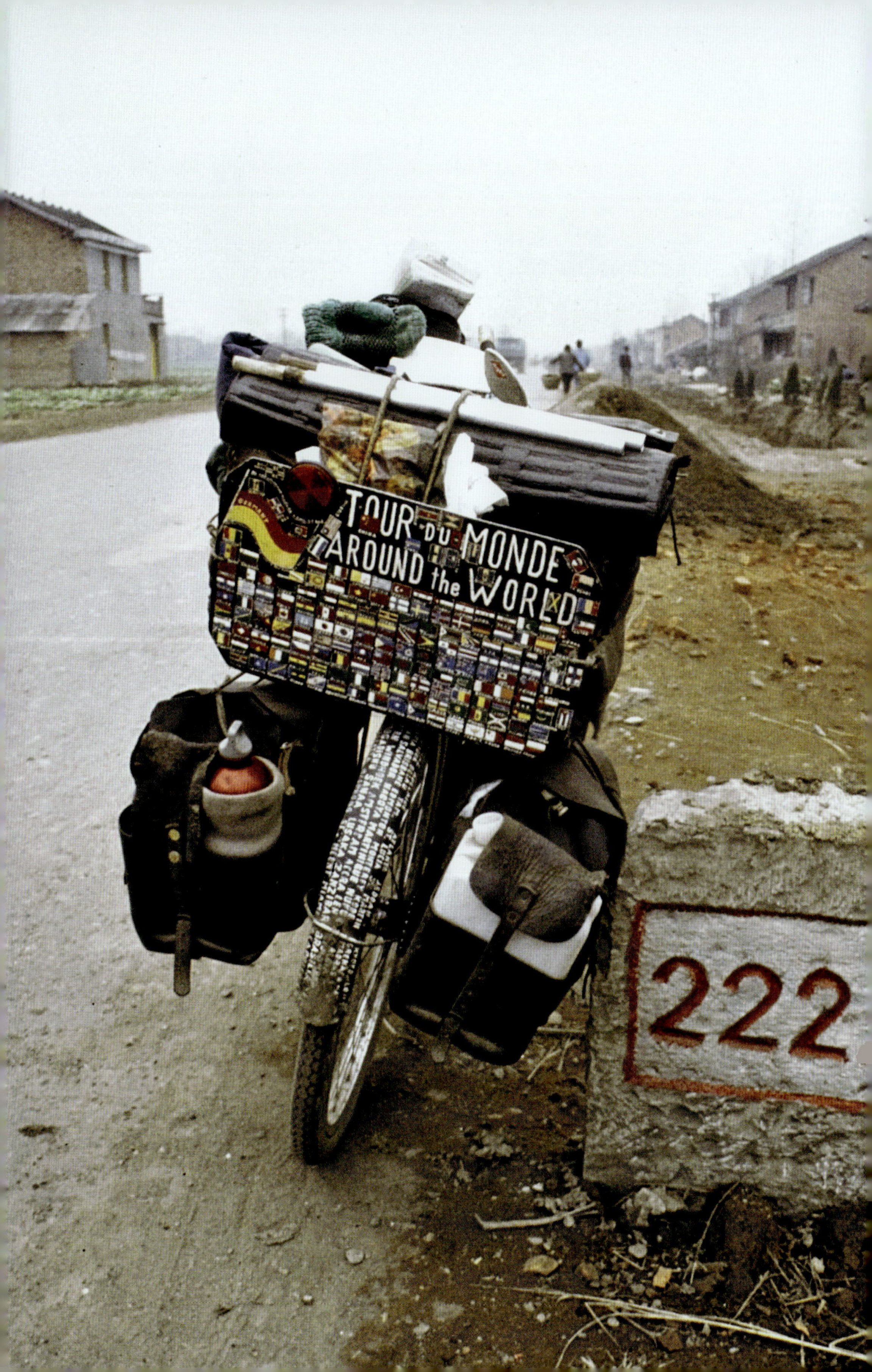
TOUR DU MONDE
AROUND the WORLD
222

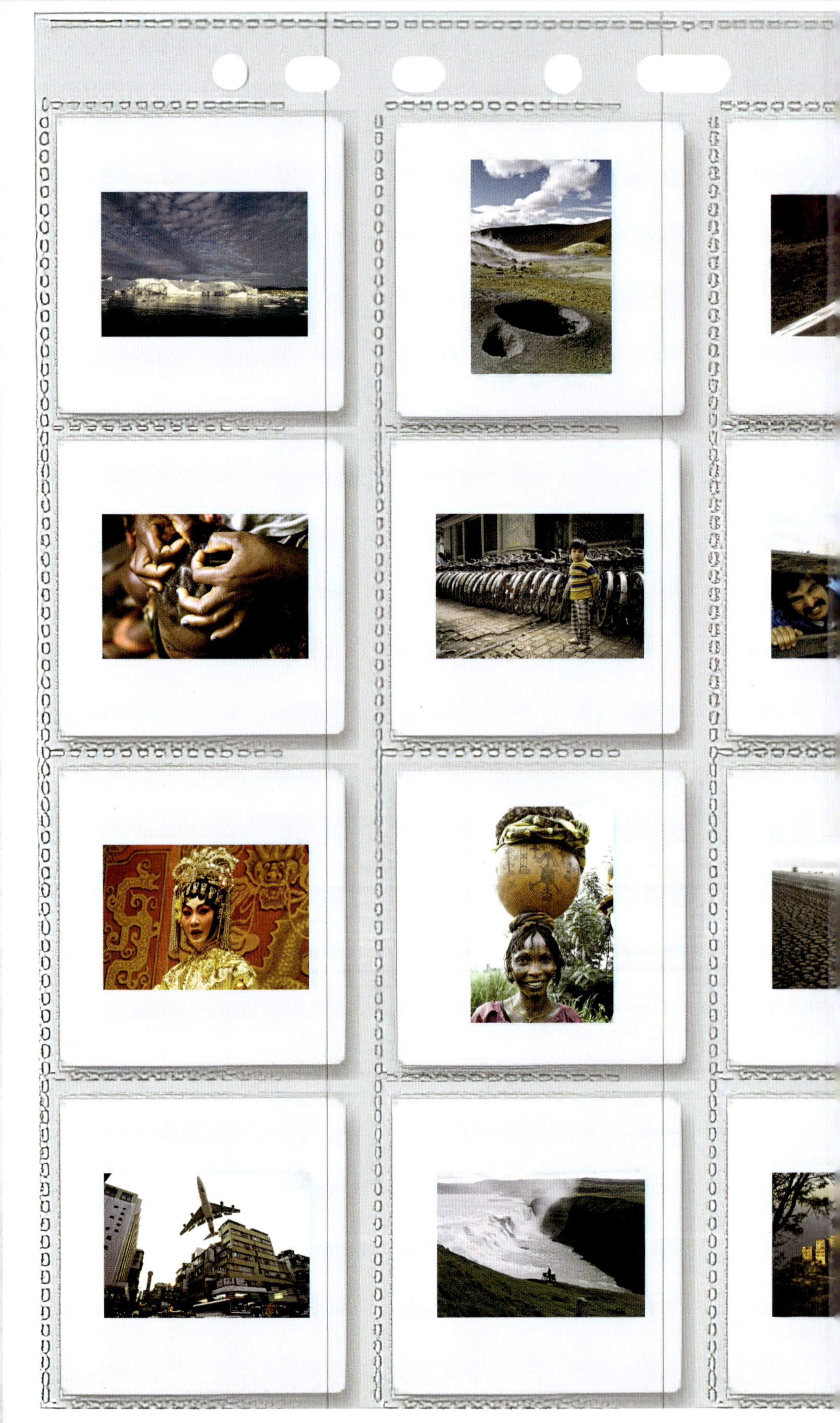